国家社科基金重大委托项目
中国社会科学院民族学与人类学研究所资助

# 中国民族地区经济社会调查报告

总顾问　陈奎元
总主编　王伟光

## 环江毛南族自治县卷

本卷主编　方素梅

中国社会科学出版社

**图书在版编目(CIP)数据**

中国民族地区经济社会调查报告·环江毛南族自治县卷／方素梅主编.—北京：中国社会科学出版社，2021.10

ISBN 978-7-5203-9402-4

Ⅰ.①中… Ⅱ.①方… Ⅲ.①民族地区经济—经济发展—调查报告—环江毛南族自治县 Ⅳ.①F127.8

中国版本图书馆CIP数据核字(2021)第265797号

出 版 人 赵剑英
责任编辑 宫京蕾
责任校对 王 龙
责任印制 李寡寡

出 版 中国社会科学出版社
社 址 北京鼓楼西大街甲158号
邮 编 100720
网 址 http：//www.csspw.cn
发 行 部 010-84083685
门 市 部 010-84029450
经 销 新华书店及其他书店

印刷装订 北京君升印刷有限公司
版 次 2021年10月第1版
印 次 2021年10月第1次印刷

开 本 710×1000 1/16
印 张 17.5
插 页 2
字 数 291千字
定 价 98.00元

# 《21世纪初中国少数民族地区经济社会发展综合调查》

## 项目委员会

**顾问委员会**

**总 顾 问** 陈奎元

**学术指导委员会**

**主　　任** 王伟光

**委　　员**（按姓氏笔画为序）

丹珠昂奔　李　扬　李培林　李　捷　陈改户　武　寅
郝时远　赵胜轩　高　翔　黄浩涛　斯　塔

**专家委员会**

**首席专家** 王延中

**委　　员**（按姓氏笔画为序）

丁　宏　丁　赛　丁卫东　马　援　王　平　王　锋
王希恩　开　哇　扎　洛　车明怀　方　勇　方素梅
尹虎彬　石玉钢　龙远蔚　卢献匾　田卫疆　包智明
吐尔干·皮达　朱　伦　色　音　刘　泓　刘正寅
刘世哲　江　荻　赤列多吉　李云兵　李红杰　李克强
吴　军　吴大华　何星亮　张若璞　张昌东　张继焦
陈建樾　青　觉　郑　堆　赵立雄　赵明鸣　赵宗福
赵剑英　段小燕　姜培茂　聂鸿音　晋保平　特古斯
俸代瑜　徐　平　徐畅江　高建龙　黄　行　曹宏举
曾少聪　管彦波　毅　松

**项目工作组**

**组　　长** 扎　洛　孙　懿

**成　　员**（按姓氏笔画为序）

丁　赛　孔　敬　刘　真　刘文远　李凤荣　李益志
宋　军　陈　杰　周学文　程阿美　管彦波

#《中国民族地区经济社会调查报告》

## 编辑委员会

# 总　序

实践的观点是马克思主义哲学最基本的观点，实事求是是马克思主义活的灵魂。坚持一切从实际出发、理论联系实际、实事求是的思想路线，是中国共产党把马克思主义基本原理与中国实际相结合，领导中国人民进行社会主义革命和社会主义建设不断取得胜利的基本经验。改革开放以来，在实事求是、与时俱进思想路线的指导下，中国特色社会主义伟大事业取得了举世瞩目的伟大成就，中国道路、中国经验在世界上赢得了广泛赞誉。丰富多彩的成功实践推进了中国化马克思主义的理论创新，也为哲学社会科学各学科的繁荣发展提供了坚实的沃土。时代呼唤理论创新，实践需要哲学社会科学为中国特色社会主义理论体系的创新发展做出更大的贡献。在中国这样一个统一的多民族的社会主义国家，中国特色的民族理论、民族政策、民族工作，构成了中国特色社会主义的重要组成部分。经济快速发展和社会剧烈转型，民族地区全面建成小康社会，进而实现中华民族的伟大复兴，迫切需要中国特色民族理论和民族工作的创新，而扎扎实实地开展调查研究则是推进民族研究事业适应时代要求、实现理论创新、服务发展需要的基本途径。

早在20世纪50年代，应民族地区的民主改革和民族识别之需，我国进行了全国规模的少数民族社会历史与语言调查，今称“民族大调查”。这次大调查收集获取了大量有关民族地区社会历史的丰富资料，形成300多个调查报告。在这次调查的基础上，整理出版了400余种、6000多万字的民族社会历史建设的巨大系统工程——“民族问题五种丛书”，为党和政府制定民族政策和民族工作方针、在民族地区开展民主改革和推动少数民族经济社会的全面发展提供了重要的依据，也为中华人民共和国民族研究事业的发展奠定了坚实的基础。

半个多世纪过去了，如今我国边疆民族地区发生了巨大而深刻的变化，各民族逐渐摆脱了贫困落后的生产生活状态，正在向文明富裕的现代化社会迈进。但同时我们也要看到，由于历史和现实的原因，各民族之间以及不同民族地区之间经济社会的发展依然存在较大的差距，民族地区经济发展不平衡问题，以及各种社会问题、民族问题、宗教问题、生态问题，日益成为推动民族地区经济社会发展必须着力解决的紧迫问题。深入民族地区开展长期、广泛而深入的调查研究，全面了解各民族地区经济社会发展面临的新情况、新问题，科学把握各民族地区经济社会发展趋势，是时代赋予民族学工作者的使命。

半个多世纪以来，中国社会科学院民族学与人类学研究所一直把调查研究作为立所之本。1956 年成立的少数民族语言研究所和 1958 年成立的民族研究所（1962 年两所合并，以下简称“民族所”），从某种意义上讲，就是第一次民族大调查催生的结果。作为我国多学科、综合性、国家级的民族问题专业研究机构，民族所非常重视田野调查，几代学者已在中国各民族地区近 1000 个地点进行过田野调研。20 世纪 90 年代，民族所进行了第二次民族地区典型调查，积数年之功完成了 20 余部调研专著。进入新的历史时期，为了更好地贯彻党中央对我院“三个定位”的要求，进一步明确今后一个时期的发展目标和主攻方向，民族所集思广益，经过反复酝酿、周密论证，组织实施了“21 世纪初中国少数民族地区经济社会发展综合调查”。这是我国民族学研究事业发展的迫切需要，也是做好新时期民族工作的前提和基础。

在充分利用自 20 世纪 50 年代以来开展的少数民族社会历史与语言调查相关研究成果的基础上，本次民族大调查将选择 60—70 个民族区域自治地方（包括市、县/旗或民族乡）作为调查点，围绕民族地区政治、经济、社会、文化、生态五大文明建设而展开，计划用 4—5 年的时间，形成 60—70 个田野调查报告，出版 50 部左右的田野民族志专著。民族调查是一种专业性、学科性的调查，但在学科分化与整合均非常明显的当代学术背景下，要通过调查研究获得开拓性的成果，除了运用民族学、人类学的田野调查方法外，还需结合社会学问卷调查方式和国情调研、社会调查方式，把静态与动态、微观与宏观、定量分析与定性分析、典型与一般有机结合起来，突出调查研究的时代性、民族性和区域性。这是新时期开展民族大调查的新要求。

立足当代、立足中国的“民族国情”，妥善处理民族问题，促进各民族平等团结，促进各民族地区繁荣发展，是中国特色社会主义的重要任务。“21世纪初中国少数民族地区经济社会发展综合调查”作为国家社科基金特别委托项目和中国社会科学院创新工程重大项目，希望立足改革开放以来少数民族地区的发展变化，围绕少数民族地区经济社会发展，有针对性地开展如下调查研究：①民族地区经济发展现状与存在的问题调查研究；②民族地区社会转型、进步与发展调查研究；③西部大开发战略与民族问题调查研究；④坚持和完善民族区域自治制度调查研究；⑤民族地区宗教问题调查研究；⑥民族地区教育与科技调查研究；⑦少数民族传统文化与现代化调查研究。

调查研究是加强学科建设、队伍建设和切实发挥智库作用的重要保障。基础研究与应用对策研究是现代社会科学不可分割的有机统一整体。通过全面、深入、系统的调查研究，我们希望努力达成以下几个目标。一是全面考察中国特色民族理论、民族政策的探索和实践过程，凝练和总结中国解决民族地区发展问题、确立和谐民族关系、促进各民族共同繁荣发展的经验，把握民族工作的一般规律，为未来的民族工作提供坚实的理论支撑，为丰富和发展中国特色社会主义理论体系做出贡献。二是全面展示改革开放特别是自21世纪以来民族地区经济社会发展的辉煌成就，展示以“平等、团结、互助、和谐”为核心内容的新型民族关系在当代的发展状况，反映各族人民社会生活的深刻变化，增强各民族的自豪感、自信心，建设中华民族共同体，增强中华民族凝聚力。三是深入调查探寻边疆民族地区经济社会发展中存在的问题，准确把握未来发展面临的困难与挑战，为党和国家全面了解各民族发展现状、把握发展趋势、制订未来发展规划提供可靠依据。四是通过深入民族地区进行扎实、系统的调研，收集丰富翔实的第一手资料，构筑我国民族地区社会发展的基础信息平台，夯实民族研究的基础，训练培养一支新时期民族问题研究骨干队伍，为民族学研究和民族地区未来发展奠定坚实的人才基础。

我们深信，参与调查研究的每一位专家和项目组成员，秉承民族学、人类学学界前辈学人脚踏实地、不怕吃苦、勤于田野、精于思考的学风，真正深入民族地区、深入田野，广泛汇集干部、群众的意见，倾听干部、群众的呼声，运用多种方式方法取得丰富的数据资料，通过科学严谨的数据分析和系统深入的理论研究，一定会取得丰硕的成果。这不仅会成为

21世纪我国民族学与人类学学科建设的一座重要里程碑，也一定会为党和政府提供重要决策参考，为促进我国民族理论和民族工作的新发展，为在民族地区全面建成小康社会，为实现中华民族的伟大复兴做出应有的贡献。

王伟光

# 目　录

# 导　　言

环江毛南族自治县地处广西壮族自治区西北部、云贵高原东南麓，地理位置为东经 107°51′—108°43′，北纬 24°44′—25°33′，属河池市管辖。全县面积 4572 平方千米，居广西县级第三位。县境东邻融水苗族自治县和罗城仫佬族自治县，南接河池市宜州区和金城江区，西隔打狗河与南丹县相望，北与贵州省荔波、从江两县毗连。全县地势北高南低，四周山岭绵延，中部偏南为丘陵，略呈盆地状，西部与西北部多为高山，东北部多为土山，北部海拔 800—1600 米，南部海拔 200—600 米。全县地属亚热带季风气候区，年平均气温为 19.9℃，全年无霜期在 330 天以上。县城距广西壮族自治区首府南宁市 331 千米，距河池市 48 千米，交通方便。县地从唐代贞观十二年（638）设思恩县开始行政区域建置，为岭南道环州辖地。经宋至清，其地先后属抚水州、庆远路、河池州、庆远府管辖。民国时期分设思恩、宜北两县，1951 年 8 月思恩、宜北两县合并建置环江县。1986 年 11 月，经国务院批准成立环江毛南族自治县，是全国唯一的毛南族自治县。

**图 0-1　环江毛南族自治县县城全景**

毛南族是我国人口较少的少数民族之一，其先民为岭南土著民族，与百越支系中的僚、伶等有渊源关系，同时也融合了一些外来民族的成分，其聚居的地方在历代汉文史籍曾有“茅滩”“茆滩”“茆难”“茅难”“毛难”“冒南”“毛南”等不同的写法，是因其地而名其族。1956年2月，经国务院批准，毛南族被正式确认为单一民族，定名为“毛难族”。1986年6月，根据本民族意愿，经国务院批准将“毛难族”改为“毛南族”。[①]毛南族主要聚居在广西环江毛南族自治县境内，相邻的南丹、金城江、都安、宜州等县（自治县、区）也有分布。根据1982年第三次人口普查资料，全国毛南族总人口为38125人，其中居住在环江境内的31609人，占毛南族总人口的83%。1990年，经过多年的调查与研究之后，聚居在贵州省黔南布依族苗族自治州平塘县、独山县、惠水县等地30000多自称“佯僙”的人口被国家确认为毛南族，自此，全国毛南族总人口有了大幅度增加。根据2000年第五次人口普查资料，全国毛南族总人口为107166人，其中居住在环江境内的约60000人，占毛南族总人口的56%；居住在贵州的毛南族有32000人，约占毛南族总人口的29%。根据2010年第六次人口普查资料，全国毛南族总人口为101192人，其中居住在环江境内的60006人，占毛南族总人口的59. 29%，占全县总人口的15. 86%。环江毛南族主要分布在全县的8个乡（镇）72个行政村中，跨行政区域面积2918平方千米，占全县总面积的63. 8%。[②]

**图0-2　毛南族《谭家世谱》(碑存今下南乡波川村小学)**

**(方素梅摄于2017年9月)**

① 本书为叙述方便，除了直接应用的史料，行文中一律采用“毛南族”的写法。

② 本书所列材料和数据，除已注释的，全部来自课题组实地调查中所获得的各类文件、报告、总结、汇报、统计资料、概况等以及所进行的问卷和访谈资料。

截至2016年5月底，环江毛南族自治县辖6镇5乡1民族乡（即思恩镇、洛阳镇、明伦镇、上朝镇、川山镇、东兴镇、下南乡、大才乡、大安乡、龙岩乡、水源乡及驯乐苗族乡），148个行政村（社区），3080个自然屯和移民场（点），总人口37.82万人。境内居住着毛南、壮、汉、苗、瑶、侗、仫佬、水、回等34个民族，少数民族人口占总人口的94.41%。其中，世居民族有壮、毛南、汉、苗、瑶5个民族。据河池市公安局户政科2018年底统计，环江毛南族自治县超过千人的民族及其人口数量情况如表0-1所示。

**表0-1　环江毛南族自治县民族人口数据统计表（2018年）**

| 民族 | 人口 | 比例 |
| --- | --- | --- |
| 毛南族 | 64994 | 17.12% |
| 壮族 | 261485 | 68.87% |
| 汉族 | 21240 | 5.59% |
| 瑶族 | 20279 | 5.34% |
| 苗族 | 5181 | 1.36% |
| 仫佬族 | 1555 | 0.41% |
| 水族 | 1621 | 0.42% |
| 布依族 | 2487 | 0.66% |
| 其他 | 848 | 0.22% |
| 合计 | 379690 | 100.00% |

注：由于计算过程中采取四舍五入的方法，故各分项百分比之和有时不等于100%，下同。

资料来源：《环江民族人口及民族分布情况》，环江毛南族自治县人民政府网，2019年2月28日，http://www.hjzf.gov.cn/zjhj/qhrk/20190228-1202981.shtml.

环江毛南族自治县所在区域，属于全国14个集中连片特困地区之一的滇桂黔石漠化片区，也是国家新一轮扶贫开发攻坚战主战场中贫困人口及少数民族人口最多的片区。[①] 根据《中国农村扶贫开发纲要（2011—

① 石漠化是指在亚热带脆弱的喀斯特环境背景下，自然因素及不合理的人类社会活动造成地表植被破坏、退化，导致地表土壤资源大面积缺失，下伏碳酸盐岩大面积裸露，土地生产力下降，地表呈现岩石大面积裸露类似荒漠化景观的土地退化过程。关于石漠化的概念与内涵，学术界目前还在讨论。参见袁道先《我国西南岩溶石山的环境地质问题》，《世界科技研究与发展》1997年第5期；熊康宁、李晋、龙明忠《典型喀斯特石漠化治理区水土流失特征与关键问题》，《地理学报》2012年第7期；王世杰《喀斯特石漠化：中国西南最严重的生态地质环（转下页）

2020）》及《滇桂黔石漠化片区区域发展与扶贫攻坚广西实施规划（2011—2015）》，广西有29个贫困县被列入滇桂黔石漠化连片特困区，环江毛南族自治县位列其中。自治县地处云贵高原东南麓，县境西部和北部属于大石山区、半石山区和高寒山区，峰丛、峰林、洼地、谷地、洞穴密布，喀斯特岩溶地貌发育非常典型，于2014年被列入世界自然遗产名录。由于山岭绵延、交通不便，境内许多地方从事农业生产的条件十分艰苦。特别是毛南族世居发祥地的上南、中南、下南等毛南山乡，属喀斯特地形地貌，群山连绵，层峦叠獐，熔岩遍布，海拔500—800米，是典型的大石山和半石山地区，土地瘠薄，日照期短，水源缺乏，人均耕地面积只有几分，粮食产量往往不能维持人口需要。

**图0-3 环江喀斯特岩溶地貌（方素梅摄于2016年6月）**

历史上，环江毛南族自治县的经济社会发展十分滞后，县境山区农民生活极端困难。据民国《宜北县志》记载："全县贫苦农民占90%以上，一日三餐稀饭，少油盐，日常不过清水煮菜。"又据1958年的环江毛南族社会历史调查，20世纪50年代以前的毛南山乡是"九分石头一分土，十年九旱穷山沟"，农户一年普遍缺粮两三个月，每天只能吃两餐拌以瓜

（接上页）境问题》，《矿物岩石地球化学通报》2003年第2期；戴全厚、严友进《西南喀斯特石漠化与水土流失研究进展》，《水土保持学报》2018年第2期。中国的石漠化地区，主要分布在贵州、云南、广西、湖南、湖北、重庆、四川和广东八省（区、市）。截至2011年底，八省区喀斯特石漠化面积为45.2万平方千米，占该区域国土面积107.1万平方千米的42.2%。见国家林业局《中国石漠化公报》，《中国绿色时报》2012年6月18日第3版。

菜、红薯的稀饭，经常缺少油盐。[1] 中华人民共和国成立后，环江人民获得了新生。但是在“左”倾思想的影响下，环江县的经济社会发展也经历了曲折的道路，20 世纪 50 年代末“大放卫星”时甚至发生了“亩产 13 万斤”的事件，给县内人民造成了痛苦的记忆。

20 世纪 80 年代末以来，中国开展了全面持久的反贫困斗争，滇桂黔石漠化片区成为这场斗争的一个主战场。环江毛南族自治县的扶贫开发工作在各级党委、政府的领导下，根据中央、自治区的扶贫开发工作纲要，紧紧围绕扶贫和脱贫目标，坚持政府统一规划和统筹安排，强力推进扶贫基础设施建设大提升、扶贫产业到户大覆盖、扶贫集中连片大开发、扶贫易地移民大搬迁、扶贫教育素质大提升、转向行业社会扶贫资金大整合等有效措施，推进全县扶贫工作深入开展，取得了明显成效。特别是近年来，为振兴县域经济，环江党政领导部门从本地实际情况出发，以成功申报世界自然遗产地为重大契机，深化改革创新，扩大开放合作，全面实施“生态立县、旅游兴县、工业富县、文化活县”发展战略，坚持“稳增长、调结构、促改革、惠民生”，加快转变经济发展方式，大力推进新型工业化、城镇化和农业现代化发展，积极发展特色生态旅游，统筹城乡协调发展，实现经济社会平稳较快发展。全县农村贫困人口从 1986 年底的 20. 74 万人减少到 2016 年底的 5. 12 万人，贫困人口累计减少 15. 62 万人；贫困发生率由 55. 94%下降到 13. 80%，下降了 42. 14 个百分点；农村居民人均可支配收入由 1986 年的 249 元，提高到 8122 元，增长 31. 6 倍。全县道路交通、电力通讯、人畜饮水、教育卫生、文化科技等各项建设速度加快，特别是地处山区的贫困村贫困户生产生活条件有所改善，村容村貌得到较大改观。农村产业扶贫大覆盖。通过狠抓扶贫产业发展，环江毛南族自治县的桑蚕、蔗糖、特色水果、菜牛、山猪、中草药、核桃、林业等形成了一定规模，给群众带来了实际的收入。截至 2017 年 10 月，全县贫困户产业覆盖率达到了 88. 90%。自“八七”扶贫攻坚以来，环江毛南族自治县的扶贫工作多次得到自治区扶贫领导小组通报表扬，特别是 2016 年作为广西唯一的县份在全国少数民族自治县打赢脱贫攻坚战全面建成小康社会经验交流会上做了典型发言；2016 年 6 月圆满通过国务院精准扶

---

① 广西壮族自治区编辑组：《广西仫佬族、毛难族社会历史调查》，广西民族出版社 1987 年出版，第 9、69 页。

贫成效第三方评估；2016 年河池市脱贫摘帽百日攻坚现场会在环江召开。①

总之，在党和政府的领导下，经过全县各族干部群众的努力奋斗，环江毛南族自治县经济社会发展取得了显著成效，基础设施明显改善，科教文化卫生体育等社会各项事业发展加快，人民生活水平普遍改善和提高，逐渐走上富裕小康的道路。然而，由于独特的地理环境和自然条件以及历史因素的影响，环江毛南族自治县彻底摆脱贫穷落后的面貌，还需要进行艰苦的努力。“十三五”期间，全县面临的主要问题包括以下八个方面：一是经济总量不大，人均 GDP 不到全国平均水平的 1/3，其他经济指标也远远低于全国平均水平；二是财源结构单一，财政收入质量不高，收支矛盾十分突出；三是农产品精深加工企业缺乏，农业产业链条聚集和延伸均不理想，农业产业化进程滞后；四是扩大开放程度不够，招商引资水平不高，全县经济长期以来缺乏重大项目支撑，增长后劲不足；五是交通等基础设施落后，全县未通高等级公路，大部分乡镇未通二级公路，乡际路网未实现油路相连；六是乡村及移民区教育、卫生基础设施落后，条件简陋；七是城镇化建设存在资金瓶颈，规划和管理水平有待提高；八是贫困人口规模大，返贫压力较大。通过精准扶贫精准脱贫攻坚战的深入开展，这些问题正在逐步得到解决。

本课题正是在上述背景下实施的。课题组成员分别来自中国社会科学院、中央民族大学、广西民族研究所、广西民族大学、华北科技学院等机构和单位，研究领域涉及民族学、经济学、历史学等。在中共环江毛南族自治县委员会、自治县人民政府的支持下，课题组于 2016 年 6 月在当地进行了参与观察、深度访谈、入户调查、座谈会、问卷等形式的调研活动，调研对象包括党政机关及相关部门、企事业单位、学校、医院、乡村等。集体调研结束后，课题组成员又分别通过回访、电话、邮件等多种形式，进行不同类型的补充调查。通过调研，课题组获得了较为丰富的资料，对环江经济社会发展的成就、特点及未来规划有了初步认识，也对面临的困难和存在的问题有所了解。在此基础上，形成了含括政治、经济、社会、文化、生态五大文明建设的研究专著，资料以实地调研为主，同时参考国家和地方统计数据及相关领域研究成果，从宏观论述与微观考察两

① 环江毛南族自治县扶贫开发办公室：《回顾辉煌过去 展望美好未来——自治县扶贫办三十年扶贫工作总结》，2017 年 6 月。

个角度，着重对 21 世纪以来环江毛南族自治县经济社会发展现状、成效、经验以及存在的问题，进行了分析和研究，力图从中探究如何在全面建设小康社会的过程中加快少数民族聚居区经济社会发展，旨在为各级政府决策提供依据和参考。

**图 0-4 环江毛南族自治县相关部门与课题组举行座谈会**
**（李晨升摄于 2016 年 6 月）**

**图 0-5 课题组在环江毛南族自治县脱贫攻坚指挥部调研**
**（李晨升摄于 2016 年 6 月）**

2017 年 11 月，环江毛南族自治县迎来 30 周年县庆大典。30 年来，在党和政府的关怀领导下，通过各族人民的共同奋斗，环江毛南族自治县发生了巨大的变化。2016 年全县实现地区生产总值 45.3 亿元，是 1987 年的 27.6 倍；财政收入 3.55 亿元，是 1987 年的 42.2 倍；城镇居民人均可支配收入 23066 元，是 1987 年城镇职工工资收入的 15.4 倍；农村居民可支配收入 8122 元，是 1987 年的 40 倍。2008—2017 年，全县累计减少贫困人口 14.18 万人，贫困发生率下降 39.2 个百分点。[①] 2020 年 5 月，环江毛南族自治县实现整县脱贫摘帽。在国家"一带一路"倡议深入实施，中国—东盟自由贸易区升级版建设进程加快，扶持中西部地区培育新的增长点，支持贫困地区加快脱贫致富奔小康，自治区全面实施"四大"战略和"三大"攻坚战[②]的大背景下，特别是随着"贵南高铁"（贵阳—南宁，环江县城附近设有一站）及贵州荔波经环江至宜州德胜高速公路的规划和修建，将极大改善西部地区交通网络条件，使环江与广西桂林、贵州荔波喀斯特形成"中国南方喀斯特"世界自然遗产版块，有效编织桂林、环江、荔波"中国南方喀斯特"自然遗产地旅游经济带，推动环江乃至桂西北旅游产业的跨越发展，同时对于贵州、广东、广西三省区贸易往来、交流合作起到重要的桥梁和纽带作用。我们相信，在上述因素的推动下，环江毛南族自治县将迎来经济社会发展的历史性新机遇。

**图 0-6　环江毛南族自治县成立 30 周年庆祝大会（方素梅摄于 2017 年 11 月）**

① 参见中共环江县委书记黄荣彪：《成立 30 周年，环江毛南族自治县发生了巨大的变化》，中新网广西新闻，http：//www.gx.chinanews.com/news/2017/1108/18072.html，2017 年 11 月 8 日。

② 即创新驱动、开放带动、双核驱动、绿色发展四大战略和基础设施建设、产业转型升级、脱贫三大攻坚战。

# 第一章

# 政治文明建设

任何单元的政治建设都涉及政治体制、政治体系和政治建设过程以及政治文化变迁等。观察环江县域政治文明建设同样需要观察其体制、要素和过程等方方面面。当代中国，县域政治文明建设与民生改善密切相关，也是国家治理水平和治理能力现代化的基础性环节。在民族地区，县域政治文明建设更是关系基本政治制度良好运行的关键。县域特定的区位、人口结构和国家政治建设目标都对特定县域政治文明建设产生直接影响。

## 第一节　历史概况与区位特征

环江作为毛南族人口核心分布区，地处广西西北部，云贵高原东南部，大石山和山间稀有的平地伴着人们世代生存，这里有着深厚的历史文化底蕴，也有着长久的多元文化互动共存的历史，环江县的政治发展进程见证并参与了中国从一个王朝国家向主权多民族现代国家转变全过程，县域政治文明的建设正是在这样的转型中不断前进并深刻地关联着国家政治的演变。

### 一　历史上的环江区域及县政变迁

环江之政治最早可追溯至秦皇汉武之时，早在那时此地就被纳入王朝国家的郡县系统之治。史载其在秦朝属桂林郡、汉曾为南越国所属，后被汉武帝置于郁林郡，三国时属吴郁林郡，两晋南北朝大部分时期属桂林郡，隋时则属始安郡，唐则置环州，属岭南道，成为境内行政设置之始，环州下辖八县，唐天宝元年又改为正平郡，五代十国环州先属楚，后属南汉，宋朝属羁縻州，分为归仁、长宁、多蓬、古劳各县，元朝以后置思恩县，虽然县置隶属屡有变化，但是，县之设置则一直保留至民国，所属区划亦曾盈缩有变，民国时期分属思恩、安化、宜北三县。①

民国时期，国家政治由王朝统治向“五族共和”转型，面对千年未有之大变局，思恩、宜北两县行政设置也屡屡变化，1912 年置思恩、安化县（后改称宜北县），隶柳江道。1916 年两县直隶广西省政府，1919 年属宜山民团区。20 世纪 20—30 年代则曾隶于柳州民团区、柳州行政监督区、庆远行政监督区、第七行政监督区、第二行政监督区和第十行政督查区。20 世纪 30 年代思恩县全域划设为中团（5 甲）、前团（8 甲）、后团（7 甲半）、左团（9 甲）、右团（11 甲半）、附团（领五峒、上里、中里、驯驻、永安等），共 45 甲；1931 年，撤团设区，改为中区、前区、左区、右区、后区、附左区。1936 年实行乡村甲制，环江设 19 乡，宜北有 6 乡。事实上，国民党组织直到 1929 年才真正实现对思恩县和宜北县的统治，两县的国民党组织机构和区乡等严密组织均在随后十年左右才全面建立起来，20 世纪 40 年代初始建立起两县的国民党县级党部，并强化了对乡村的统治。思恩县乡村的行政组织 20 世纪 30 年代为各区设团局，各区下设乡、村、甲，乡村甲各设有长，其间还实行过“三位一体”制，即乡长兼中心校校长、民团后备队大队长；村长兼任国民基础学校校长、民团后备队队长，撤销了各区，思恩县共设 19 乡。村以下则以自然屯为一甲，设有甲长。② 宜北县行政设置大体与思恩县相同。

清末民国以后，思恩、宜北两县不仅行政归属和基层行政屡有变化，民主革命政党活动成为两县政治生活中的新现象，两县域的先觉者直接参与了国家政治变迁的进程并影响到区域政治生活的变迁。比如，出生于宜北县的卢焘，1905 年加入同盟会，1910 年进入云南讲武堂学习并曾与朱德结义。1911 年参加云南新军反清武装起义，后担任过黔军团旅长、代总司令、贵州省省长等职，还曾两度当选广西省国大代表，1949 年被国民党特务暗杀。③ 更有 1930 年 4 月，中国工农红军第七军一、二纵队约 3000 人从广西东兰入贵州榕江，以分散桂系军阀注意力，解决粮草和武

① 环江毛南族自治县地方志编纂委员会编：《环江毛南族自治县志》，广西人民出版社 2002 年版，第 45—48 页。

② 环江毛南族自治县地方志编纂委员会编：《环江毛南族自治县志》，广西人民出版社 2002 年版，第 257 页。

③ 铁木尔·达瓦买提主编：《中国少数民族文化大辞典》，民族出版社 1999 年版，第 199 页。

器装备不足困难，在红军的影响下，宜北、思恩两县有 200 多人参加红七军。1936 年广西国民基础教育研究院中共党组织派 5 名共青团员到宜北县开展革命活动，1938 年中共党组织也派党员至思恩、宜北边境区域开展革命活动，1940 年中共宜山县地下党特支组织也已开展活动，覃展①、覃华儒、覃有莘、潘若②等革命者成长起来，也影响到一批进步青年，他们于 1941 年成立“宜北同志会”的组织，举办工农革命干部训练班、组织工农革命地下武装等。③ 革命者的活动对思恩、宜北两县产生了深远的影响，在基层社会吸引了谋求变革的乡村青年。例如，1948 年下南乡有回乡青年学生开办补习班、聚集当地青年宣传毛泽东《新民主主义革命论》；1949 年 9 月，县内进步分子组建“思恩县解放委员会”，号召社会各阶层人民行动起来迎接解放，并最终成为中国共产党在此地基层组织建设的重要依靠力量。④ 1949 年 11 月下旬，宜北、思恩两县先后解放，两县县政进入全新历史时期，这一时期从政治主体、政治目标至政治文化都将发生重大变革。

总之，在王朝国家千年的变迁中，历史典籍虽略记环江县所属区域政区，但是，对于区域具体政治生活及其构成和运行，以及数千年来的变化却缺少记载。从清末民初以来的相关史料，以及当地社会汉字系统的普遍使用和发达状况不难判断，在王朝历史上这一区域与王朝中央政治相系、文化相通、社会生活相连。当然，这与王朝中央的“教化”措施有着深刻的联系，据载，宋代王朝政府就曾在此设置儒学训导，明代则有学宫，清代康熙二十四年（1685）设书院，至清末民初，仅有 2000 余人的上南

---

① 覃展，环江明伦镇人，1941 年秋参加革命，1945 年加入中国共产党，曾任中共桂林市支部书记、粤桂湘边旅游队指导员、教导员等，1949 年历任中共思恩县委书记兼县长，桂西区党委办公厅第一副主任，广西壮族自治区统战部副部长，广西壮族自治区民委副主任（离休后享受副省级待遇），第六届全国政协委员等。

② 潘若，1937 年投笔从戎北上抗日，1940 年参加新四军，担任淮南根据地新六合县抗日民主政府工作并加入共产党，1945 年到东北局机关报《东北日报》任主编，曾先后担任新华社东北分社、江北新华广播电台编辑科长等职。新中国成立后，任广州市人民政府行政处副处长、政策研究室副主任、科书厅副主任及《广州日报》社副社长等职。详见谭壮捷《潘若：恪守信仰的一生》，载《广西新四军人物》（第 2 集），广西新四军历史资料丛书，2006 年内部印刷，第 226—232 页。

③ 环江毛南族自治县地方志编纂委员会编：《环江毛南族自治县志》，广西人民出版社 2002 年版，第 187—189 页。

④ 环江毛南族自治县地方志编纂委员会编：《环江毛南族自治县志》，广西人民出版社 2002 年版，第 190 页。

乡就设有 8 个塾馆，人口约万人的中南和下南，20 多个村庄有延师设塾的现象，至光绪三十一年（1905）废科举制时，在州县文庠获文武秀才、贡生、廪生有 30 余人，“教化”之功可见一斑。① 政治生活亦与王朝政治性质相符，据 1934 年一项思恩县的调查，思恩县域内一部分地方有奴隶存在，他们终身无代价地为主人做工，奴隶大半是由于饥荒等被主人买回者，短期债奴及童仆、婢女在当时的思恩县很普遍，10—13 岁的孩子可典当 1—20 毫洋，期限 8—10 年；当时对县域政治生活也有定性研究，该调研称：“讲到政治，可说完全是封建的统治。自从农村有组织以来，无论最初的保卫局，后来的民团局，以及最近的区、乡、村，一律由豪绅所包办，换汤不换药，而且已成世袭；父亲是个有名人物，他儿子将来也必然独霸一方。他们藉着超经济的力量，任意敲诈农民以自肥。”但是，这里由于特定的自然环境，土地占有较为平均，除很少几个占有几百亩的大地主，90%以上是自耕农并有自己的土地且换工普遍。② 可见，宜北、思恩两县并未因道路交通之阻碍而完全与中央政治相隔绝，近代以来变化至巨，从政治至文化教育与全中国的变化节律和步伐更加一致。

## 二　20 世纪 50 年代初期县域政治新建构

1949 年 11 月，宜北、思恩县先后解放，两县政治生活发生剧变，县域政治生活从结构、组织到政治生活目标都发生了根本性的转变，而且县域自治活动所依据的一般经济生活和所有制也发生了重大变革。中国共产党组织成为县域政治生活新建构的主导者，传统社会政治生活中被排除于政治权益分配之外的阶级阶层在制度变革中成为县域政治文明建设的主角，并且在实现人民当家作主的国家政治建构中不断强化着人们的权益意识，同时，也增强了县域居民政治参与度。③

### （一）政党组织的新建构

如果说国民党组织进入宜北、思恩两县，开启了资产阶级政党制度对县域政治生活之影响，那么，一个宣称代表人民利益政党组织——中国共

① 《中华文化通志》编委会：《中华文化通志》第 30 卷，上海人民出版社 2010 年版，第 278—279 页。

② 中国农村研究会编：《农村通讯》，中华书局 1935 年版，第 68—70 页。

③ 关于 20 世纪 50 年代初期环江县政治建构情况，主要参阅环江毛南族自治县地方志编纂委员会编：《环江毛南族自治县志》，广西人民出版社 2002 年版，第 193—269 页。

产党在宜北、思恩县正式建立县级组织则开启了重置阶级关系，打破阶级剥削制度和体系的政治建设新时代。1951 年 1 月 1 日，中共思恩县委成立，县委下属 4 个区委会 1 个办事处，3 月，宜北县恢复建设置，4 月 1 日成立中共宜北县工作委员会，但未设工作机构。两县合并后，下辖 8 个区委会，7 个机关党支部，共有党员 55 人，乡镇及以下的基层党组织均未建立。此后，党员队伍不断扩大，到 1953 年，党员 268 人，全县有 8 个基层党委和 20 个党支部。

（二）政府机构的新建构

1949 年 12 月，广西全境获得解放。1950 年 1 月 1 日，思恩县人民政府成立，县政府设在思恩街，政府机构由秘书室、公安局、税务局、文教科、民政科、财政科等构成，县下有一处（宜北行政办事处，驻明伦街）、四区（一区驻思恩街、二区驻水源街、三区驻洛阳街、四区驻下南街）。1951 年 4 月，撤销宜北行政办事处，成立宜北县人民政府，政府机构由秘书室、民政科、财粮科、公安局构成，下辖 6 个乡，即城厢、崇兴、治安、驯乐、道安等。两县合并后，随着行政管理内容的不断增加，县人民政府构成机构增加了粮食、建设、司法、卫生、交通、统计等科。县以下有 8 个区，分别为一区驻思恩街、二区驻水源街、三区驻川山街、四区驻下南街、五区驻大安街、六区驻明伦街、七区驻东兴街、八区驻驯乐街。

（三）社会秩序和社会组织的新建构

20 世纪 50 年代初，宜北和思恩两县社会秩序尚未稳定，土匪有着很大的社会影响，据史载，1950 年 4 月，宜北县 58 个村街，土匪占据 56 个，思恩县的寨谷乡（今大才乡）大部分为土匪所控制。因此，当时剿匪成为恢复当地社会秩序的重要措施。与此同时，农民组织也得到不断发展。1950 年春，县区设农民协会工作机构，五个区也相继配备农协会工作人员。思恩县第一个基层农民协会于 1950 年 2 月 20 日在田因街成立，当时参加的农民、贫民 440 人；宜北县第一个基层农协会于 1951 年 5 月中旬在江龙村产生，参加的农民 350 人。1951 年思恩、宜北合并为环江县后，全县共有基层农民协会 104 个，参加的农民 4.5 万人，这一组织在清匪反霸、减租退押、土地改革、组织互助级、合作社及恢复和发展农业生产发挥了重要作用。1952 年整顿农民协会，改以乡为单位成立农民协会组织，至 1953 年，全县有 63969 人参加了农民协会。

在新的社会秩序建构中，没有青年人的参与便不可能实现良好的社会效果。1951 年，两县合并后，环江县成立中国新民主主义青年团环江县工作委员会，全县 8 个区成立共青团的工作机构，1954 年召开了第一次团员代表大会，正式成立中国新民主主义青年团环江委员会，全县共有团员 1740 人。

妇女也是新社会秩序构建不可多得的力量。1950 年 10 月，县民主妇女联合会成立，1951 年 5 月，正式委任妇女联合会干事，下设宣传、组织、福利三部。此外，还建立了相应的工会组织，1953—1954 年，思恩县有基层工会 4 个，即邮电工会、建筑工会、教育工会、税务局工会，会员共 409 人。

（四）人民民主构建之探索

1950 年 4 月 25—26 日，思恩县各界人民代表会议在县城召开，各界代表 116 人出席会议，其中中共代表 2 人，政府代表 2 人，新民主主义青年团代表 2 人，县农会 1 人，县教育联合会 3 人，区长 3 人，驻县部队代表 2 人，3 个行政区代表 101 人。按行政区划统计，环江（城关）最多，为 21 人；其次是洛阳，为 17 人；再次则分别为社村 11 人，南平 10 人，水源 9 人，寨谷 8 人，上南、中南各 6 人，下南 5 人，大安 4 人，川山、万干各 2 人，方安 1 人。1951 年 5 月，宜北县城（今明伦街）召开第一届宜北县人民代表会议，出席会议的代表 90 名，会议主要讨论清匪反霸、镇压反革命。当年 7 月，召开第二次代表会议，参会代表 160 人，讨论肃清散匪、退租退押、抗美援朝及两县合并事宜。

（五）土地改革、县域政治动员及新所有制形式的建构

1952 年 2 月至 1953 年 3 月，历时 1 年有余环江全县完成土地改革。1952 年春节期间组成 400 多人的土改工作队，县委书记兼县长亲自任大队长，下设 3 个中队和 1 个直属分队，每个中队下设 3 个分队，分队下设 3—5 个组，每组 10—15 个队员，中队部设有调研、统计、宣传等专职工作人员，分队设统计、宣传各 1 员。第一期第一批土改重点在一、二区大部分乡展开，土地改革按着访贫问苦、扎根串连、诉苦斗争、清算斗争、划分阶级、成立新农会等步骤进行，第二批重点在三、四、五区展开，第三批重点在六、七、八区展开。从基层政治建设的角度来说，土改的过程也是农村基层组织建设、稳固的关键，据当时人们的回忆，村长、农会成员和妇女主任等农村组织主要成员的选举，是在土改评功表扬基础上完成

村民动员的结果，选举中没文化的选举人用投豆子或请人代写等办法进行，在这个过程中所选的农会、妇联、民兵、青年等组织的领导，有较高的群众满意度，当选的人一般都能够真正当家作主，大胆为群众办事。正是通过土改为农村建立了一支不走的工作队，工作队的工作基础便是打破基层土地封建所有制，农民获得土地，农村社会确立了新的生产关系，社会生产生活的组织有了新的条件和目标。①

总之，新中国成立初期环江县已属多民族杂居县，1953 年全县总人口 153890 人，其中，壮族占 88%，毛南族占 10%（当时居住在环江的毛南族占全国毛南族总人口的 92.31%），其余为苗、瑶、侗等民族。毛南族人口多分布于县境西南部的上南、中南和下南，史称“毛南三乡”，是为毛南族世居发祥地。其中，当时的隆腾、高里、玉环、才门四乡属“上南”，中南、堂八、下塘等乡属“中南”，仪凤、坡川、下南、希远、景阳等乡属“下南”。②

## 第二节　从县到毛南族自治县

环江县的成立，整合了宜北和思恩两县的自然地理和历史文化资源，使其在统一的县域体系中运行，当然，合县中的政区并合较易，系统政治文化及社会生活的融合则需要时间。毕竟构成环江县之前，宜北和思恩两县都曾形成全新的政治活动架构，县域政治核心组织、县域党政及群团等组织已形成新架构，并在国家政治发展和县域政治实践中不断演变。以自治区辖下的普通县运行了 35 年的环江县，县域政治发展经历了不同的历史阶段。

### 一　环江县域政治变迁

在统一国家的政治体制下，环江县域政治基本构成与全国一般县份的构成机制、组织方式、运行机制等没有根本差异，但是，具体到环江县的所处区位、居民构成、历史传承、经济状况等，环江县域政治建设过程又有其特定表现形态和过程，在环江县域政治建构中的成绩和成果、曲折与

---

① 政协环江毛南族自治县委员会文史资料工作委员会编：《环江文史资料》第 5 辑，1998 年印刷，第 2 页、第 20—21 页、第 27—28 页。

② 《环江毛难人情况调查》，广西省民族事务委员会 1953 年 12 月印，第 1 页。

失误都是今天政治文明建设不能不汲取的历史资源。在新中国国家政治建构的政治大势影响下，环江县域各政治行为主体的基本政治活动、基本政治活动方式以及政治关系协调等方面都自上而下的发生传导性变迁。从基本政治结构来看，中国共产党组织的发展及活动是县域政治建构的核心，这一建构过程也是新政治理念、新组织形式、新政治目标在基层社会产生影响的过程。从 1954 年到 1985 年，根据环江县行政地位和政治建设状况，可将县域政治分为两个发展阶段：第一阶段，初步形成的县域政治新架构的巩固及其在“大跃进”中不断失序和在“文化大革命”中失态；第二阶段便是改革开放后县域政治秩序新建构。

（一）政党组织与组织机构变迁

中国共产党组织领导下的各级政府是基层政治生活的主体，党组织和政府活动则决定着政治生活变迁的方向。环江县党组织建设在改革开放前主要表现为党员数量的增加和党员队伍的扩大。增加状况见图 1-1。

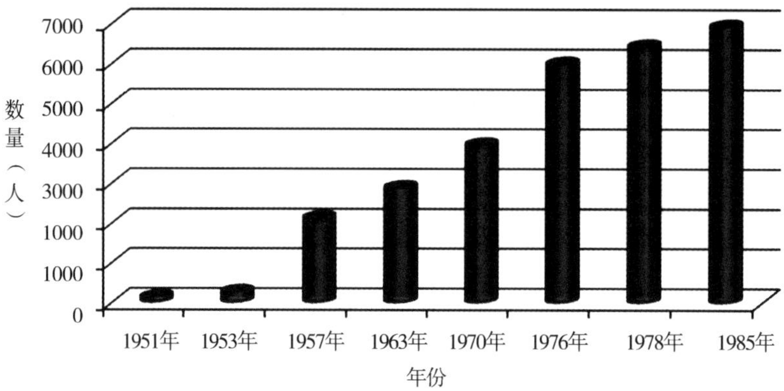


**图 1-1　1951—1985 年几个主要年份环江县党员数增长图示**

1951 年中共环江县委成立，设组织、宣传、统战三部，下设 8 个区委会，其后工作机构因纪律检查、农业、工业、干部培训、档案、信访等工作而增加机构，1986 年机构数增至 12 个。1951—1955 年环江县委有两任书记，任期分别为 1 年 8 个月和 2 年 1 个月。1956—1973 年是中国国家政治变化较大时期，1957—1964 年期间县委设第一书记，同时还设书记处第一书记，直到 1974 年有 12 任 9 人担任过县委第一书记或县委书记，他们中任期最长的只有 3 年 7 个月，大多任期只有 1 年半左右，任期最短的只有 1 个月。1975—1984 年期间，韦继松任县委书记时间最长，达 9 年 4 个月，其继任者覃建勋在任 3 年 7 个月。除了县级工作机构数量的增加和书记任职的变化，基层党委和党支部数量也随着党员队伍的扩大而逐年增加。具体情况见表 1-1。

**表 1-1　　1951—1985 年几个主要年份基层党组织数统计表**

| 年份 | 基层党委数（个） | 党总支数（个） | 党支部数（个） |
| --- | --- | --- | --- |
| 1951 年 | 8 | 0 | 0 |
| 1953 年 | 8 | 0 | 20 |
| 1957 年 | 8 | 2 | 147 |
| 1963 年 | 17 | 1 | 186 |
| 1965 年 | 10 | 1 | 186 |
| 1969 年 | 12 | — | 198 |
| 1970 年 | 12 | — | 198 |
| 1976 年 | 13 | — | 164 |
| 1978 年 | 14 | — | 313 |
| 1985 年 | 17 | 9 | 408 |

资料来源：环江毛南族自治县地方志编纂委员会编：《环江毛南族自治县志》，广西人民出版社 2002 年版，第 190—227 页。

观察环江县的干部构成变迁过程我们会看到，1950—1987 年，历任县委书记 15 人，其中只有第一任、第三任、第十五任书记是环江籍，其余有 4 人为广西籍，非广西籍书记占 15 任书记总数的 40%，他们分别来自河北、天津、江苏、广东等省份，可谓来自“五湖四海”；历任副书记 35 人，除 20 世纪 50 年代初 3 位干部籍贯不明外，其中广西籍 19 人（7 个为环江本地干部），占副书记总数的 54.29%。从他们任职的时间来看，建县之初多是非广西籍干部为主政领导，20 世纪 60 年代以后，主政领导多为广西籍干部，这也从一个侧面说明广西籍干部在逐步成长，在环江县政治生活中广西籍干部替代“五湖四海”的老干部成为主政领导的过程，其实也是党的民族干部政策得到深入执行的重要标志，据 1986 年统计，全县少数民族干部有 4093 人，占全县干部的 93%，其中少数民族妇女干部有 597 人。①

（二）县域权力机关建构及其运行

在人民民主制度设置中，人民代表大会制度的常态运行是一个关键。新中国建立以后，在县域政治运行中人民代表大会制度也是一项政治新探索。人民代表大会作为权力机关表达人民意愿、监督行政机关工作等方面有其特定的功能。1954 年 4 月 10 日，环江县开始普选，选区以农业互助合作活动范围划定，以互助组为单位设定选民登记站。当年全县有 8 个行政区，108 个行政乡，人口有 154521 人，18 岁以上人口 93772 人，其中 90170 人有选举权。当时，采用举手表决选举法，选出乡人民代表 637 人，县人民代表 204 人，出席环江县第一届人民代表大会的代表 172 人，其中壮族 125 人，占 72.67%；毛南族、汉族各 22 人，分别占 12.79%；苗族 2 人，占 1.16%；瑶族 1 人，占 0.58%。此后直到 1966 年，人民代表大会按期举行，县乡两级的选举虽然在选区、名额等方面有一定的变化，但是均能正常运行，履行审议政府工作报告、财政预算和决算报告等职责，并确定地方生产方针等。然而在 1966—1980 年，人民代表大会活动中止，1980 年后才得以恢复。具体变化见表 1-2。

**表 1-2　　1954—1984 年环江县人民代表大会县乡两级代表数及少数民族代表比重表**

| 年份 | 乡级人民代表（人） | 少数民族人大代表比重（%） | 县级代表数（人） | 少数民族人大代表比重（%） |
|---|---|---|---|---|
| 1954 年 | 637 | — | 204 | 87.21 |
| 1956 年 | 1837 | — | 200 | — |
| 1958 年 | 1872 | 98.33 | 200 | 93.65 |
| 1959 年 | — | — | 200 | — |
| 1961 年 | — | — | 247 | — |
| 1963 年 | 3004 | 100 | 204 | 97.84 |
| 1966 年 | — | — | — | — |
| 1980 年 | — | — | 245 | — |
| 1984 年 | 1415 | 86.99 | 245 | — |

资料来源：环江毛南族自治县地方志编纂委员会编：《环江毛南族自治县志》，广西人民出版社 2002 年版，第 270—294 页。

① 环江毛南族自治县地方志编纂委员会编：《环江毛南族自治县志》，广西人民出版社 2002 年版，第 315 页。

总之，历经半个多世纪的探索，特别是改革开放以后的建设，环江县域基本政治架构逐步完善，更有能力维护群众利益和体现中国特色社会主义目标要求的政治活动机制基本建成。

## 二　毛南族自治地方的酝酿和成立

1956年毛南族被确定为单一民族后，就提出建立环江毛南族自治县的动议。1957年，中共广西省委向党中央请示报告，要求批准建立环江毛南族自治县，当时未能实现目标。1984年，随着人民公社解体，毛南族人口集中的地区设置了上南和下南两个毛南族乡。上南乡当时有4个村120个自然屯，下南乡有10个村232个自然屯，两乡自然屯中1户屯总计有33个。① 随着党的民族政策的全面落实和环江县权力机构的正常运行，1985年11月，环江县人民代表大会第八届二次会议上，代表们提出要求成立“环江毛南族自治县”，将“毛难族”译写改为“毛南族”的议案，得到大会支持并形成《要求成立环江毛南族自治县》《要求把“毛难族”改为“毛南族”》的决议，上报广西壮族自治区人民政府批准。酝酿成立自治县的过程中，受到宜北县和思恩县合并的历史影响，围绕着自治县的行政区域划分产生了两种具有分歧的意见。第一种意见以宜北县和思恩县合并以来的环江县为自治县的行政区域，理由是两县合并建立环江县30多年以来，在政治、经济、文化等方面已形成密切的一体关系。第二种意见认为，北部地处高寒山区，林业矿产资源比较丰富，优势独特，应单独划出，一分为二，恢复原来宜北县建制，以未合并前的思恩县为区域建立环江毛南族自治县。面对这一状况，县领导班子组织全县各族干部群众，学习民族区域自治法和各项民族政策，回顾历史，分析现状，动员人民从有利于民族团结，有利于全县的社会主义四个现代化建设出发考虑问题，经过广泛开展讨论和民主协商，思想认识得到统一和提高，绝大多数人认为南北间各有优势和不足，合为上，分不可取，为建立环江毛南族自治县奠定了良好的社会基础。

1986年2月17日，广西壮族自治区人民政府报送国务院《关于撤销环江县，设立环江毛南族自治县的请示报告》，同年11月1日，国务院正式批复同意撤销环江县，设立环江毛南族自治县，以环江县当时行政区域

---

① 孟凡云：《广西毛南族社会史》，民族出版社2013年版，第183页。

为环江毛南族自治县的行政区域。因此，环江毛南族自治县辖有3镇、11乡和一个民族乡，即思恩镇、洛阳镇、上朝镇，以及大才乡、水源乡、上南乡、川山乡、木论乡、下南乡、大安乡、明伦乡、东兴乡、龙岩乡、长美乡和驯乐苗族乡。当时，全县总人口316113万人，其中：壮族人口225044人，占71.19%；毛南族53605人，占16.96%；汉族28269人，占8.94%；苗族3108人，占0.98%；瑶族3549人，占1.12%；仫佬族1212人，侗族440人。[①]

## 第三节　毛南族自治地方政治建设

环江毛南族自治县的建立并未在深层结构上改变业已成熟的县域政治生活的基本架构，党、政、权力机关和政治协商等机制仍然是最为基本的构件，县域政治权力运行核心仍然为县委县政府。自治县的建立，加之国家整体改革的深化和政治生活变迁，县域政治生活的政策环境由于民族区域自治的贯彻落实得到进一步优化，有力推进了民族平等和民族团结的巩固。与一般县所不同的是自治县的建构提升了环江县域政策空间，为更好保障毛南族经济社会发展权益和协调县域民族关系打下了重要基础。

### 一　自治县权力机关能力建设

人民代表大会作为一级权力机关，其能力建设状况影响着其权力机关功能的发挥。1987年2月21日，环江县第八届人大常委会第十次会议通过决议，成立环江毛南族自治县筹备委员会。1987年11月7—10日，环江毛南族自治县第一届人民代表大会召开，参会代表217人，其中，毛南族代表51人，占出席会议代表的23.50%；壮族代表140人，占出席会议代表的64.52%，此外，还有苗、瑶、汉等民族代表，占出席会议代表的11.98%。[②] 此次大会，选举产生了自治县第一届人大常委会主任、副主任人选，自治县人民政府县长、副县长人选，自治县法

① 《环江毛南族自治县概况》编写组：《环江毛南族自治县概况》，民族出版社2008年版，第100、79页。

② 《环江毛南族自治县概况》编写组：《环江毛南族自治县概况》，民族出版社2008年版，第100页。

院、检察院院长人选。第一届自治县人民代表大会常务委员会由 14 人构成，主任为谭亮明（毛南族），此外，还有三位副主任。会议选出参加广西壮族自治区第七届人民代表大会代表 7 人，其中少数民族代表 6 人，占代表总数的 85.71%。1988 年，自治县人大工作机构由办公室及法制、财政经济、教育科学文化卫生、民族四个工作委员会组成，编制定员为 25 人。① 到 2013 年，自治县人大已运行到第七届，常委会内设机构变迁为办公室、民族和科教文化卫生工作委员会、财政经济工作委员会、法制工作委员会、代表选举联络工作委员会，这期间人大作为权力机关除了机构建设不断完善外，还积极开展立法、监督、代表等项工作，充分发挥功能是县域政治建设的重要环节。

第一，制定、颁布和修改《环江毛南族自治县自治条例》。民族自治地方行使自治权的最重要的方式就是落实《民族区域自治法》原则精神，制定民族自治地方的自治条例，依照当地民族的政治、经济和文化的特点，全面调整本自治地方民族关系。1988 年 7 月，成立了由 19 人构成的《环江毛南族自治县自治条例》起草委员会，委员会主任由自治县人大常委会主任谭亮明担任，三位副主任分别为县委副书记、县人大常委会副主任和副县长。《环江毛南族自治县自治条例》（以下简称《自治条例》）先后九易其稿，历时一年半，完成起草工作，并于 1990 年 2 月在自治县第一届人民代表大会第四次会议上通过，报经广西壮族自治区人民代表大会常务委员会批准后于同年实施。随着社会主义市场经济的转型，第三届人民代表大会第四次会议将《自治条例》的修订纳入县人大立法工作日程，1997 年完成修改稿，后经多次反复修改，第七届人大三次会议审议通过《自治条例》（修订）并经广西壮族自治区人大常委会批准于 2013 年 11 月 12 日公布施行，正式完成条例的全面修订工作。新修订的《自治条例》的贯彻实施，对充分行使宪法和民族区域自治法赋予民族自治地方的自治权，努力推进民主法治建设和依法治县进程，促进全县经济发展、社会进步和民族团结有着重要的意义和深远的影响。新修订的条例增加了更多具有可操作性的条款，在政治建设方面，如第六条第二款规定："自治县人民代表大会常务委员会中，应当由毛南族公民担任主任或者副主任。"第七条规定：

① 环江毛南族自治县地方志编纂委员会编：《环江毛南族自治县志》，广西人民出版社 2002 年版，第 296 页。

“自治县县长由毛南族公民担任，自治县人民政府的其他组成人员中，毛南族和其他少数民族的人员所占比例，应当与其民族人口在全县人口中所占比例相适应。”除自治条例修订，人大还推进了县域自然保护、矿产资源管理、生态建设等方面的规范管理。

第二，执法监督和工作监督。人大依法行使监督职权作为人民代表大会制度的重要组成部分，是地方人大及其常委会的工作重点。环江毛南族自治县人大借助执法检查活动，在县域范围曾对《中华人民共和国农业法》《中华人民共和国民族区域自治法》《中华人民共和国教育法》《中华人民共和国环境保护法》《中华人民共和国水污染防治法》等几十部法律法规的执行情况进行过监督检查。据统计，仅1994—1997年，在组织对《中华人民共和国消费者权益保护法》和《中华人民共和国产品质量法》实施情况的检查中，共查出违法600多起，依法处罚550起。[①] 2012年以来，自治县人大按照“围绕中心、突出重点、讲求实效”的监督工作思路，推进人大监督工作，并在规范程序上下功夫，切实增强监督实效。借助“五大工程深化年”[②] 推动全县“十二五”规划实施，督促、支持“一府两院”及其工作部门工作；围绕深化“五大工程”开展专项工作监督，听取和审议自治县人民法院、人民检察院的专项工作报告和自治县人民政府及其工作部门实施“五大工程”战略情况的专项报告，并有选择地开展现场视察调研活动；加强经济工作监督，听取和审议自治县人民政府关于2013年财政决算报告、审计工作报告、审查和批准决算；听取和审议县人民政府关于2014年上半年计划、预算执行情况的报告，加强对政府全口径预算决算的审查监督；组织开展《环江毛南族自治县自治条例》的学习宣传贯彻工作，利用新闻媒体、广播电视、印发资料、编唱山歌等群众喜闻乐见的形式大力宣传《自治条例》；深入开展专题调研，着重开展民族乡经济社会发展、林业生产加工情况等专题调研；做好人大信访工作，加强信访监督。积极配合全国、自治区和市人大在全县开展立法调研、执法检查、专题调研和环保世纪行宣传等活动。

第三，做好代表和代表联系群众工作。深入开展人大代表“桥梁组

① 《环江毛南族自治县概况》编写组：《环江毛南族自治县概况》，民族出版社2008年版，第86页。

② 五大工程指：产业增量提质工程（以新型特色产业形成新的产值和新的效益）、城乡新貌工程（提升管理中创设城乡新貌）、民生保障提升工程（加快改善人民的生产生活条件）、扶贫攻坚工程、执行力提升工程（戒骄、懒、空、虚、假、奢，全面提升执行力）。

带”主题活动，深化“三联”“六带头”“四个一”活动内容，[①] 密切代表和选民群众的联系，同时，健全联系代表制度，认真组织代表开展视察、调研活动，创新代表小组活动方式，丰富代表小组活动内容。扎实做好代表履职的服务和保障工作，拓宽代表知情、知政渠道，为代表依法行使职权、密切联系群众，参与常委活动创造条件。加强代表议案和建议办理工作，完善督办机制，增强办理实效，提高代表对办理工作的满意度。邀请代表参加执法检查，专题调研活动，认真听取代表的意见和建议。此外，人事任免、信访、代表建议办理、培训、视察调研等工作也得到有序展开。

## 二　自治县党政机构和执政能力建设

环江毛南族自治县法定地位确立后，党委和政府基本构成未发生根本改变，党委工作目标更为明确，推进各民族共同团结奋斗、共同繁荣发展的任务更为繁重。在推动自治县域全面发展方面的决策部署更加切合市场经济转型和县域发展实际，制订了“三年打基础、五年上水平、八年大发展”的目标，具体发展战略为“生态立县、旅游兴县、工业富县、文化活县”。

在县委领导层方面，主要由书记（1人）、副书记（2人）、常委（10人）构成，县委构成中副书记由县长担任，常委则包括了常务副县长和3个副县长及县委办公室主任。县委主要工作机构由县委办、组织部、宣传部、统战部构成。随着从严治党工作的不断推进，县纪律检查工作也更为务实，据统计，2013年，纪律检查委员会对全县机关作风进行了18次督查、5次暗访，其中63个单位、38名干部在明察暗访中受到通报批评。

党的基层组织建设是自治县域政治建设的重要环节，据统计，2013年全县共有基层党组织815个（其中党委17个，党总支79个，党支部719）、党工委5个。党员总数13522名。党员中农村党员6047人，占党员总数的44.72%；女党员2715名，占党员总数的20.08%；少数民族党

① “三联”即常委会领导联系乡镇人大、联系人大代表3人以上，乡镇人大主席、副主席联系人大代表小组、联系人大代表5人以上，县、乡两级人大代表每人联系选民3人以上；“六带头”即带头遵纪守法、带头发展经济、带头维护社会稳定、带头反映社情民意、带头讲文明、树新风、带头完成各项工作任务；“四个一”即每位代表每年提出一件议案或建议、为群众办一件实事、参与调解一件纠纷、选择一个项目发展经济。

员12007名，占党员总数的88.80%；35岁及以下的党员2321名，占党员总数的17.16%；大专以上学历的党员4112名，占党员总数的30.41%；外出流动党员270名，占党员总数的2%。此外，非公经济党组织有4个党总支，31个支部，共400名党员；新社会组织有4个党总支部共44名党员。全年共发展党员275名，其中：少数民族261人，占总数94.91%；女党员90人，占总数32.73%；35岁以下的148人，占总数53.82%；大专以上文化程度93人，占总数33.82%；能人党员29人，占总数10.55%。

在推进基层党组织建设过程中，充分发挥党员的模范带头作用，推进农村脱贫致富。2007年，县委联系帮扶100多个党员科技示范基地，县委常委联系指导10多个党员科技示范户，每个乡镇党委帮扶100多个党员科技示范基地，每个党委成员至少联系帮扶3户党员科技示范户，党支部委员联系一个致富户，扶持一个贫困户；以示范户促基地，以基地带农户，实行亮点辐射，使农村基层党组织成为千家万户与大市场结合的桥梁。[①] 同时，还以“工程”为抓手，积极进行基层组织建设，主要包括：

第一，强化农村党员的全面培训。如大安乡环界村建成可封闭式培训70名学员党员干部教育实践基地，建立了有领导干部、专家教授、部门业务骨干、党员经济能人“四位一体”的“师资库”。

第二，实施“书记党建”工程。在电视台开辟“书记抓党建”专栏，12个乡镇党委书记在电视上公开进行党建述职；建立和完善村级党组织书记履行党建责任述职评议制度，定期对村级党组织书记履行党建职责情况进行考核评估。

第三，实施“贫困村党组织第一书记党建工程”。在2012年的基础上，2013年再选派98名优秀机关干部担任行政村党组织第一书记，实现了村（社区）党组织第一书记全覆盖。选聘7名大学生村官到5个乡镇的7个村（社区）担任主任助理，选聘4名大学生村官到3个乡镇的4个村（社区）担任党组织书记助理。

第四，实施“扶贫党建”工程，实施开发扶贫“百强党员能人”培育工程，提升党员在开发扶贫中的示范带动和先锋引领作用，带动2.5万多户群众参与产业开发并实施脱贫致富，实现百名党员能人带动万户群众

① 韦焕良、卢伟益：《一个党员一颗星，一个支部一盏灯》，《广西日报》2009年2月3日第12版。

增收致富的目标。创建屯级党群联席理事会，全年创建139个屯级党群联席理事会，协调解决开发扶贫项目185个，整合资金1.9亿元，引进龙头企业3家，推进扶贫产业项目19万亩。

第五，实施“活力党建工程”。以“五规范一优化”为主要内容，突出抓好69个村（社区）的基层组织规范化建设；推行“村事圩办”便民服务新模式，乡镇服务中心和村事圩办服务站合署办公，实现乡（镇）、村办事一体化和一站式服务的便民网络；以“六有”为建设目标，以“双强六好”为载体，完善“两新”组织领域党组织活动阵地和活动制度建设。

第六，实施“产业党建工程”。扩大组织覆盖，成立产业链、产业协会党支部9个；建立特色产业基地，培养产业百强党员能人139名，挂牌69个“能人示范基地”。全县通过股份制的方式创办了4个村集体经济项目，村集体经济总收入近100万元。

在县政府领导层方面，主要由县长（1人）、常务副县长（1人）、副县长（8人）构成，县长负责县人民政府全面工作，同时，下设涉及全面经济文化生活事项的委、办、局、处、部等机构60余个，这个机构的运行推动着自治县域各项政务的运行。社会管理模式创新是自治县公安局执法规范化建设的一大亮点，他们以“四小工程”① 回应群众期盼，运用协商、疏导等办法解决群众间的矛盾纠纷，同时，强化严打整治，加强管控，打造平安社会环境。②

在推进县域政治文明建设中，环江毛南族自治县强化了干部教育培训。2013年，完成上级下达的各类干部调训任务共65人次。其中，中央级调训20人次，自治区级调训15人次，市级调训30人次，参加调训处级干部31人次，科级及以下干部34人次。科级进修班培训科级领导干部64人次，青年干部培训优秀青年干部40人次，新任科级干部培训班新提科级干部20人次。举办各类业务知识培训、技能知识培训145期，培训各级干部及农村党员12652人次。同时，加强干部交流锻炼。2012—2013年，区直乡镇机关选派40名贫困村“第一书记”和203名新农村建设指导员。在推动政治文明建设中，更加强调纪律检查，2013年全县各级立案调查违纪违法案件28件，其中涉及正科级4件4人，涉及副科级4件4

① 即办好小案件、做好小事情、调节好小纠纷、整治好小隐患。

② 黄英等：《社会管理创新的“环江样板”》，《法治快报》2010年11月24日第4版。

人，其他党员干部20人，移送司法机关依法处理1人，通过办案挽回经济损失100多万元。

在推进干部执行力提升工程年过程中，细化出台5个子方案（政治纪律、作风环境、政务环境、执法环境、廉政环境），明确各单位职责分工，从改进调查研究、推进科学决策、精简会议活动、精简文件简报、规范培训考察、改善新闻报道、厉行勤俭节约、加强督促检查八个方面，细化成33条具体规定。

乡村党员干部对县域政治文明建设中的作用日益具有重要性，近年来，群众路线教育活动和从严治党措施的跟进，大大强化了乡镇干部对自身工作缺点的总结，比如某乡党委书记自己总结了11条，即：（1）作风不实，流于形式（班子成员对制度的推行积极性不高，对一些不良作风睁一只眼闭一只眼，没有及时予以指正，抱着不得罪人的心态放任自流，忽视一把手责任）；（2）文山会海，不求实效（以会议落实会议，以文件落实文件，工作重布置流于形式，轻检查落实，布置的工作缺乏督促和有效应对措施）；（3）脱离群众，不接地气（习惯办公室指挥，深入村屯倾听群众心声少，解决群众困难越来越少）；（4）家长作风，决策不民主（以训示服从语气，强权定性思维要求乡直机关干部，工作决策基本上是自己定调后，再与其他领导沟通，造成有的工作方案急促上马，反复变化）；（5）不敢担当，不愿负责（对于一些难题或历史遗留问题，习惯于理论分析原因，不敢直面焦点和面对群众，往往指令分管领导具体负责）；（6）心浮气躁，对自己不严（有时认为乡镇“我”说了算，就不能严要求自己，如要求干部中午不能饮酒，自己却在接待时主动提出饮酒）；（7）进取精神有所退步（工作上不求有功但求无过）；（8）缺乏吃苦耐劳精神；（9）落实党的建设及党建第一责任人的职责不到位；（10）艰苦朴素精神缺失；（11）抵制铺张浪费不坚决。与其同时工作的副书记总结自己的缺点为：（1）责任意识不强，出现精神懈怠；（2）工作落实不力；（3）疏远群众，脱离基层；（4）服务群众观念薄，方法简单粗暴；（5）拍脑袋决策，不事先调研；（6）安于现状，进取心不强；（7）计较待遇，有攀比心理；（8）自律观念不强，作风不够朴素；（9）生活上存在不够勤俭问题。从他们的总结中，我们可以看到干部思想和作风上存在的一些问题及其表现。

## 三　政治协商机制的完善

1987年，中国人民政治协商环江毛南族自治县第一届政协组成，委员98人，分为13个届别，其中，中国共产党占10.20%，无党派知名人士7.14%，教育界占11.22%，科技界占18.38%，卫生界占6.12%，工商界占7.14%，民族宗教界占7.14%，工会共青团妇女占9.19%，体育界占2.04%，归侨占2.04%，农民占9.19%，文艺艺术界占4.08%，特邀占6.12%。从已有的界别来看，其划分的主要依据是按组织系统和县域行业差别，有着广泛的代表性，为县域政治协商搭建了稳定的平台。第一届政协运行期间，政协委员和个人提出312条意见（其中批评建议21件，立为正式提案的291件），涉及政协工作、工农业生产、财贸、交通、文化教育、医药卫生、宣传工作、科学技术与普及、统一战线与民族宗教问题、人民生活、工资福利、机构设置与干部素质、劳动人事、公安、检察、审判、城乡建设、农林水利18个方面的问题。①

政协环江毛南族自治县委员会领导层由主席（1人）、副主席（2人）构成，内设机构经调整后确定为办公室，以及提案法制和民族宗教委员会、经科文教卫体委员会、外事联谊联络委员会和文史资料委员会四个机构。随着政协机构和工作机制的不断完善，委员参政议政积极性不断提高，社会效果日益提升，据统计，第七届政协委员164人，政协运行的5年中，共提出提案447件，经审查立案405件，立案率为90.60%，参与提案委员121名，占委员总数的73.78%。所有提案全部在规定的办理时间内办复完毕，答复率为100%。立案提案中，得到解决和基本解决的339件，占83.70%；正在解决和计划解决的56件，占13.80%；因政策或条件限制，只能答复但暂时不能解决，仅当作部门工作参考的提案10件，占2.50%，承办单位都及时向政协委员做了说明。第七届政协始终围绕党委政府中心工作，关注基层、关注民生，在民主协商、参政议政方面，创新参政载体，拓宽议政平台，健全协商机制，取得了良好成效。环江政协还充分发挥驻县的市、区政协委员作用，组织和引导他们从全县、全市、全区的高度，积极撰写高质量的提案共有30余件，其中《关于创建广西世界自然遗产地民族生态旅游示范区的建议》《构建广西贵州两省

① 环江毛南族自治县地方志编纂委员会编：《环江毛南族自治县志》，广西人民出版社2002年版，第321页。

区中国南方喀斯特世界自然遗产地旅游圈的建议》《关于尽快修建环自治区高速公路的建议》《关于设立贵南高铁环江毛南族自治县站的建议》《关于修建环江至贵州荔波高速公路的建议》等，得到市、自治区领导和相关部门的高度重视，其中个别提案已经进入了自治区级调研阶段。

## 四　强化乡村治理

乡村政治稳定和发展是县域政治文明建设不可忽视的重要内容。近年来，随着基层民主政治建设的推进，环江毛南族自治县一方面在乡会工作机制上不断探索创新，推行“乡会村开民议”工作机制，“四不四必四议”工作方法，把乡镇班子会、工作会移至村屯办公场所、转到农户家中、开在田间地头，进一步改进干部作风会风，加强服务意识，提高村民自治能力。通过不断改进工作方式，强化党群关系、干群关系和人们之间关系的协调。同时，实施区域化“和谐党建”工程，推进民族团结进步示范县建设，在下南、思恩、大安、驯乐等乡镇的多民族杂居村及移民安置点，实施“组织联建、生产联营、文化联传、新风联创、村务联管”等联建共促活动，增进移民与本地居民、各民族群众之间的文化融合和团结和谐，取得了非常好的社会效果。在强化基层治理和促进脱贫致富过程中，自2012年以来，自治县党委政府深化和拓展“千名干部驻村屯”活动，通过整合资源创新载体，组织全县1000多名党员领导干部分成143个工作组，深入各贫困村开展“三访四帮五带头”①活动，成效显著。另一方面，不断提升乡村干部素质，2013年，河池市委选聘区内20名优秀大学毕业生到环江12个乡镇20个村委会任村官，任职3年。这些措施进一步加强了村级组织的能力建设，以及其与上级组织之间的联系。

村务监督委员会的成立强化了纪检监察机关对农村基层组织的治理，村级民主政治建设形成村监委和村党支部、村委会相互制约、相互促进的新格局。该委员会由村民代表会议民主选举产生，实行村民自我管理、自

① 三访，即领导干部联系走访、村干部上门家访、骨干党员就地察访。四帮，即入村住屯党员干部积极联系挂点单位和后援单位，开展“帮助学习领会精神，促进扶贫思想统一；帮助理清发展思路，促进贫困村科学发展；帮助解决实际问题，促进扶贫工作上档进位；帮助化解矛盾纠纷，促进社会和谐稳定”。五带头，即开展“带头解放思想，敢闯敢干；带头破解难题，敢谋善成；带头学用政策，主动有为；带头推动投资，亲商扶商；带头整治环境，地美气顺”活动。

我监督。村务监督委员会在事前、事中、事后监督中，以列席村两委会议、走访群众等形式，有效拓宽了村务公开渠道，使村民参与民主管理，成为村两委、村干部的监督岗。村务监督委员会通过重点监督惠农资金落实情况有效地规范村务公开的内容、程序、时间和形式。村务监督委员会定期向乡镇纪委汇报，及时反馈群众诉求和案件线索，成为预防村干部腐败的防火墙。

总之，环江毛南族自治县建立以来，人民代表大会制度、民族区域自治制度和县域党政机制运行都更加规范有效，基层民主建设不断推进。县域政治文明建设是上级行政的基础，因此，“县域发展状况如何，很大程度上决定着社会主义新农村建设的进程，决定着中国特色农业现代化建设的成败，决定着城乡经济社会发展一体化的前途”,① 县域各层级干部的政治和业务素质，特别是执政能力以及他们对本区域最广大人民群众根本利益的维护能力不断提高，对解决本区域社会基本矛盾，促进生产力不断提升，逐步扩大公民的有序政治参与，构建县域良性运作的制度，提升县域政治文明的现代化起到了积极作用。然而，由于县域经济不发达，基层群众整体文化素质还有待提高，在很大程度上阻碍了环江县域政治文明建设获得更多的成果。因此，应当进一步探索和建构更适于基层群众有效表达自身利益渠道和规范利益表达制度机制，使基本政治制度运行更规范，制度功能更能充分发挥功能，县域政治活动主体依法规范行政，充分实现其组织、领导县域政治、经济、文化、生态、社会建设能力，有效主导县域社会变革方向和进程，提升本区域政治运行的公平公正水平，为各民族群众共同繁荣发展提供有效保障。

① 连玉明、武建忠编：《2008 年中国年谱民生治政》，中国时代经济出版社 2009 年版，第 152 页。

# 第二章

# 民族团结教育

中国是统一多民族国家。人民的团结、领土的完整、国家的统一，都是以各民族的团结为基础的。民族团结是各族人民的生命线，为了巩固和发展平等、团结、互助、和谐的社会主义民族关系，促进各民族共同团结奋斗、共同繁荣发展，党和国家十分重视开展民族团结进步活动，对公民进行以爱国主义教育为核心内容的学习民族理论、掌握民族政策、普及民族团结常识、树立民族团结意识、履行维护民族团结义务、增强维护民族团结责任的教育。随着社会形势的不断发展，民族团结教育日益常态化，成为国民教育、干部教育和社会教育的重要内容，并贯穿教育的全过程。党的十九大报告提出，全面贯彻党的民族政策，深化民族团结进步教育，铸牢中华民族共同体意识，加强各民族交往交流交融，促进各民族像石榴籽一样紧紧抱在一起，共同团结奋斗、共同繁荣发展。报告赋予了民族工作新的内涵，这正是习近平新时代中国特色社会主义思想在民族工作领域的具体体现。

环江是多民族聚居的地方，新中国成立以来，特别是自治县成立 30 年来，历届县委、县政府深入贯彻落实党的民族政策，采取多种方式和措施扎实推进民族团结教育工作，取得了显著的成效，逐步建立起平等、团结、互助、和谐的社会主义民族关系。本课题在实施过程中，主要采取实地考察、深度访谈和问卷统计相结合的方法，分别对环江毛南族自治县机关、企业、学校、社区和乡镇的民族团结教育进行分析。其中，共发放调查问卷 510 份，回收问卷 493 份，回收率为 96.67%；有效问卷 462 份，有效率为 93.70%。课题组还重点深入到环江县的两所小学、三所中学、一所高中进行调研，每所学校随机抽取几个不同年级的教学班发放问卷共 300 份，回收 293 份，回收率 97.67%，其中有效问卷 279 份，有效率为 95.22%。问卷调查重点了解中小学校师生、公职人员、社区居民、乡镇村民等群体对全县民族团结教育开展情况的认识，以及对民族团结教育育人效果的评估等。这些问卷统计数据与课题组对部分干部、居民和师生进行的座谈交流或单独访谈，以及自治县民宗局、教育局及其他相关部门提供的资料结合在一起，为我们全面、客观地评价环江毛南族自治县民族团结教育的主要做法、实施成效及其面临的挑战提供了丰富翔实的资料支撑。

本章以环江毛南族自治县学校民族团结教育为重点，结合环江县情，梳理了环江民族团结教育的具体做法，全面地总结了环江民族团结教育工作实施的成效，系统地归纳了开展民族团结教育的经验方法。同时，也客观地指出了新时代进一步推进民族团结教育工作所面临的挑战，并以破解民族团结教育工作所遇到的障碍为线索，提出了对策建议，以期能够引起社会各方面的广泛关注，从而化解问题、解决困难，使民族团结教育成为环江毛南族自治县学校教育的重要组成部分，使民族团结成为各族干部群众思想意识的必有之物，成为驱动新时代环江经济社会发展的强大动力。

## 第一节　民族团结教育实践

环江毛南族自治县成立以来，自治县党委、政府始终高度重视民族团结进步事业，在学校、乡镇、社区等地广泛开展民族团结教育活动，制定和完善了民族团结教育工作的政策措施，丰富了民族团结教育的形式和内容，有力地推动了党和国家的民族理论政策的宣传落实、民族文化的繁荣兴盛，促进了社会主义民族关系的发展和县域经济社会大发展。

### 一　重视开展民族团结教育

环江毛南族自治县是全国唯一的毛南族自治县，也是壮族、汉族、苗族、瑶族、水族等多民族聚居的地方，少数民族人口占全县总人口的94%以上。长期以来，自治县委、县政府十分重视民族团结教育，把做好民族工作作为促发展、保稳定的大事来抓，全县呈现出政治稳定、社会进步、民族团结的良好局面。

第一，加强党政机构对民族团结教育的领导，明确任务，严格标准。2010年，环江毛南族自治县成立了以县委书记和县长为组长，相关职能部门负责人为成员的自治县民族团结进步创建活动工作领导小组，领导小组下设办公室，办公室设在自治县民族局，具体负责创建活动的日常事务工作。2012年，制定了《环江毛南族自治县民族团结进步创建活动实施方案》。方案决定采取以点带面、逐步铺开的形式，集中在民族团结进步示范点、民族乡及主体民族乡铺开创建活动。在创建活动中，严格按照示范村（社区）、示范企业、示范户的创建标准进行，尊重示范户、示范村（社区）和示范企业的意愿，注重培养和宣传典型，总结和推广经验。同时，把任务分解量化，落实到乡、村、学校、企业。责任落实到人，各创建活动部门主要领导为第一责任人，相关部门组成责任指导组，全面负责民族团结进步创建活动的开展，强化责任意识，确保创建活动有效开展。至2015年设立了创建活动示范点（社区）4个，民族博物馆1个，民族中学1所，企业1个。为解决创建活动中遇到的问题和困难，领导小组加强指导和督促和检查，组织座谈会进行经验交流，协调各职能部门为创建活动出谋划策，努力推动创建活动向深度、广度发展。

第二，深入开展马克思主义民族观和党的民族政策宣传教育。近年来，环江毛南族自治县委、县政府始终自觉贯彻落实党中央、国务院和自治区、河池市出台的一系列民族政策，紧密结合环江实际，大力宣传《中华人民共和国民族区域自治法》，特别是2014年中央民族工作会议召开后，号召和组织全县党员、干部、群众传达学习会议精神，使各级各部门都来关心民族工作、重视民族工作、促进民族工作，形成共同推动全县经济社会发展的良好氛围。每年，全县开展民族团结宣传主题教育活动两次以上，并充分利用电视、报纸、杂志、户外大型宣传广告牌、板报等媒介以及山歌演唱、文艺演出等方式，加强对全县民族团结工作成果的宣传报道。

第三，深入开展“和谐环江、团结进步”的宣传教育活动。一是通过文明创建工作推进民族团结进步。在全县开展各级文明单位、文明乡镇、文明村（社区）创建工作中，把推进民族团结进步作为创建工作的重要考核指标之一。二是在跨省（区）联创精神文明示范带活动中推进民族团结。从2003年起，环江毛南族自治县与贵州省荔波县联合开展跨省（区）联创文明示范带活动。三是开展多民族团结过大年活动。例如，2014年春节在思恩镇陈双村举行毛、苗、瑶、壮多民族集体过大年活动，有500多群众参加了送春联、民族对歌、民族舞蹈、民族体育竞技、民族聚餐等活动。

第四，利用好民族团结进步教育基地。切实发挥教育基地在弘扬爱国主义精神、促进民族团结方面的积极作用。2014 年以来，环江毛南族自治县加强对县民族博物馆、陈双村等民族团结进步教育基地的投入，县民族博物馆增加了场景布置，新聘讲解员 3 名；陈双村进一步改善了文化室建设，充实了内容，修建了国旗工程示范点。特别注重加强对各族青少年进行民族团结教育，提高民族整体素质。

第五，加快少数民族聚居区发展。环江毛南族自治县在推进社会管理创新工作中，以“产业促发展，项目惠民生，五联促团结，宣传聚民心，平安基层建”为载体，积极探索和实践民族团结管理创新工作，促进各民族团结发展进步，维护经济社会发展和谐稳定。一是建立民族团结和谐长效机制建设试点，建立和逐步完善扶持人口较少民族聚居区发展的长效机制。思恩镇陈双村移民点（龙江、双乐屯，东兴组）设为民族团结和谐长效机制建设试点屯后，群众安居乐业，社会治安良好，成为全县民族团结示范点。二是加强少数民族聚居区开发扶贫工作，大力扶持人口较少民族发展。2012 年至 2016 年 6 月，争取到国家扶持人口较少民族发展项目资金数亿元，投入 72 个毛南族聚居村的基础设施建设和产业扶贫方面，促使毛南族群众生产生活条件有效改善、整体素质显著提高、精神风貌显著改变、社会效益和经济效益大幅提升。

第六，深入贯彻落实党和国家的民族政策，保障少数民族的平等权利和合法权益。民族区域自治法、国家扶持人口较少民族发展资金项目、民贸民品贴息贷款、少数民族地区高考考生加分等优惠政策得到有效落实，各族群众获得了更多的实惠。2012 年至 2016 年 6 月，全县有数十名科级少数民族干部从乡镇交流到县直单位（部门）任职，对百余名科级少数民族干部进行了轮岗交流，大量科级少数民族干部在县单位（部门）间、乡镇间进行了交流。少数民族后备干部队伍建设也得到加强，全县科级后备干部中少数民族人选占 93%；毛南族后备干部超过 23%；少数民族女干部超过 24%。全县少数民族后备干部队伍的数量、年龄、专业、经历等结构合理、梯次配备适当。

## 二　学校民族团结教育实践

学校是开展民族团结教育的主阵地，学校教育有助于培养学生民族团结精神、自觉维护国家统一、反对民族分裂的意识。因此，本课题重点围绕学校民族团结教育展开实地调研，通过重点调查、总结经验、反思不足并提出相应的对策，进而上升到整体思考，提升地方民族团结教育整体效果。在民族地区，从小培养学生的民族团结意识十分重要。青少年儿童是祖国的未来、民族的希望，引导各族中小学生牢固树立正确的国家观、民族观，牢固树立“三个离不开”思想，牢固树立中华民族共同体意识，是加强和改进青少年学生思想道德建设，培养德智体美劳全面发展的社会主义事业合格建设者和可靠接班人的必然要求。同时，民族团结教育内容也同样会融入学生的生活中，进而对家庭乃至整个社会都产生强大的辐射和带动作用。因此，学校如何开展民族团结教育活动、如何设置民族团结教育的课程、当前学校民族团结教育发展面临的困境等，这些问题都是需要我们探索和研究的。

根据调研，截至 2018 年 4 月，环江毛南族自治县共有各级各类学校 168 所，其中高中学校 3 所（含职业技术学校）、初中学校 14 所、小学（含教学点）150 所。近年来，环江毛南族自治县在各级学校开展了形式多样的民族团结教育实践教学活动。课题组先后来到自治县民族中学、自治县第一小学、环江高级中学、下南小学及中学、驯乐中学等学校，并前往自治县教育局进行了专题调研。通过实地考察、座谈交流、访谈和查阅材料等多种调研方式，对环江毛南族自治县中小学学校民族团结教育的开展情况进行了深入的了解。从整体上看，环江毛南族自治县中小学校的民族团结教育实践活动开展得有声有色，各级学校通过不同的形式、途径对中小学生进行了马克思主义民族观教育，取得了明显的成效。具体做法主要有：

第一，健全组织领导、成立学校民族团结教育工作领导小组。为加强对学校民族团结教育工作的指导，扎实有效地开展好民族团结教育实践教学活动，自治县教育局将民族团结教育列为学校教育的重要组成部分，要求全县各中小学成立学校民族团结教育领导小组，结合实际制订推进学校民族团结教育的工作方案。如环江毛南族自治县第一小学为加强对学校民族教育活动的指导，扎实有效地开展好民族团结教育活动，学校成立了以校长为组长，以党支部书记为副组长，以政教处、教导处、少队部、班主任为成员的民族团结教育教学活动领导小组，形成了校长负总责，亲自抓，分管领导主要抓，政教主任、教导主任、少先队大队辅导员、班主任直接抓，全体老师共同抓的良好格局。学校精心安排每个学期课程的实施方案，制订好教学计划、教学进度、真正做到民族常识教育进入课堂。根据问卷分析，69.65%的教师对《学校民族团结教育指导纲要（试行）》的内容有所了解。

第二，开展专设或渗透式民族团结教育课程。环江毛南族自治县部分学校充分发挥课堂教学的主渠道作用，开展了专设的民族团结教育课程，保障了民族团结教育课程授课的师资和课时。如自治县下南乡中心小学开展了民族知识启蒙教育和民族常识教育。在开设“民族常识”和“广西与社会”这两门地方课程的基础上，同时提供由自治县民族局组织编写的《风情毛南·香美环江》《毛南族民间故事选读》等乡土教材供师生选读，由学校教务处通过组织早读、讲故事比赛等方式进行日常考核，确保教学质量。问卷分析表明，通过专设的课程学习，该校超过85%的同学非常愿意向其他民族的同学分享本民族的风俗民情、传统文化。环江毛南族自治县高级中学72.41%的同学对民族团结教育课感兴趣，陈双村小学、环江毛南族自治县第一小学77.23%的学生对民族团结教育课感兴趣。专设课程大大增进了学校师生对56个民族的基本认识，特别加深了对毛南族历史文化的理解，增强了师生民族自豪感，起到了较好的学习效果。在接受访谈时，下南乡中心小学谭老师这样说道：“经过学习，学生懂得了我国是一个统一的多民族国家，每个民族的历史、文化、风俗习惯都犹如一颗颗璀璨的明珠……毛南族历史文化的光彩唤醒学生的民族自豪感。”

一些尚未开设民族团结教育课程的学校，也通过渗透教学的方式，在其他课程中对民族常识等内容进行渗透教育。渗透式教学是学校民族团结教育的必要补充和延伸，各科教师在学科教学中积极发掘民族团结教育素材，充分利用历史、地理、体育、美术、音乐等学科的民族常识教育因素，使民族团结教育与各相关学科有机地结合起来。比如环江毛南族自治县第一小学在音乐课中开设民族舞蹈技艺学习，教学生唱各民族歌曲、跳花竹帽舞、傩舞等民族舞蹈；在体育课中教学生跳竹竿舞、同顶、板鞋、滚铁环、打陀螺等具有毛南族特色的传统体育项目及其他民族的体育项目……通过歌舞、体育运动等内容加强各民族的沟通交流，潜移默化地加强民族团结教育。诸如此类的渗透教学，在自治县各中小学校都有尝试。学生在欣赏与参与的过程中，进一步了解到民族风俗、地域风情，增进了民族间的交往交流交融，培养了各民族学生间的感情。

第三，营造良好环境，推动民族文化氛围育人。自治县部分学校以学

**图 2-1　环江毛南族自治县下南中学的毛南族传统体育项目图标墙**

校大门、校园围墙、教学楼走廊、校园宣传栏、展板等为载体，通过文字、图片等形式营造浓厚的校园民族文化育人氛围，这种隐形的教育方式在传统的课堂教学中是无法实现的。正如苏联著名教育实践家苏霍姆林斯基说："孩子在他周围、在学生走廊的墙壁上、在教室里、在活动室里……经常看到的一切，对于他的精神面貌的形成具有重大意义。"① 在调研过程中，我们发现环江毛南族自治县多数中小学校都充分利用了校园的一草一木、一砖一瓦，使其发挥特殊的育人功能，让学生在潜移默化中感受民族文化，增强民族自豪感。比如，下南中学建造的 4 个毛南族传统文化展览室和民族团结进步宣传长廊，既包括毛南花竹帽、傩面、傩舞、民歌、体育、民间娱乐（棋艺）、服饰、特色建筑、节庆、石刻文化、特色饮食、特产的毛南民族特色文化介绍；又包括古代毛南学风、民国毛南学风、现代毛南学风的毛南山乡良好学风介绍；还包括下南中学简介、下南教师风采、下南学子风采、下南中学中考金榜、校园安全宣传专栏的学校文化内容设计。这些让毛南民族文化进校园的工作，使更多的学子了解毛南民族优秀的文化，传承、发扬了毛南族文化。同时，让同学们对学校进行民族团结进步宣传所做的活动一目了然，进一步将所见所想践行于实践之中。此外，下南中学不断完善优化学校内部结构，更新观念，全面实

① ［苏］苏霍姆林斯基：《帕夫雷什中学》，赵玮等译，教育科学出版社 1983 年版，第 12 页。

施素质教育，抓住“整乡推进”机遇，树立“规范办学、特色强校”的思想，按照“人无我有、人有我优、人优我特”的思路，推进学校特色创建，彰显毛南民族地区学校的多元化教育和民族特色教育，“着力提高学生的学习能力、实践能力、创新能力、劳动能力”，全面提高较少数民族地区中学教育教学质量，营造良好的环境。

环江毛南族聚居的乡村众多建筑上都有民族符号。一进村头，民族特色就淋漓展现。很多石凳上刻着牛角棋、禾刀棋、簸箕棋等八种毛南民间棋艺。同时，县城及毛南族世居发祥地下南乡都设有博物馆来宣传毛南文化，促进各民族交流，加强民族团结。独具民族特色的校园环境，民族氛围浓厚的村落文化，团结友爱、开放包容、精益求精的文化精神，都能够潜移默化地使人们受到影响和教育，推动民族文化氛围育人。

第四，重视民族文化传承，开展民族文化进校园工作。为继承和弘扬民族优秀传统文化，自治县各中小学校结合本校实际，开展形式多样、内容丰富的民族文化进校园活动，丰富校园文化生活，不断增强师生的民族认同感和自豪感，促进各民族团结和谐。例如，开展少数民族体育竞技进校园活动。自治县下南中学积极挖掘、传承和保护毛南族传统体育项目，每年都举行毛南族传统体育竞技比赛活动，包括同顶、同填、同拼、马革球等项目。

**图 2-2　毛南族传统体育竞技比赛**

再如，开展少数民族民俗文化进校园活动。为传承少数民族民俗文化，环江毛南族自治县民族中学每年都举办“民族民俗文化艺术节”，举行跳壮族竹杆舞、苗族芦笙舞、毛南族花竹帽舞，唱毛南山歌比赛等活动，把少数民族优秀文化融入课外活动之中，丰富校园文化生活，寓教于乐，增进学生的民族情感。

又如，开展经典民族故事进校园活动。自治县每年举办全县中小学生“讲民族故事·创书香校园”多语种讲故事比赛，通过比赛的形式激发了

**图 2-3　环江毛南族自治县下南中学民族民俗文化艺术节剪影**

各族学生学习优秀民族文化的热情，增强了各族学生的民族自信心，也促进了各族学生交往、交流、交融。

民族文化进校园活动，把毛南族民歌、傩面绘画、体育舞蹈、民间棋艺等引进学校，融入课堂，让师生共同感受民族文化的精髓和优秀内涵。民族特色教育的开展，对传承民族优秀文化，弘扬民族优秀品质，促进民族团结，推动多民族间共同发展，产生了积极的作用。

**图 2-4　民族文化进校园活动剪影**

## 三　机关、社区、乡镇民族团结教育实践

环江毛南族自治县多年来坚持在机关、社区、乡镇等开展民族团结教育活动，这些活动与学校民族团结教育的经验相互结合、有效拓展，有助于形成全社会共同促进民族团结进步的良好氛围，增进环江各民族同胞对中华文化的认同，进而不断提升各民族的中华民族共同体意识，努力建设

中华民族共有精神家园。

（一）机关民族团结教育实践

一是开展“民族团结进步宣传月”活动。20 世纪 90 年代以来，环江毛南族自治县每年都在全县范围内开展“民族团结进步宣传月”活动。如 2017 年的“民族团结进步宣传月”以“和谐环江·团结进步”为主题，活动月期间，各乡镇、县直各单位悬挂民族团结宣传横幅、张贴民族团结宣传标语，并以播放毛南语译制电影、唱毛南族山歌、组织文艺演出、举行演讲比赛、发放民族政策知识宣传手册等群众喜闻乐见的方式进行民族理论、民族政策、民族法律法规的宣传。

二是加强民族团结进步教育基地建设。为充分发挥民族团结进步教育基地在弘扬民族团结进步主旋律、促进民族团结方面的示范引领作用，自治县逐步加强对毛南族博物馆和思恩镇陈双村等民族团结教育基地的投入，毛南族博物馆增加了场景布置，陈双村也改善了文化室、修建了国旗工程示范点。民族团结进步教育基地的建设有力地推动了各乡镇、社区示范点的创建，营造了“比、学、赶、帮”各族群众共同参与的浓厚氛围。2016 年 11 月，环江县毛南族博物馆被自治区党委宣传部、自治区党委统战部、自治区民宗委命名为第三批广西壮族自治区民族团结进步教育基地。

三是借助民族传统节日开展一系列庆祝和纪念活动。“分龙节”是毛南族最古老、最盛大的节日，每年环江毛南族自治县都会邀请全国各地的毛南族同胞一同参与庆祝活动，从 2009 年开始每年举办。2018 年 6 月 29 日至 7 月 1 日，自治县举办了以“世遗环江·多彩毛南”为主题的广西环江毛南族分龙节暨第四届世界自然遗产文化旅游节，通过举办毛南族分龙节纳牛仪式、祈福仪式、千鼓贺鼓王仪式暨吉尼斯纪录授匾仪式、鼓动环江—世界铜鼓吉尼斯之夜等活动，全面展示环江的自然、文化、民俗的独特魅力，进一步挖掘、传承和弘扬神秘的毛南族文化。

四是党委、政府各部门结合工作职能，开展形式多样的民族团结教育活动。例如，自治县委宣传部通过电视台或借助报纸、户外广告牌、横幅、宣传板报等媒介，加大民族团结宣传力度，在全县上下营造民族团结的浓厚氛围。中国人民银行环江支行紧紧围绕以服务人口较少民族经济发展为重点，大胆创新，积极探索金融服务新途径。两个单位均被中共环江毛南族自治县委员会评为“民族团结先进集体”。

### （二）社区民族团结教育实践

环江毛南族自治县开展社区民族团结教育实践的形式主要有悬挂民族团结宣传标语、印发宣传单等，或以节庆或者大型活动为契机，鼓励社区居民参与其中，充分调动大家的积极性和创造性，使社区居民都能够参与到民族团结进步创建活动中。

社区的民族团结教育渗透到社区居民生活的每个角落。广场、街道、周边时常会有三五成群的老人或者中年人在刻有棋盘的石头上下棋，或者小范围的进行民族歌曲、民族舞蹈的交流，好奇的年轻人或者小朋友也会在旁边观看，时不时地参与进去。在这样的互动中不仅增强了居民与居民之间的交流，无形之中也对观看者产生了一定的影响，从另一个角度来看，不同民族居民之间和谐的文化交流也是民族团结进步创建活动的另一种表现形式。自治县民族宗教事务局 2015 年民族团结宣传月活动的总结中提到：2015 年 4 月 1 日到 4 月 30 日的民族团结宣传月活动明显有了进一步的提高，此次活动紧紧围绕各民族“共同团结奋斗、共同繁荣发展”的主题，深入开展了形式多样、内容丰富的宣传活动，将民族进步创建工作落实到各个层面，并延伸到社会的各个领域中，有利于实现民族团结进步、社会和谐稳定，社区居民也积极参与其中，特别是本年度举行的民族团结山歌会受到了广大群众的欢迎，当日听众高达 1000 多人。这样丰富多彩的活动形式营造了民族大团结的氛围，民族团结教育已渗透社区生活的点点滴滴，每个人都深切感受着民族团结的重要性。

### （三）乡镇（村）民族团结教育实践

环江毛南族自治县开展乡镇、行政村民族团结教育的途径多样，包括：通过制作民族团结活动宣传栏、悬挂宣传横幅、集中发送民族团结宣传短信等形式，积极营造民族团结的良好氛围；各乡镇党委、村党支部把民族团结教育与“两学一做”学习教育活动相结合，与广泛开展的民族团结进步创建活动相结合，与为少数民族群众办好事、办实事相结合，创新民族团结教育工作形式，从而更好地贴近实际、服务群众。

思恩镇是环江毛南族自治县政府所在地，全镇下辖 12 个行政村、2 个社区，人口 5 万多人，是全县政治、经济、文化的中心。思恩镇党委、政府把民族工作纳入全镇的重要议事日程，配齐专职民族工作干部，严格

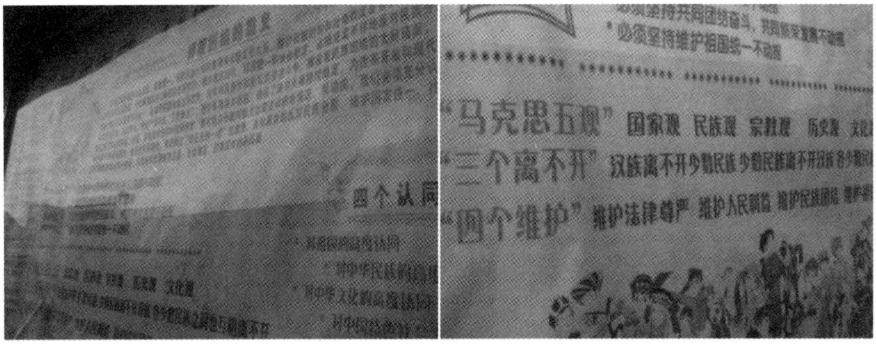


**图 2-5　环江毛南族自治县民族团结进步宣传海报**

执行党委例会制度、包保责任制度和督查制度，做到了“三多一引导”。[①]通过一系列惠民政策，极大地改善毛南族群众的生产生活条件，有效解决了一大批关系群众切身利益的问题。

思恩镇下辖的陈双村是自治区民族团结进步示范村，村里居住有瑶族、苗族等不同民族成分的外来移民，他们都是通过易地扶贫开发搬迁到这里。刚搬迁过来时，由于各民族文化差异，语言不通、风俗不同，各移民组之间往来较少，还经常闹一些矛盾。后来，在当地政府、村委的协调和帮助下，通过组织文体活动，给了大家同台表演，同台竞技，彼此交流和沟通的机会。如今的陈双村，村民之间团结和谐、其乐融融，经常出现农忙互帮，村里红白事互帮、农技互帮、族际通婚、节庆互祝等现象，这些都成为实现民族团结教育的渠道和载体。近年来，陈双村先后被自治区党委、政府授予“自治区民族团结进步模范集体”“美丽广西 · 清洁乡村”“百佳村屯”和广西首批“绿色村屯”等荣誉称号。2017 年 3 月，还被国家民委命名为第二批“中国少数民族特色村寨”。

## 第二节　民族团结教育的实施成效及经验

民族团结教育的过程实际上是党和国家在全社会进行民族理论和民族政策的宣传教育、入脑入心的全过程。民族团结教育以简单有效的形式宣传党的民族理论和民族政策，帮助广大干部群众了解和掌握党的民族理论、民族政策、民族法律法规和民族基本知识，认识到民族平等是党的民

① “三多一引导”是指多关心、多交心、多扶持，引导发展民族经济。

**图 2-6 环江毛南族自治县思恩镇陈双村民族团结进步宣传板报**

族政策的基石，民族团结是解决我国民族问题的重大原则，实现各民族共同繁荣发展是我们党在民族政策上的根本立场，因此，必须毫不动摇地贯彻执行党的民族政策。近年来，广西壮族自治区民宗委、河池市民委以及环江毛南族自治县民族局等各级民族部门组织了一系列民族政策贯彻落实的监督检查，直接推动了各级党委、政府和全社会高度重视开展民族团结教育工作，认真执行党和国家的民族政策和民族法律法规，进而为全县各族干部群众贯彻执行民族政策营造了良好的社会氛围和舆论环境。

## 一 民族团结教育的实施成效

通过数十年特别是最近 20 多年的实践，环江毛南族自治县民族团结教育取得了显著的成效，主要表现在以下几个方面。

第一，有力地推动了民族文化的繁荣兴盛。

文化是民族的重要特征，少数民族文化是中华文化的重要组成部分。民族团结工作的顺利开展有利于少数民族文化的保护与传承。同时，传承、发展、创新少数民族优秀文化也会促进民族团结教育的发展。

环江毛南族自治县民族团结教育工作的积极推进，一定程度上推动了毛南族民族文化的繁荣兴盛。环江拥有古老神秘的毛南文化，其中毛南族花竹帽编织技艺、毛南族“肥套”已经被列入国家级非物质文化遗产目录。2012 年—2016 年上半年，自治县分别举办了两期毛南族民间手工艺（花竹帽）培训班和毛南族祥鼓、木鼓打击技艺培训班，累计培养了约 100 名学员。并组织完成了《毛南族肥套》影像全程录制工作。同时，为保护和传承毛南族医药文化，自治县组织编写了《毛南族医药》一书，改变了毛南族有药无书的历史，丰富了中华民族医药宝库。为保护和传承毛南族语言文化，县电视台开设毛南语新闻栏目，县民宗局、民语局用毛南语译制《刘老庄八十二壮士》和《举起手来 2》等有抗战纪念意义的电影，向社会免费放映；为传承毛南族节庆文化，毛南族学者撰写了《广西通志·民族志》中的《毛南族传统节日》；出版了详细记述毛南族社会各方面的历史和现状的《毛南族志》，该书堪称毛南族的百科全书。

自治县属各单位加强民族团结教育，促进毛南族文化的发展。比如，自治县教育局、民族局着力推进环江民族文化进校园活动，使毛南族的傩面、傩舞、花竹帽、民歌、民族服饰、民间棋艺、古墓石雕艺术等民族文化渐渐地走进了校园，走入课堂。在下南中学，民族文化进校园活动大大丰富了学生的第二课堂，让学生在唱、跳、画、玩、看等活动中认识、学习、传承和弘扬民族优秀传统文化；学校也先后获得“全县教育教学质量综合评比一等奖”“全县中小学常规管理优秀学校”“全县中考优秀学校一等奖”等荣誉。详见表 2-1。

**表 2-1　　2004—2015 年环江毛南族自治县下南中学民族文化进校园活动汇总表**

| 开始时间 | 内容 | 做法 |
|---|---|---|
| 2004.10 | 花竹帽舞进校园 | 每届选拔培训一批会跳花竹帽舞的学生 |
| 2005.09 | 毛南歌曲进课堂 | 将毛南歌《迎客歌》《毛南美酒香幽幽》等歌曲引入音乐课堂 |
| 2005.09 | 毛南体育进课堂 | 将毛南族体育项目同顶、同填、同拼等引入体育课堂 |
| 2006.10 | 傩面绘画进课堂 | 将傩面绘画引入美术课堂 |
| 2008.04 | 毛南民间棋艺进校园 | 在校园内建民族棋艺桌，指导培训学生进行民族棋艺对弈 |
| 2008.09 | 毛南古代古墓石雕艺术进校园 | 进行毛南古代古墓石雕艺术图片展 |
| 2008.11 | 毛南傩舞进校园 | 培训一批会跳毛南傩舞的学生 |
| 2009.06 | 傩面剪纸进课堂 | 将傩面剪纸技巧进入美术课堂 |
| 2010.12 | 花竹帽编织技艺进校园 | 讲解编织花竹帽的技艺流程 |
| 2014.09 | 民族文化乡土教材进课堂 | 《风情毛南 香美环江》进入下南中学民族文化传承课堂。2015 年 10 月，《毛南族民间故事选读》教材进课堂，为毛南话讲毛南故事提供了教材。 |
| 2015.03 | 毛南古建筑进校园 | 在大门两侧建设仿毛南古建筑外墙 |

资料来源：根据下南中学提供的材料整理。

毛南文化的繁荣兴盛，为自治县依托毛南族独特的文化资源，大力发展文化产业提供了保障，同时，文化产业、旅游产业的快速发展也有力地促进了环江县域经济的高速增长。

第二，有力地推动了社会主义民族关系的发展。

平等、团结、互助、和谐是我国在社会主义制度下建立起来的新型民族关系。随着环江毛南族自治县经济社会的不断发展，各民族间交往、交流、交融的趋势也在逐渐增强，各民族相互依存、团结互助的局面不断发展。开展民族团结教育进一步增进了各族人民之间的沟通和了解，出现了各民族之间互相尊重、互相帮助、互相支持、互相学习的风气，推动了社会主义民族关系的发展。

20 世纪 90 年代，环江毛南族自治县接收了来自广西大石山区的大化、都安、东兰等县约 6 万移民迁入，这些移民有瑶族、苗族、壮族等民族，如此大批的移民迁入环江，对当时的环江来说确实是一个不小的挑战。鉴于环江移民情况特殊、民族成分复杂等相关情况，民族团结教育就显得更为重要。随后，县委、县政府通过广泛深入开展民族团结进步创建活动，制定了《环江毛南族自治县民族关系监测评价处置机制》等条例，同时，坚持对干部群众进行马克思主义民族理论、党的民族政策和民族团结的宣传教育，使“三个离不开”思想深入人心。“国家统一、民族团结，则百业兴旺；国家分裂、民族纷争，则人民遭殃”已成为全县各族群众的共识。

民族团结教育工作深化了各族干部群众的团结意识，各行各业、各条战线不断涌现出民族团结的好人好事和先进集体，从正面树立了典型、弘扬了正气。通过模范带头作用和社会舆论的导向作用，环江毛南族自治县进一步巩固和发展了平等、团结、互助、和谐的新型民族关系。

例如，在距离环江毛南族自治县城 6 千米的思恩镇陈双村，聚居着毛南族、瑶族、苗族移民，他们用自己勤劳的双手建设着美丽的家园，谱写了一曲民族团结、和睦相处的赞歌。1995 年 10 月，环江毛南族自治县在上级部门的关心和支持下，在陈双村先后创建了思恩镇民族团结村即东兴瑶族屯、双乐苗族屯、龙江毛南族屯 3 个民族屯组，共安置 61 户 262 人。在村里，只要村民遇到外来人，总会热情地打招呼。大家虽然民族不同，语言不同，宗教信仰不同，彼此生活习惯不同，但在镇政府、村委长期实施民族村务联管下，3 个民族 10 多年来和睦相处、亲如一家。课题组调研期间，村党支部书记、双乐苗族屯组长韦玉荣道出了民族同胞和谐相处的情景："不论是瑶族还是毛南族，谁家有了难事，大家都来帮一帮。有时大人忙得没时间照顾孩子，小孩就去别家吃饭""逢年过节，3 个村屯各家都拿出好酒好菜，让大家品尝，恍如一个大家庭"。思恩镇人大主席覃继端介绍说："近年来，镇党委、政府及村'两委'班子始终把建设团结、务实、和谐村作为基层组织建设的首要任务来抓，配强村'两委'领导班子，联管村务屯务，促进民族团结。民族村务联管小组由村委主任及各屯组长组成，十多年来，屯里矛盾纠纷都能在民族村务联管小组的介入下及时得到化解。"

为了加强民族团结，促进社会和谐稳定，思恩镇政府在民族团结村修建了 2000 多平方米的文体广场，并以春节、中秋节等重要节庆或各民族传统节日为契机，以文体联谊为平台，加强民族政策法律宣传，组织各族群众联办山歌会、民族风情文艺演出、篮球比赛等联谊活动，使各民族文化特色融合交汇，增进了各民族团结。近年来，到民族团结村参加活动及参观游览的县内外人士成千上万，形成了很好的民族团结教育的平台和效果。

第三，有力地推动了县域经济社会的大发展。

民族团结教育工作的深入推进，为地区经济社会的发展营造了和谐稳定的环境，从而推动了环江县域经济社会的大发展。地方企业在深入推进民族团结进步创建进程中推进经济发展发挥了积极的作用，这其中比较具有代表性的是广西江缘茧丝绸有限公司。位于县城思恩镇的广西江缘茧丝绸有限公司成立于 2007 年 9 月，至 2016 年有员工 1200 多人，其中少数民族员工占 95%以上。公司始终坚持走精品之路，将国家"东桑西移"的发展战略付之于"和谐共建、脱贫攻坚"的火热实践中，一跃成为"广西农业产业化重点龙头企业""广西扶贫龙头企业"，有力地带动了少数民族地区蚕农养蚕致富，贫困户人口的就业脱贫，为环江毛南族自治县这一"国家级贫困县"脱贫攻坚注入了新活力。2016 年 11 月，江缘公司被授予"2012—2016 年民族团结进步创建活动先进集体"称号。广西江缘茧丝绸有限公司的发展，加强了各族民众之间的沟通交流，促进了民族团结，解决了众多少数民族人口的就业问题，提高了部分人的生活水平，在一定程度上带动了环江毛南族自治县域经济的发展。

2017 年 11 月，环江毛南族自治县迎来了 30 周年县庆。30 年来，环江毛南族自治县经济社会各方面发展取得显著成效，实现了翻天覆地的变化。2017 年全县实现地区生产总值 51.5 亿元，是 1987 年的 31.4 倍；财政收入突破 4.0 亿元，是 1987 年的 47.5 倍；城镇居民人均可支配收入 25027 元，是 1987 年城镇职工工资收入的 16.7 倍；农村居民可支配收入 8861 元，是 1987 年的 43.6 倍，人民生活水平有了显著提高。国家扶持人口较少民族基础设施建设项目 1.3 亿元。这些成就进一步说明，少数民族地区经济社会的繁荣发展离不开党的民族政策和民族团结进步事业。

## 二　民族团结教育的成功经验

在各族干部群众的共同努力下，环江毛南族自治县民族团结教育事业取得了显著成效。自治县以民族节庆活动、民族传统节日等为契机推进民族团结教育，使宣传教育凝聚各族人民的爱国之心；大力培养、选拔、培训少数民族干部，加强少数民族干部队伍的建设，发挥少数民族干部的最大作用；恰当利用国家政策和少数民族地区的优势，全力打造民族团结进步示范基地。总结起来，环江毛南族自治县民族团结教育的成功经验主要有以下几点。

首先，坚持中国共产党的领导。

中国共产党是以马克思主义为指导的政党，在解决民族问题的过程中，中国共产党开创了中国特色解决民族问题的正确道路，取得了民族团结进步事业的伟大成就，为新时期民族团结教育积累了宝贵经验。2014 年，习近平总书记在中央民族工作会议上指出：“民族工作能不能做好，最根本的一条是党的领导是不是坚强有力”“只要我们牢牢坚持中国共产党的领导，就没有任何人任何政治势力可以挑拨我们的民族关系，我们的民族团结统一在政治上就有充分保障”。环江毛南族自治县成立 30 年来的实践充分证明，全县各民族干部群众共同团结奋斗，共同繁荣发展局面的形成，关键在于党和政府的高度重视和坚强领导，正是在党的坚强领导下，民族团结教育工作才能摆上重要日程，民族团结教育事业才能不断前进。

其次，整合民族文化和生活环境等资源，促进民族团结观念深入人心。

环江毛南族自治县每年都会举行“民族团结宣传月”活动和全县中小学生多语种讲故事比赛。借助民族传统节日或节庆活动对广大干部群众和师生进行马克思主义民族观教育，使对中华民族的认同渗透到群众的日常生活中，易于大家理解其中的精髓，使民族团结观念深入人心。全县各级党政机关将中国共产党关于民族工作的最新理论与政策落实到具体的工作当中，使各族群众体会到党和国家对少数民族和民族地区的关心和扶持。此外，各项民族文艺汇演、民族理论与政策宣讲报告等形式的宣传教育活动也受到了广大群众的热情欢迎，这些宣传教育活动进一步强化了各族同胞的“五个认同”，牢固树立了马克思主义民族观，铸牢了中华民族共同体意识，使民族团结宣传教育深入人心，取得了良好的效果。

各级学校、乡镇、社区、企业充分贯彻落实党的民族理论政策，积极宣传民族文化，利用各项资源，促进交流，加强民族团结。充分利用一草一木，在企业、社区、村落墙头、石凳上、校园植物、教室内等各个空间宣扬民族民歌、舞蹈、体育项目、民间棋艺、花竹帽编织工艺、傩文化、石雕文化、剪纸文化等。例如，下南中学计划未来要建设三个校园民族文化传承工作室（傩文化工作室、花竹帽工作室、民族体育工作室），为学校开展民族文化传承活动提供有效的活动场所。在下南乡村头石凳、下南中学校园内都可见到以下独具特色的民族文化。

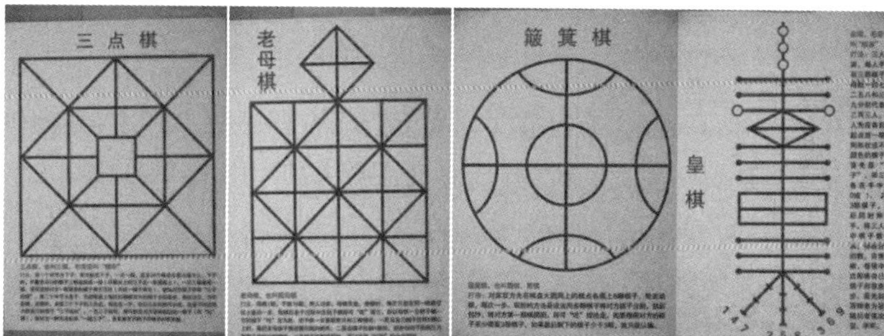


**图 2–7　毛南族民间棋艺**

以下南中学为例，该校于 2015 年 5 月成功举办学校第五届民族文化艺术节；2015 年 2 月，学校定制一批民族体育运动器材，一套“傩面俱”，一套“傩面”素描作品，一套“傩面”剪纸作品，15 套花竹帽制作工具等，供开展毛南文化校园传承工作使用；2009 年下半年至 2010 年 5 月，谭春枝老师花了将近半年时间设计制作并完成毛南 36 傩面剪纸工作。她成为毛南 36 傩面剪纸的第一人，把傩面剪纸融入美术课堂让学生了解傩面剪纸技法；2008 年 9 月实现毛南民族古代古墓石雕艺术图片进校园工作，此由专门老师负责完成，通过图片展让学生接触、认识、了解毛南石雕文化的无穷魅力。这些都充分调动了村民、师生的沟通交流的积极性，增进了大家之间的交流，加强了民族团结。

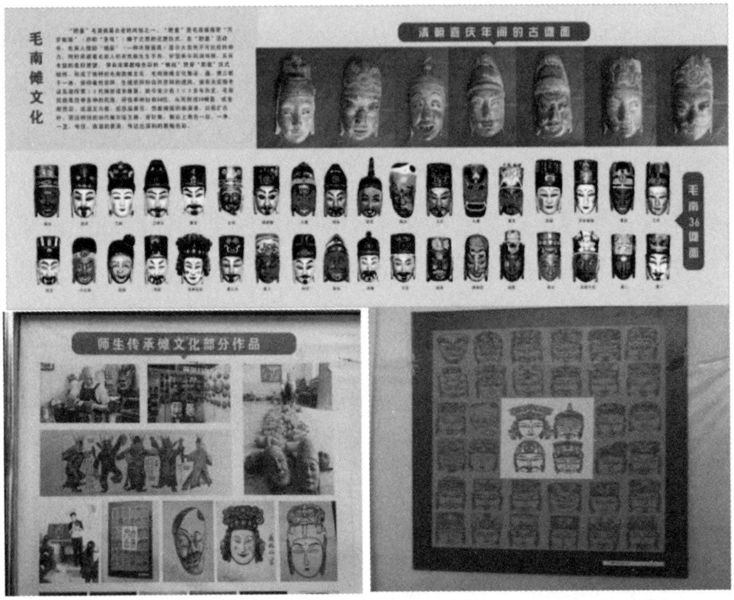


**图 2-8　环江毛南族自治县下南中学傩面专版和学生作品**

环江毛南族自治县整合民族文化和生活环境等资源，挖掘传承民族文化的精髓，利用民族文化的优秀内涵，激励人们努力去传承、发扬民族优秀品质，促进民族间团结和谐，推动地方各民族共同发展，使民族团结深入人心，值得借鉴。

再次，把学校作为推进民族团结教育的主阵地。

十年树木，百年树人，学校担负着培养各民族人才的重任。从刚刚入学的小学生开始，就要进行适当的民族团结启蒙教育，要让孩子在思维、价值取向不断走向成熟的过程中懂得民族团结教育的极端重要性，通过学校教育，不断引导青少年学生牢固树立正确的祖国观、历史观、民族观，牢固树立“三个离不开”的思想，积极培育中华民族共同体意识。做好学校民族团结教育也是加强和改进未成年人思想道德建设，培养德智体美劳全面发展的中国特色社会主义合格建设者和可靠接班人的必然要求，是不断增强中华民族凝聚力和向心力，确保中国特色社会主义事业不断前进的根本保证。

中小学校开展民族团结教育，仅靠单纯的课堂教学是远远不够的，还要结合课堂教学的需要，举行一些贴近实际、贴近生活的课外实践主题活动，寓民族团结教育于活动之中。把民族团结教育渗透到中小学生的日常生活中，用潜移默化的“滴灌式”取代以往“灌输式”的生硬教育，让各族学生玩在一起、学在一起、成长在一起，一点点的积累，真正让民族团结的思想在青少年学生中生根发芽，从而使他们从小就懂得民族团结的重要性，增强对中华民族和中华文化的认同感，自觉用实际行动维护祖国统一和民族团结。

最后，整合课程资源，重视课程之间的逻辑关联，开展渗透式民族团结教育。

充分利用语文、历史、地理、体育、美术、音乐、舞蹈等学科的属性特征，将民族团结教育与其结合起来，进一步对学生进行民族团结渗透式教育，充分发挥学生的积极性、主动性，在实际的教学中发挥学生的主体地位，满足学生的个性化发展。同时，进一步提高了教学效率，使课堂生动有趣，学生在潜移默化中可学到更多知识，事半功倍。如在语文、历史、地理课上结合当地特有的神话故事、风物传说、世俗故事、人物故事、动物故事、笑话等让学生演绎，在活动中增强各族学生之间的交流。体育课上利用各民族特有传统体育形式，让各民族学生在一起玩耍中沟通民族感情。利用并挖掘美术、音乐、舞蹈等课程中的民族元素，开展民族团结渗透式教育。2015 年 10 月由民族局、文体局负责编写的环江民族文化乡土教材《毛南族民间故事选读》进校园，进课堂，为用毛南话讲毛南故事比赛提供了教材，加强了学生对毛南族文化的理解和认同。

## 第三节　民族团结教育面临的挑战及对策建议

进入 21 世纪以来，环江毛南族自治县学校民族团结教育取得了显著成效，全县民族大团结的基础不断巩固，各民族之间的交往、交流、交融不断增强，平等、团结、互助、和谐的社会主义民族关系不断完善。但也应认识到，民族团结教育不是抓一下就一劳永逸了，民族问题的长期性决定了民族团结教育工作的长期性，要把开展民族团结教育视作一项长期的战略任务，任何时候都不能松懈。随着经济社会的发展和形势的变化，环江县民族团结教育也面临着挑战，必须根据当地的实际情况提出科学合理的对策建议。

## 一　民族团结教育面临的挑战

通过对环江毛南族自治县民族中学、第一小学、高级中学、下南中学、驯乐中学等学校的实地调研，并与学校领导、任课教师、学生进行座谈交流，我们认为当前环江毛南族自治县的学校民族团结教育仍存在着一些困难，主要是课程开展经费不足、课程重视程度不够、专业教师缺乏、课程考核评价机制不健全等方面的问题。

一是课程开展经费不足，课程教学容易陷入形式化。环江拥着神秘而独特的毛南文化，比如毛南族的民间故事、民间传说等文学作品；民族音乐、舞蹈、戏曲等民族艺术；民族传统体育、民间棋艺等体育项目。这些都应该纳入学校民族团结教育活动课程的范畴，丰富学生的课余文化生活，寓民族团结教育于活动当中，这些都需要足够的经费支持。例如，自治县某中学一直坚持走校园特色文化之路，但由于缺乏足够的经费支持，学校在特色教学中没有固定的活动场地，开展民族文体活动时，民族服饰、体育器材等物资无力采购，这就容易造成学校师生对民族团结教育的重要性认识不足，长此以往，学校民族团结教育教学容易陷入形式化。

二是部分学校和教师对课程重视程度不够。调查结果显示，仅有41.77%的教师对民族团结教育课程内容基本掌握；40.51%的教师对《学校民族团结教育指导纲要（试行）》内容基本了解一点；37.97%的教师对所在学校是否就开展学校民族团结教育制订了专门的实施方案、制度等不清楚。由此可见，教师对课程重视程度不够。

此外，截至2018年，环江毛南族自治县还没有摘掉国家级贫困县帽子，全县的基础教育水平和教育基础设施建设还相对落后，办学条件差。再加上升学率的压力和学生家长的期望，学校的民族团结教育课程所得到的重视程度也在逐渐下降。

在调研中，我们发现环江一些小学除了开设有语、数、外、体、音、美等课程外，还设置有诗经、书法、健康、安全教育等课程，但并未设置专门的民族团结教育课程。即便如此，因受升学率压力的影响，学校任课教师的主要精力仍是在升学考试的主要科目上。有时学校为了片面追求高升学率，对高年级的学生进行主要课程集训，使原本一周仅有一节的体、音、美课程也被考试科目所占用，这就丧失了学校民族团结教育渗透教学的重要载体。

三是课程考核和评价机制不健全，上级部门缺乏有效的监督。调研组通过实地走访了解到，虽然绝大多数学校都成立了民族团结教育工作领导小组，但几乎没有学校关注民族团结教育课程的考核和评价问题，致使课程教学和活动开展缺乏有效地监督和指导。由于缺乏科学的考核和评价机制，各学校进行民族团结教育课程的内容和形式也不尽相同，这就导致了不同学校间民族团结教育存在差异，育人效果也参差不齐。据教师的调查结果表明，41.77%的教师所在学校不会推动民族团结进步模范班级建设，定期评选表彰模范集体和个人，缺乏规范的考核评价机制。20.25%的教师表示学校开展的民族团结教育活动，上级教育、民族行政部门并未检查，甚至49.37%的教师对此表示不清楚。

四是课程缺乏专业教师指导，学校教师流动性强。师资力量严重不足。调查问卷中有这样一个问题，“影响学校民族团结教育有效开展的最大问题”，其中65%的受调查者（教师）认为是学校的师资问题。调查发现，一部分乡镇的中小学校由于缺乏相关课程（计算机、音乐等）的专业教师，致使个别教师是一人兼上多门课程。这就使得教师很难将精力集中在某个固定的学科领域，从而无法对课程进行深入地教学研究，其中民族团结教育课程即是如此，即便学校开设有专门的民族团结教育课程，这门课程也多是由语文、政治、历史等学科的教师兼任，缺乏专业教师的指导。

另外，乡镇中小学教师的流动性强也是影响学校民族团结教育有效开展的因素。教育部门某领导说：“很少有人会来到我们这里教书，现在学校的教师大部分是本地的老教师，即便是本地出去的考上师范学校的，能在外面找工作的肯定不会愿意回来，我们学校每年招收教师的名额都用不完，大部分的人都是因为这里的生活基础设施不完备，交通不便，从而放弃了来这里的想法。一些考上特岗或者其他原因来到这里教书的人也有，但不到两年的时间很多就会提出离职或者调换工作单位，有的教师在学校的培养和实践锻炼中收获颇丰，教学经验越来越丰富，在学生中也受欢迎，但由于现实问题也不得不离开现在的工作岗位。”乡镇中小学教师的流动性强，造成学校很多教学岗位空缺，民族团结教育课程的教学也因此受到中断或更替。课程的教学工作不能够持续有效地进行，久而久之就会影响学生课程的整体学习效果。

除学校外，机关、社区、乡镇、企业的民族团结教育也面临着一些挑战，这在一定程度上影响着地方民族团结教育的整体推进，制约着民族关系的和谐发展，阻碍着各民族共有精神家园建设。

其一，毛南族非物质文化遗产保护和传承面临挑战。环江毛南族自治县民族文化积淀丰厚，各民族传统文化各具特色又相互渗透，形成极具地域特征的独特文化元素。除毛南族“肥套”和花竹帽编织技艺被列入国家级非物质文化遗产保护名录外，毛南族傩文化也被列为自治区民族民间传统文化保护试点项目；此外“毛南族分龙节”“环江壮族铜鼓铸造工艺”“毛南族木面雕刻”“毛南族石刻”等已被列为市级第一、二批保护名录。然而，如此多的资源却面临着保护和传承的困难，主要原因在于：一是经费投入不足，经费不足使一些非物质文化遗产的抢修和保护无法顺利开展，而陷入濒临灭绝境地；二是专业人才紧缺，非物质文化遗产大部分产生于民间，流传于民间，但目前能真正投入到民族民间文化调查研究、保护和传承的人越来越少；三是一些落后的观念、做法和生产方式限制了非物质文化遗产自身的发展，如民间广泛流传的“教会徒弟，饿死师父”及“传内不传外，传男不传女”或“传男不传女，传女不嫁人”等家族式传承的清规戒律，造成一些艺术形式得不到发展。

其二，易地安置扶贫开发面临挑战。通过 20 多年的努力，环江易地安置扶贫开发工作已经实现了规范化管理，移民的生产生活水平得到显著提高，大多数易地搬迁的移民都走上了脱贫致富之路。但在新形势下巩固完善易地安置扶贫开发工作仍然面临一些挑战。如安置点产业发展后劲不足，移民增收难；卫生室、学校等公共基础设施建设仍相对落后，条件艰苦；移民点土地纠纷案件频发，问题突出，乡与乡、村与村、屯与屯之间的土地纠纷因移民征用土地后变得更为尖锐复杂；生态环境遭受一定的破坏，易地安置进行了大量开荒种植，使山坡植被遭受严重破坏，造成异地安置点生态恶化。易地安置扶贫开发涉及各民族人口，对民族团结教育提出了更高的要求。

其三，互联网的发展使民族团结教育宣传模式面临挑战。互联网技术的飞速发展，新媒体时代的到来，给传统的民族团结教育宣传模式带来一定的冲击和挑战。一方面，互联网创造了各族同胞交流互动和获取信息的新平台，极大地拓宽了边远地区少数民族同胞的视野。另一方面，大量未经审核、良莠不齐的民族信息资源在互联网上广泛传播，使得来自不同阶层、行业、年龄的网民可能受到一些不利于民族团结、国家统一言论的影响，并将互联网上错误、过激的言论进行再次传播，这就很容易造成广大群众思想的混乱，伤害少数民族同胞的感情。

## 二　进一步提升民族团结教育的思考

通过对环江毛南族自治县民族团结教育实施情况进行调查和分析，我们认为要促进民族团结教育进一步得到提升，应该注重以下几个方面的工作。

第一，保障民族团结教育工作所需的经费投入。加大经费投入和提高地方财政支持力度是保障民族团结教育工作的重要前提，环江毛南族自治县民族团结教育的发展离不开地区经济的发展，同时也需要得到地方财政的有效支持。尽管自治县成立 30 年来环江地方经济已经取得长足发展，各族人民的生活水平有所提高，但是在文化、教育、卫生等方面仍然缺乏必要的经济支撑，民族团结教育的资金投入量相对较少。另外，民族团结教育所涉及的重点地区也多是偏远山区，这些地方的经济还比较落后，这就更需要政府对这些区域民族团结教育事业加大资金投入。当前，自治县财政对民族团结教育事业的投入力度还不够，容易造成民族团结教育的缺失，长此以往，不利于地方经济的持续发展、各民族团结和共同繁荣。这些可以积极争取教育主管部门对特色办学理念的扶持和当地党委、政府领导对教育的支持，并充分借助社会各界对教育和民族文化建设的支持，借助民族政策发展民族教育，借助民族局、文体局、扶贫办等各部门力量发展民族教育，借助毛南人力资源发展民族教育。

第二，大力培养专业的民族团结教育师资队伍。2015 年，国务院在《关于加快发展民族教育的决定》中明确提出，“在师范院校和民族院校设立马克思主义民族理论与政策师范专业，培养培训民族团结教育课教师”。当前广西壮族自治区开设有马克思主义民族理论与政策专业的学校仅有广西民族大学、广西民族师范学院两所民族高校，其他师范类院校仍尚未按照要求增设此专业，这就从根源上限制了民族团结教育专业师资的培养。鉴于广西中小学校民族团结教育师资严重缺乏的情况，从 2012 年起，自治区教育厅将民族团结教育师资培训纳入了全区中小学教师培训计划和教师继续教育系列培训，同时依托广西民族大学成立了广西民族团结教育师资培训基地。该基地的主要职责之一就是协助自治区教育厅开展民族团结教育教学培训。截至 2018 年 11 月，基地已举办全区中小学民族团结教育骨干教师培训班18期，培训学员1800多人，环江毛南族自治县先后约有20名教师参加。

当然，环江毛南族自治县解决民族团结教育师资队伍建设问题，还是要从自身出发，提高“造血”能力，一方面定期邀请专家对学校教师进行民族团结教育教学培训；另一方面也要适当地选拔相关学科教师在接受民族团结教育课教学培训的基础上，逐步转化成为专职的民族团结教育课教师，进而打造出一支具有环江地方特色的民族团结教育专业师资队伍。总的来说，就是要建立一支高素质的领导班子，其成员全部通过岗位培训或提高培训。更要建设一支精良、高素质的教师队伍，努力提高教育教学水平，加强教师职业道德修养。多培养年轻教师，加强校本培训，让他们不断成长，争取多出市、县级青年优秀教师、专家型教师。

第三，加快构建环江中小学民族团结教育课程体系。目前，在广西中小学民族团结教育课程建设方面，绝大多数地方都尚未形成相应的地方课程体系，而构建这样的体系对于学校有序、有效开展民族团结教育具有重要意义。环江毛南族自治县作为我国唯一的毛南族自治县，构建具有环江地方特色中小学民族团结教育课程体系的意义重大。民族团结教育课程体系是内部由目标、内容、过程等若干元素排列组合而成的系统。环江毛南族自治县的中小学民族团结教育体系应由课程目标、课程内容、课程实施和课程考评四个部分构成，并在此基础上植入毛南族传统文化的特色进行有效的设计。课程体系一旦构建，将给出学校民族团结教育课程教学的模式范例，进而有效指导自治县各类中小学校民族团结教育课程的开展。

第四，提高认识，创新互联网+背景下民族团结教育的宣传载体。2014年中央民族工作会议指出：“当今时代，人们接受信息的方式千变万化，要适应形势，注重人文化、大众化、实体化，推进理念、手段、方法的创新。”中央的这一重要论述给新时代民族团结教育工作打开了思路，依托互联网技术的新媒体工作为创新民族团结教育的宣传载体提供了广阔的平台。

民族团结教育多是在学校、机关、社区、乡镇等有形的场域内进行，而“互联网+”时代和新媒体的出现，开辟了网络虚拟空间，民族团结教育可以进行文字、图片、视频等可视化转换，并借助论坛、微信、微博等平台传递信息，这给了民族团结信息资源广泛传播的可能，使得原处于较为闭塞的毛南山乡的民族传统文化被越来越多的国人了解和关注。但由于我国开展网络民族团结教育的基础薄弱、技术手段相对落后，使我们也面临网络民族主义兴起等问题的挑战。

因此，要进一步提高认识，环江的民族团结教育工作应顺应“互联网+”形势下发展的规律和要求，充分发挥“互联网+”优势，利用新媒体技术，开发具有毛南族特色的民族团结教育教学资源。从平等、团结、互助、和谐的民族关系的构建，从各民族交往交流交融的大局出发，坚持民族团结教育的政治方向、创新宣传载体、丰富宣传内容、拓宽宣传领域，从而提高广大群众对民族团结的认同，维护民族团结的稳定局面。

第五，增强保护意识，传承毛南族独特的非物质文化遗产。毛南族是一个颇具民族特色文化的一个民族，毛南族文化是中华民族文化的内容之一，也是中华民族优秀文化的一个分支，是地方各民族人民文化财富。挖掘传承民族文化的精髓在于利用民族文化的优秀内涵，激励人们努力去传承、发扬民族优秀品质，有利于民族间团结和谐，推动地方各民族共同发展。因此，首先要加强非物质文化遗产抢修和保护的经费投入力度；其次要加强相关方面的人才培养，开设兴趣班等，鼓励更多的人才投入到非物质文化遗产的保护与传承之中；最后，要加强社会宣传，让保护与传承氛围蔚然成风。

第六，重视调查研究，创新民族团结教育理论研究思路方法。中国共产党历来重视调查研究，强调大兴调查研究之风。毛泽东主席有一个著名论断：“没有调查，就没有发言权。”① 习近平总书记曾谈到：“重视调查研究，是我们党在革命、建设、改革各个历史时期做好领导工作的重要传家宝。”② 民族团结教育的内容、形式、实施方案等都要基于全面的调查研究。要继续重视调查研究的重要意义，结合环江县情，策划并实施符合地方特色的民族团结教育工作方案。同时，要创新民族团结教育理论研究思路方法，以习近平新时代中国特色社会主义思想为指导，结合习近平总书记关于民族工作的重要指示精神，进一步创新民族团结教育的内容、对象和形式，不断为环江毛南族自治县民族团结教育事业提供更强的动力和活力。

---

① 《毛泽东选集》第1卷，人民出版社1991年版，第109页。

② 《习近平在中央党校2011年秋季学期第二批入学学员开学典礼上的讲话》，转引自曹普《调查研究是党的重要传家宝》，《学习时报》2012年2月13日。

# 第三章

# 农村经济与农业特色产业

环江毛南族自治县是一个典型的山区农业县，山多地少、工业基础薄弱、农业人口众多。农业产出效益、农村经济发展及农民增收的状况，对县域经济社会与人口、资源、环境全面协调可持续发展具有直接的影响。

## 第一节　农村经济发展

### 一　农业总量发展

环江毛南族自治县在传统上是一个农业县，农业在地区国民经济中占有重要地位。2015 年全县实现农林牧渔业总产值 271328 万元，其中农业产值 111229 万元，占 41%；林业产值 31087 万元，占 11.50%；牧业产值 120707 万元，占 44.50%；渔业产值 3926 万元，占 1.50%；农林牧渔业服务业产值 4380 万元，占 1.60%。农业发展的规模、结构及产出效益，对当地经济发展、农民增收和乡村社会建设都会产生深刻影响。

进入 21 世纪以来，党中央、国务院高度重视“三农”工作，先后做出了城乡统筹、新农村建设、精准扶贫等重大战略选择，出台了一系列支农惠农政策；中央一号文件也从 2004 年起连续十几年聚焦“三农”问题，对农村改革和农业发展做出具体部署。在此背景下，环江农村经济总体上有了很大发展，农业结构调整初见成效，农民收入逐年提高，农村基础设施建设明显改观。仅就农业总量发展而言，2000—2014 年环江第一产业呈现持续、平稳的增长态势，其中 2010—2014 年，第一产业产值从 118040 万元增加到 165230 万元（见图 3-1）。环江农业总量发展的状况，还可以从第一产业在地区生产总值的相对比重得到进一步的证明。数据显示，2014年环江第一产业产值在地区总产值中的占比达到42.50%，位列河池市下辖10县（市）之首，与河池市、广西壮族自治区和全国相比分别高出0.86倍、1.76倍和3.62倍。2010—2014年，第一产业对环江地区经济增长的贡献率为54.37%（见图3-2），而同期第二产业的贡献率仅为4.24%，[①] 三次产业结构总体呈现“一三二”的结构特征，工业对地区经济的拉动极为有限。这一方面表明了环江农业大县的经济特质；另一方面，也在某种程度上反映了环江毛南族自治县经济欠发达的地区属性。这是因为，一般来说，经济发展水平与三次产业结构演进具有如下相关性，即：在经济低度发展阶段，三次产业产值结构一般以农业为主，随着经济发展水平的不断提高，三次产业产值结构会从第一产业为主逐渐向以第二产业为主，进而以第三产业为主的高级化方向演变。

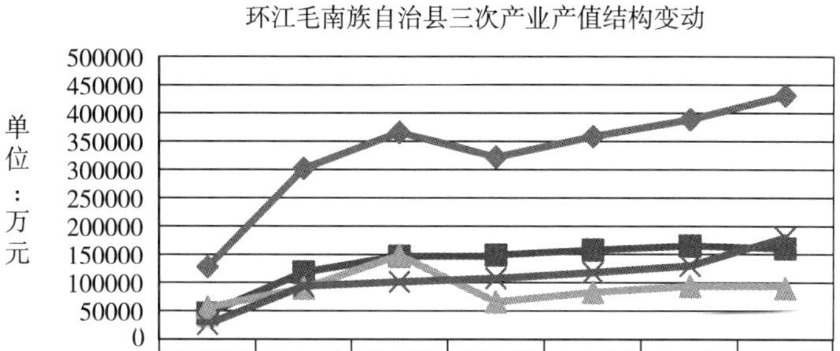


| | 2000年 | 2010年 | 2011年 | 2012年 | 2013年 | 2014年 | 2015年 |
|---|---|---|---|---|---|---|---|
| 总产值 | 127597 | 301885 | 365869 | 322206 | 358588 | 388684 | 431131 |
| 第一产业产值 | 45257 | 118040 | 146818 | 148925 | 157944 | 165230 | 160623 |
| 第二产业产值 | 56022 | 90138 | 147915 | 65890 | 82979 | 93817 | 90227 |
| 第三产业产值 | 26318 | 93717 | 101136 | 107390 | 117664 | 129637 | 180281 |

**图3-1　2000—2014年环江毛南族自治县三次产业产值结构变动情况**

资料来源：环江毛南族自治县统计局，2016年6月。

历史来看，环江农业总量发展及其对地区经济增长的较大贡献，与21世纪以来国家“三农”政策及其指引下的农村改革和农业结构调整密切相关，但除此之外，近年来环江毛南族自治县第二产业相对比重持续下降，也是一个不容忽视的影响因素。

环江毛南族自治县所属河池市是中国著名的有色金属之乡，河池全市

① 第N产业对地区GDP的贡献率=第N产业增加值增量与地区GDP增量之比，未扣除物价变动因素。

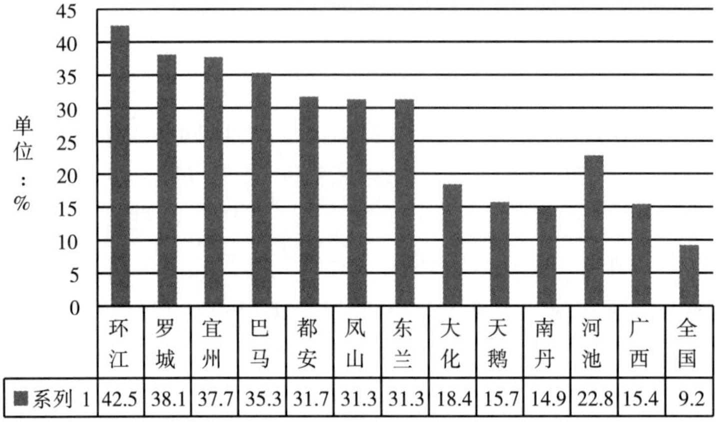


**图 3-2 环江毛南族自治县与相关地区第一产业增加值占地区总产值比重的比较（2014 年）**

资料来源：《各地区 2014 年国民经济和社会发展统计公报》。

11 个县（市、区）都有矿藏资源，已探明的有锡、锑、锌、铟、铜、铁、金、银、锰、砷等 46 个矿种 205 处，占世界有色金属品种的 55. 40%，保有储量居广西首位有锡、铅、锌、锑、银、铟、锅、硫、砷 9 种，其中锡金属储量占全国 1/3，居全国之首；铟金属储量名列世界前茅；锑和铅金属储量居全国第二。① 相应地，有色金属产业自然成为河池市的一项支柱产业，对地区经济具有明显拉动作用。例如，2010 年河池全市有色金属产业完成工业总产值 168 亿元，占全市规模以上工业比重的 39. 50%。但近年来受生产成本上升，大宗商品价格低迷的影响，再加上粗放式矿产冶炼方式带来的社会安全问题，如 2012 年初在河池市境内发生的轰动全国的龙江河镉污染事件，河池市关停了超过 60%的有色金属企业，其中包括环江毛南族自治县的三家黑色金属骨干企业。有色金属行业企业处于停产或半停产状态，而后续产业又跟不上，地区产业结构迅速地从原来的“二三一”结构状态转变为“三一二”的结构状态（见图 3-3）。环江毛南族自治县第二产业相对比重的变化轨迹基本与河池市同步，2000 年第二产业在地区生产总值中的比重达 43. 46%，但 2012 年就从 2011 年的 40. 43%，断崖式地跌落到 20. 45%，此后一直维持在 20%左右。2014

① 黄高远：《新形势下科学开发河池资源的思考》；韦茂才主编：《桂西资源开发新思路》，广西人民出版社 2012 年版，第 125—129 页。

年全县工业增加值 62454 万元，同比增长 11.70%，对 GDP 增长的贡献率为 29.59%，拉动 GDP 增长 2.4 个百分点，对经济的拉动力不强（见图 3-4）。

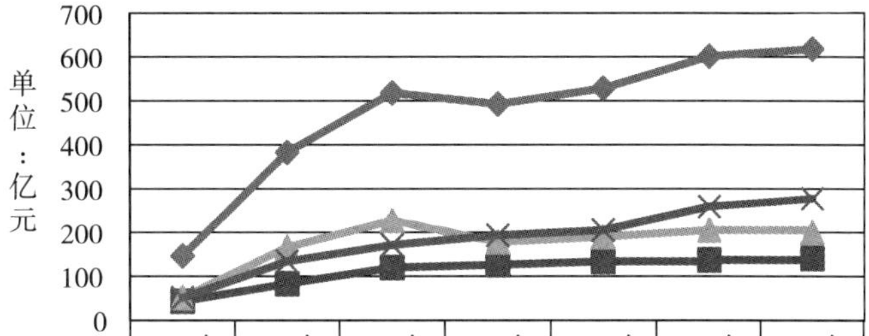


| | 2000年 | 2009年 | 2011年 | 2012年 | 2013年 | 2014年 | 2015年 |
|---|---|---|---|---|---|---|---|
| 总产值 | 146.3 | 382.83 | 518.13 | 492.71 | 528.62 | 601.39 | 618.03 |
| 第一产业产值 | 43.46 | 83.04 | 119.81 | 126.16 | 133.78 | 137.27 | 140.81 |
| 第二产业产值 | 51.81 | 165.86 | 227.32 | 178.1 | 189.78 | 205.27 | 200.01 |
| 第三产业产值 | 51.03 | 133.93 | 171.16 | 193.26 | 205.06 | 258.85 | 277.21 |

**图 3-3　河池市三次产业产值结构变动图**

资料来源：《河池市社会经济发展统计公报各年》。

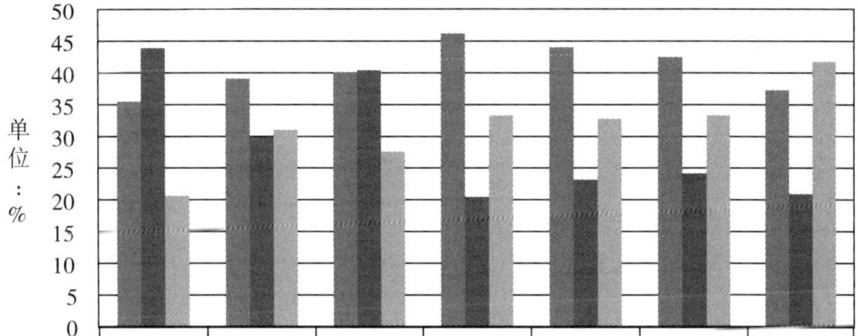


| | 2000年 | 2010年 | 2011年 | 2012年 | 2013年 | 2014年 | 2015年 |
|---|---|---|---|---|---|---|---|
| 第一产业 | 35.49 | 39.1 | 40.13 | 46.22 | 44.05 | 42.51 | 37.3 |
| 第二产业 | 43.91 | 29.86 | 40.43 | 20.45 | 23.14 | 24.14 | 20.9 |
| 第三产业 | 20.63 | 31.04 | 27.64 | 33.33 | 32.81 | 33.35 | 41.8 |

**图 3-4　环江毛南族自治县三次产业产值结构变动**

资料来源：环江毛南族自治县统计局，2016 年 6 月。

农业和农村经济是地区国民经济的有机组成部分，其发展与第二、三产业乃至整个县域经济的发展都有着不可分割的联系。环江毛南族自治县薄弱的工业基础、以矿产资源开发为主导的工业结构，以及近年来有色金属产业持续低迷的发展状态，很难形成对农业和农村发展的带动，使其能够在工业反哺农业，城市带动农村的良性互动中走上现代化发展道路。在此背景下的农业总量发展，只能是低水平和难以持续的。从这个角度上看，未来环江县域农业和农村经济发展，除了其自身的努力之外，还有赖于地区经济结构战略性调整以及第一、二、三产业的协同与融合。目前，环江毛南族自治县已经确立了“生态立县、旅游兴县、工业富县、文化活县”的发展思路，并且，第三产业占比从2011年的27.64%快速上升至2012年的33.33%之后，又在2015年从2014年的33.35%快速上升至2015年的41.80%。2015年，是一个值得记忆的年份，因为在这一年，环江第三产业占比首次超过第一产业，相应地，环江县产业结构也从“一三二”结构转变为“三一二”结构。一般而言，第三产业就业吸纳能力强于其他产业，服务业发展及其相对比重的提高对于环江农业结构调整以及三种产业的深度融合，都是一个可喜的开端。

## 二 农业产业结构调整

截至2016年上半年，环江毛南族自治县农村居民的收入来源主要是农业经营收入，农业结构状态亦即农业产出效益的高低，对农民收入增长速度具有直接的影响。并且，由于自治县所在的桂西大石山区，山多地少，耕地严重不足，农业产出效益低下带来的下述两大后果已经事实上制约了当地经济、社会、生态协调可持续发展。这两大后果，一是在没有其他出路的情况下，山区群众为了生存，不惜毁林开垦，导致出现严重的石漠化现象，陷入“越穷越垦、越垦越穷”的恶性循环；二是用脚投票，大量农村青壮年劳动力离开农业、农村，到广东、南宁等区内外发达地区打工，导致一些乡村出现农业劳动力“老龄化”“低质化”和农村“空心化”现象。在这种背景下，依托特色优势资源，调整农业产业结构，并通过创新的产业发展模式，努力挖掘农业内部的增收潜力，全力推进大石山区优质农产品生产和特色农业发展，就成为自治县协同解决石漠化治理与农民脱贫增收问题的必要选择和工作重心。

为此，从2012年开始，环江毛南族自治县以河池市“整乡推进”大安示范区启动建设为契机，整合多种资金，先后投入3.62亿元，实施基础设施、扶贫产业、移民搬迁等项目，有效地促进了大安乡农业结构调整和特色农业产业化发展。其中，以大安乡红心香柚现代特色农业核心示范区建设最为典型。该示范区由核心区和拓展区构成，核心区位于大安乡大安社区塘官屯，规划面积 3000 亩；拓展区位于大安社区、才平村、可爱新村、塘房村和环界村，规划面积 5000 亩。核心示范区主要采取两种模式推进红心香柚产业发展。一是采用“公司+基地+农户”模式，2012 年引进广西金果生态农业发展有限公司在大安社区塘官屯投资 1500 万元，创建连片 1500 亩的红心香柚标准示范区；二是采取“合作社+基地+农户”的发展模式，由合作社组织、引导社员连片种植红心香柚 1700 亩，统一实行标准化生产管理。到 2015 年，核心示范区面积已达到 3200 多亩，拓展区面积已达到 8000 亩，并示范辐射带动周边及全县红心香柚产业规模化发展，家庭农场、种果大户如雨后春笋不断涌现，全县种植面积已发展到 3 万多亩。全县种果大户（10 亩以上）共有 200 多户，100 亩以上的农户 15 户，200 亩以上 12 户，300—400 亩有 3 户，600—900 亩有 2 户，大安乡农村居民家庭人均纯收入从 2012 年的 2500 元，提高到了 2015 年的 5000 元。除了水果产业之外，蚕茧、饲草、果用瓜、食用菌、蔬菜等其他特色产业也都逐步发展，相关产业农产品增速均快于粮食、玉米、甘蔗等传统种植产业（见表 3-1）。

**表 3-1　　2015 环江毛南族自治县主要农产品及增长速度**

| 产品名称 | 产量（吨） | 同比增长（%） |
|---|---|---|
| 粮食 | 123348 | -4.30 |
| 玉米 | 35415 | 4.10 |
| 红薯 | 2947 | 11.60 |
| 大豆 | 1144 | 1.10 |
| 油料 | 738 | 3.40 |
| 甘蔗 | 468040 | -9.80 |
| 木薯 | 14440 | 4.40 |
| 蔬菜 | 131753 | 0.90 |
| 食用菌 | 3502 | 4.40 |
| 果用瓜 | 1905 | 14.00 |
| 饲草 | 3708 | 5.80 |
| 水果 | 22788 | 1.30 |
| 蚕茧 | 20936 | 4.60 |

资料来源：《2015 年环江毛南族自治县社会和经济发展统计公报》。

2015年，为进一步推动全县范围内的农业产业结构调整，促进贫困农户增产增收，环江毛南族自治县人民政府制定了《产业发展与扶贫开发“8310”工程实施方案》，计划从2015年起，利用三年时间，进一步培植壮大林业、核桃、糖蔗、桑茧、环江香猪、环江菜牛、特色水果、中草药八大扶贫产业项目，使之成为环江县有较强竞争力的支柱产业。截至2016年上半年，工程建设成效已初步显现（见表3-2）。

**表3-2　2015年环江毛南族自治县八大产业扶贫项目及发展状况**

| 产业项目 | 产业规划覆盖区域 | 产业发展成效 |
| --- | --- | --- |
| 林业产业 | 驯乐、龙岩、东兴、洛阳、川山、长美、大安、思恩8个乡镇 | 2015年，全县林业总产值达25.3亿元，同比增长24.63%；木材加工总产值12亿元，同比增长3.45% |
| 核桃产业 | 覆盖全县12个乡镇 | 截至2015年，全县核桃种植面积累计达13.91万亩 |
| 糖蔗产业 | 覆盖全县12个乡镇 | 2015年，全县新种甘蔗面积1.2万亩，总面积达11.23万亩 |
| 桑蚕产业 | 桑蚕产业覆盖区域：全县12个乡镇 | 2015年，全县桑园总面积达17.6万亩，桑蚕饲养量56.9万张，鲜茧产量50.5万担，蚕农养蚕总收入超过8亿元 |
| 环江香猪产业 | 环江县北部地区的明伦、东兴、龙岩、驯乐、长美5个乡镇 | 2015年，香猪出栏60万头，产值3亿元 |
| 环江菜牛产业 | 环江县南部地区的下南、川山2个乡镇 | 2015年，菜牛出栏2.6万头，产值2.1亿元 |
| 特色水果产业 | 环江县大才、思恩、大安、水源、川山、洛阳、明伦、东兴、下南9个乡镇 | 2015年，全县香柚面积5万亩，比2010年增加种植面积4.5万亩，增长9倍；总产量0.1万吨，比2012年增产0.09万吨，增长9倍 |
| 中草药产业 | 主要覆盖环江县大才、思恩、大安、水源、川山、洛阳、明伦、东兴、下南9个乡镇 | 2015年，完成中草药种植任务766亩，完成种植任务的153.2%；落实2015年新种林下中草药土地面积2400亩 |

资料来源：《环江毛南族自治县2016年政府工作报告》。

总体上看，经过几年的实践，环江毛南族自治县逐步走出了一条发展甘蔗、桑蚕、特色畜牧业、红心香柚、核桃等特色产业的有效路径，农业产业结构调整成效初现。尽管如此，自治县农业产业结构调整仍面临很多的困难和问题。

一是特色产业规模小，产业化程度低。除了红心香柚在个别地区

(如大安乡社区塘官屯) 通过“公司+基地+农民专业合作社+农户”模式，实现了产业的较快发展和集中连片种植开发之外，绝大部分乡镇、村屯的农业特色产业发展都较为滞缓，且多以农户分散的个体生产或经营为主，存在种植区域分散，种植规模小，技术含量低，盈利能力不强等问题。整体来看，截至2016年，自治县农业产业结构不合理，农业产出效率低下的局面还没有得到根本改观。

二是特色产业发展的支撑条件不足。具体表现在以下三点。(1) 资金投入不足。例如，为推动特色产业发展，环江毛南族自治县规划建设了一批现代农业核心示范区，但由于后续建设资金筹措困难，影响了园区配套设施建设工作进度；再如，由于金融机构对农户的贷款意愿不强，导致特色产业经营户贷款需求无法得到充分满足，严重制约了农户种养殖规模的扩大。(2) 人力资本缺乏。当地农村居民普遍受教育程度低，思想比较守旧，对农业新品种、新技术、新生产方式普遍持怀疑、观望的态度，再加上环江是农村劳动力输出大县，农村青壮年劳动力大量外流所导致的农业从业人员数量和质量的下降，对农业结构调整和特色产业提质增效构成强约束。除此之外，农技推广和专业技术人员力量薄弱，全县12个乡镇，有的乡镇仅有1个技术推广人员，在很大程度上限制了农业结构调整和农业特色产业发展。(3) 公共基础设施建设滞后。在过去的十余年里，在新农村建设等系列助农举措的推动下，自治县农村道路电网等基础设施建设有了长足的进步，农村信息化建设也在积极的推进之中，但由于石山区农村基础设施建设难度大，成本高，再加上基础设施建设欠账太多，地方政府财力薄弱等因素的影响，农村道路、通讯、网络、农田水利建设、农业技术服务、农资供给、农产品流通服务体系等农业基础设施的建设，还不能满足农业产业化、现代化发展的要求。

三是市场约束。以红心香柚为例，2016年红心香柚的市场销售状况尚好，龙头企业——广西金果公司按每市斤3元的价格收购基地和农户种植的红心香柚，脱贫致富效用明显，农户积极性比较容易调动。但农产品价格波动大，市场竞争激烈，未来随着种植规模的扩大，全县红心香柚种植难免要面临销路拓展和市场风险的问题。在实地调研的过程中，地方政府官员、龙头企业和种植户也都表达了这种担心。如何应对潜在市场风险，增强农业结构调整对市场变化的反应弹性，提高农产品供给与市场需求的契合度，是环江毛南族自治县特色产业发展和农业结构调整需要面对的又一难题。

## 三　农民收入与就业

进入21世纪以来，伴随着农业和农村经济的发展以及国家系列支农惠农政策的落实，环江毛南族自治县农村居民收入水平也有了明显提高，2005—2012年全县农村家庭人均纯收入从人均1818元提高到4868.7元。在趋势上，环江与广西全区乃至全国农村居民收入变动趋势是一致的，并且，在2010年后，当地农村居民收入还有一个比较快的增长（见图3-5）。例如，2011年，全县农村人均纯收入同比增长27.98%，而同期城镇居民收入同比增长只有10.90%。①

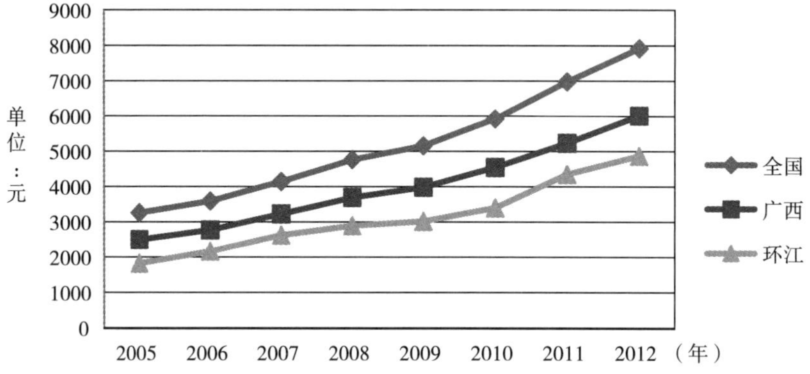


**图3-5　环江毛南族自治县农村居民人均纯收入与广西及全国的比较**

资料来源：国家统计局官网；《环江县社会经济与社会发展统计公报各年》。

说明：2013年及以后数据来源于新统计口径，为确保可比性，本图数据截至2012年。

尽管如此，环江毛南族自治县农村仍然没能摆脱贫穷落后的面貌，由于发展的初始条件不同及其他多种因素的影响，自治县农村居民收入长期以来一直低于全国平均水平（见图3-6）。2015年，全县农村居民人均纯收入只有6668元，在河池市居于中上水平，但也仅相当于全国平均水平（10772元）的61.90%。图3-6显示，河池市及其所辖环江毛南族自治县及其他各县，农村人均纯收入都显著地低于全国平均水平，这是河池市作为老少边山穷地区的一个典型特征。2012年国家确定的592个国家级贫困县名单中，河池市辖9县除宜州、南丹两县之外，其余7县全部位列

① 环江毛南族自治县统计局：《环江毛南族自治县2011年国民经济和社会发展统计公报》。

其中。

从区域分布看，环江毛南族自治县各乡镇之间农村居民收入也存在明显差距，2014 年，在县辖 12 个乡镇中，农村居民人均纯收入 5000 元以上的有 5 个，分别是洛阳镇、人才乡、思恩镇、驯乐乡和水源镇；4000 元以上不到 5000 元的有 6 个，分别是大安乡、东兴镇、龙岩乡、长美乡、川山镇和明伦镇；下南乡最低，农村居民人均纯收入只有 3703 元，仅为收入水平最高乡镇——洛阳镇（5871 元）的 63%（见图 3-7）。值得一提的是，下南乡是毛南族世居发祥地和最大聚居地，全乡人口 20018 人，其中 98.20%为毛南族。如果任由毛南族地区经济发展长期滞后于其他地区，毛南族同胞增收困难，无法同步分享经济增长的好处，必然会给民族团结与发展、社会和谐与稳定带来不利影响。

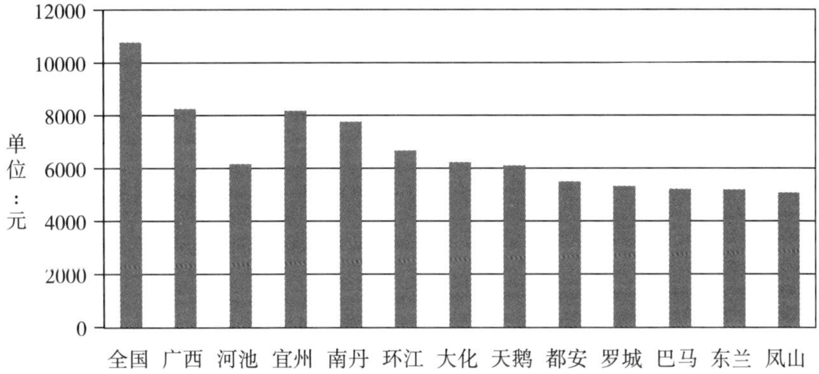


**图 3-6　环江毛南族自治县农民人均纯收入与其他地区的比较（2015 年）**

资料来源：《各地区 2015 年国民经济和社会发展统计公报》。

受农民收入绝对量和相对量变化的影响，进入 21 世纪以来环江毛南族自治县城乡收入差距呈现出如下总体特征（见表 3-3）。第一，在 2009 年以前，环江毛南族自治县城乡居民收入差距总体上不断扩大，但在 2009 年达到峰值之后即出现收敛之势。这与全国城乡收入差距变动轨迹基本一致。第二，环江毛南族自治县城乡居民收入差距依然显著高于全国平均水平。这表明，尽管在国家“三农”发展方针政策的引导和支持下，在县级党委和政府的有效组织和领导下，自治县城乡收入差距不断扩大势头已得到有效遏制，农民收入稳步提高，生活状况不断改善，但相对于全国和发达地区，自治县农村居民收入仍然处于一个较低的水平，降低贫困、促进农民持续增收，进而缩小城乡差距，仍然是当地政府需要面对的

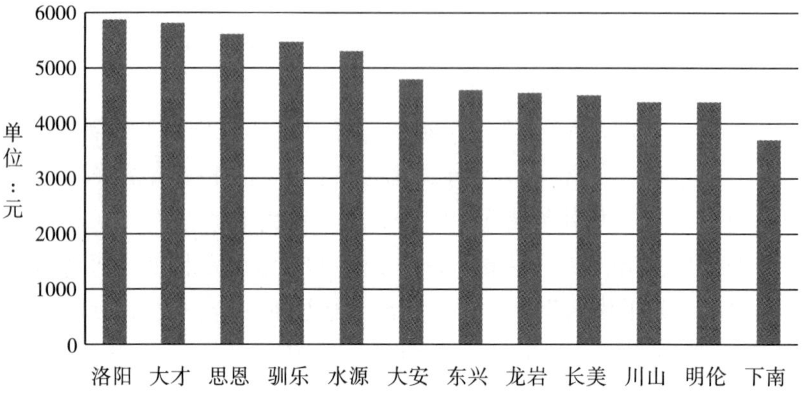


**图 3-7　环江毛南族自治县各乡镇农民人均纯收入的比较（2014 年）**

资料来源：环江毛南族自治县统计局，2016 年 6 月。

说明：农民人均纯收入分乡镇数为环江县经管局抽样调查数。

一项艰巨任务。第三，与自治区平均水平相比，环江毛南族自治县具有更低的城乡收入差距。之所以如此，很大程度上是因为作为广西的一个老少边穷地区，自治县工业化、城市化进程缓慢，城镇经济不发达，城镇居民可支配收入显著低于自治区平均水平。

**表 3-3　环江毛南族自治县城乡收入差距与广西及全国的比较（2005—2012 年）（以农村居民人均纯收入为 1）**

| 地区 | 2005 年 | 2006 年 | 2007 年 | 2008 年 | 2009 年 | 2010 年 | 2011 年 | 2012 年 |
|---|---|---|---|---|---|---|---|---|
| 全国 | 3. 22 | 3. 28 | 3. 33 | 3. 31 | 3. 33 | 3. 23 | 3. 13 | 3. 10 |
| 广西 | 3. 72 | 3. 57 | 3. 78 | 3. 83 | 3. 88 | 3. 76 | 3. 60 | 3. 54 |
| 环江毛南族自治县 | 3. 57 | 3. 53 | 3. 57 | 3. 62 | 3. 84 | 3. 78 | 3. 28 | 3. 29 |

资料来源：国家统计局官网；《环江毛南族自治县经济与社会发展统计公报各年》。

说明：2012 年及以前数据按原统计口径，2013 年及以后按新统计口径。

环江毛南族自治县农村居民收入的低水平，与其收入来源结构亦即就业结构有着很大的关系。数据显示，自治县农村居民家庭收入主要来源于经营性收入和工资性收入，2013、2014 年，这两项收入分别占到农村居民家庭人均纯收入的 88. 17%和 87. 18%（见表 3-4）。经营性收入是农村居民以家庭为单位从事经营活动所得的收入，包括农业生产经营收入和非农经营收入两大部分。改革开放以来，随着我国经济市场化改革的深入和农村经济的发展，农村地区以家庭为单位的小规模工商活动逐渐增多，越来越多的农村居民在务农之外，以家庭作坊、小饭馆、小商店、运输队或建筑队等形式，兼业从事非农经营活动，非农经营收入对农村居民人均纯收入增长的贡献不断增强。并且，由于非农产业的比较收益率一般要高于传统农业，农村居民家庭从事非农经营的状况，正成为拉大不同地区农村居民收入差距以及同一地区不同农村居民家庭收入差距的重要因素。与发达地区相比，环江毛南族自治县由于地区经济发展水平低，农业和农村经济结构调整缓慢，农村劳动力大量外出打工，农村“空心化”问题严重等原因，环江农村从事非农经营活动的居民家庭并不多，务农仍是当地农村居民的主要生计和收入来源。表 3-4 显示，2013—2014 年，自治县农村居民家庭经营性收入的 82%是来自第一产业，来自工业、商业等非农经营的不到 20%。农业生产的规模、结构，农产品的质量、价格等，都会对自治县农民收入增长产生重要影响。

**表 3-4　环江毛南族自治县农村居民家庭人均纯收入来源结构（2013—2014）**　单位：元/人;%

| 指标 | | 年纯收入 | 经营性收入 | 第一产业纯收入 | 工资性收入 | 财产性收入 | 转移性收入 |
|---|---|---|---|---|---|---|---|
| 2013 | 总额 | 5665 | 2687. 02 | 2204. 47 | 2389. 11 | 120. 48 | 468. 38 |
| | 占比 | 100 | 47. 43 | 82. 04 | 40. 74 | 0. 02 | 8. 27 |
| 2014 | 总额 | 6203 | 2892. 00 | 2364. 00 | 2516. 00 | 183. 00 | 612. 00 |
| | 占比 | 100 | 46. 62 | 81. 74 | 40. 56 | 0. 02 | 9. 87 |

资料来源：环江毛南族自治县统计局，2016 年 6 月。

环江毛南族自治县农村居民家庭的另一大收入来源是工资性收入。工资性收入是指农村劳动力受雇于企业或个人而获得的劳动报酬，包括在本地和异地的打工收入。自 20 世纪 90 年代中期以来，外出打工的半城市化转移就业始终成为我国中西部欠发达地区农村剩余劳动力的出口，相应地，打工收入始终成为这些地区农村居民收入增长的主要来源。尽管近年来受经济结构转型调整、制造业下滑严重、企业经营困难等因素的影响，农民工收入增速有所放缓，但根据国家统计局的抽样调查，2015 年农民工人均月收入 3072 元，比上年增加 208 元，增长 7. 20%（见表 3-5）。且外出务工农民工收入增速高于本地农民工。由于外出打工收入远远高于在家种地收入，农村中有条件的劳动力如青壮年劳动人口依然积极寻找外出打工的机会。环江毛南族自治县也不例外，截至2016年12月底，自治县农村劳动力转移就业人数7882人，占全县农村劳动力总数的45.09%，驯乐、下南两个民族聚居乡转移就业人数占比更高，分别达到64.21%和52.05%（见表3-6）。而且对农户的个案访谈表明，相对更高的打工收入仍然是落后地区农民纷纷选择外出打工的首要影响因素。

**表3-5　全国分行业农民工人均月收入及增幅**　单位：元;%

| 行业 | 2014年 | 2015年 | 增幅 |
|---|---|---|---|
| 合计 | 2864 | 3072 | 7.20 |
| 制造业 | 2832 | 2970 | 4.90 |
| 建筑业 | 3292 | 3508 | 6.60 |
| 批发和零售业 | 2554 | 2716 | 6.40 |
| 交通运输、仓储和邮政业 | 3301 | 3553 | 7.70 |
| 住宿和餐饮业 | 2566 | 2723 | 6.20 |
| 居民服务、修理和其他服务业 | 2532 | 2686 | 6.10 |

资料来源：《国家统计局发布2015年农民工监测调查报告》，中国新闻网（http://www.chinanews.com/gn），2016年4月28日。

**表3-6　环江毛南族自治县农村劳动力转移就业情况（2016年）**

| 地区 | 劳动力总数（人） | 劳动力转移就业人数（人） | 转移就业人数占比（%） |
|---|---|---|---|
| 水源镇 | 22778 | 10415 | 45.72 |
| 川山镇 | 23388 | 11522 | 49.26 |
| 明伦镇 | 21804 | 10986 | 50.39 |
| 下南乡 | 11450 | 5960 | 52.05 |
| 洛阳镇 | 19071 | 9747 | 51.11 |
| 东兴镇 | 9956 | 3848 | 38.65 |
| 龙岩乡 | 11770 | 5360 | 45.54 |
| 驯乐乡 | 9595 | 6161 | 64.21 |
| 思恩镇 | 18959 | 6222 | 32.82 |
| 大才乡 | 7687 | 3266 | 42.49 |
| 大安乡 | 11949 | 1916 | 16.03 |
| 长美乡 | 6412 | 3417 | 53.29 |
| 合计 | 174819 | 78820 | 45.09 |

资料来源：环江毛南族自治县人力资源与社会保障局，数据截至2016年12月底。

近年来，随着农村结构调整、农业产业化发展和县域经济活力的提升，环江毛南族自治县也开始出现农民工返乡就业的迹象和趋势。在大安乡，2016 年劳动力转移就业人口为 1916 人，转移就业人数占比仅为 16. 03%，远远低于 45. 09%的全县平均占比，与转移就业占比最高的乡镇——驯乐乡相比，更是低出了 48 个百分点之多。这表明，大安乡农业和农村对劳动力的吸引力在增大，农民工返乡就业的意愿在增强。这也是课题组在实地调研中，大安乡干部、大安社区塘官屯干部、环界村两委干部、典型龙头企业干部、返乡农民工等受访者经常提到的一大变化。这一变化之所以在大安乡表现尤为突出，很大程度上得益于河池市开发扶贫“整乡推进”大安乡示范区建设。大安乡示范区于 2012 年 4 月 26 日启动建设，到 2014 年底共整合资金 3. 62 亿元实施 428 个子项目，强力推进实施自建家园、产业带动、能人带领、村容整洁、文化进村、移风易俗、生态扶贫、整体推进“八大示范”工程。其中，为实现“产业带动千万家”示范，即“优势产业基本形成，实现贫困户人均有 1 亩以上红心柚或核桃，贫困户每户有一项以上其他增收项目、有 1 人以上掌握一门致富技能，土地资源缺乏的贫困户每户输出 1 人以上的劳动力”的建设目标，自治县出台了富有吸引力的激励措施，在壮大示范区桑蚕、甘蔗、畜牧等原有特色产业的基础上，全力推广红心香柚、核桃等扶贫重点产业发展。正是在这一背景下，农业产业化龙头企业、能人领办的专业合作社、家庭农场、种植大户在示范区及其周边和全县区域不断涌现，这其中，就有不少是返乡农民工。

课题组访谈的一位红心香柚种植大户就是返乡农民工。这位种植大户名叫覃亚林，1976 年生人，大安乡环界村后随屯村民，1998 年开始外出在广东、南宁等地打工，2000 年返乡，在家种桑养蚕、甘蔗，勉强维持生活，2005 年结婚后一直在县城做客货运输，未雇人，自己做，做得一般。2011 年正准备再次出去打工。正好遇到 2012 年整乡推进大安示范区启动建设，覃亚林看中政府的扶持政策，看好水果、蔬菜种植的产业发展前景。这让他感到创业的机会来了。覃亚林说：“在外面见得多，看到别人做得很好，外边很精彩，自己也想创点业，不想混日子。”2012 年，覃亚林自筹资金 1. 2 万元进行机械挖坎，连片种植 35 亩红心香柚，林下套种红皮花生、高淀粉红薯及大肉生姜等“短、平、快”矮秆作物，并计划扩建水柜、鱼塘和猪、鸡、鸭养殖场，形成一个富有特色和初具规模的家庭立体种养示范点。基地创建后，覃亚林和基地技术人员主动向周边村民提供技术咨询和培训服务，2012—2015 年共举办或承办培训班 5 期，受训人员 200 余人次。同时他还在村里率先成立了红心种植协会，并被选为协会会长，在他的带动之下，全屯 29 户种植红心香柚达 300 多亩，人均达 3 亩以上；林下套种各种作物 150 亩，人均 1.5 亩。

经过 2012—2014 年的“整乡推进”建设，大安乡发生了巨大变化。2014 年，全乡农民人均纯收入达到 4812 元，贫困人口从 2011 年的 9116 人减少到 2687 人，2011 年桑园面积为 1.7 万亩，甘蔗面积 2.4 万亩，2014 年桑园面积达 1.9 万亩，甘蔗面积 2.1 万亩，累计新增种植红心香柚 1.7 万亩，核桃 1.86 万亩，全乡产业总面积达 7.56 万亩，2014 年人均产业面积 3.6 亩，同时实现贫困户人均有 1 亩以上的红心香柚或核桃产业目标。这种变化极大地增强了农业和农村对农民工返乡的拉力，越来越多的农民工返乡创业就业。以环界村后随屯为例，据覃亚林介绍，屯里“这两年回来的人比较多，并且一般都是夫妻两口子一同回来，后随屯现有人口 120 人，60 岁以上的 15 人，自己年龄段（40 岁左右）的务农劳动力有 50—60 人”。谈及原因，他认为主要是：“产业吸引，外边打工一个月两三千元，家里请工就得花这么多，不如回来。”2016 年，开发扶贫“整乡推进”下南乡示范区建设启动，返乡从事农林牧渔特色产业开发的农民工及其他从业人员将不断增多，这对于改善农业人力资本结构，进而改变农村社会经济面貌，会产生深远影响。

环江毛南族自治县农村居民尤其是返乡农民工创业、就业的领域，除了农林牧渔业之外，还有就地就近进行非农就业、创业。这方面尚未形成规模，但迹象和趋势同样明显。一是自 2005 年商业部启动“东桑西移”工程以来，环江毛南族自治县作为承接地之一，至 2016 年已经引入了 5 家缫丝企业，其中省级龙头企业 3 家，缫丝装机总规模 96 组。二是县政府大力推动农业产业化发展，引进和培育农产品加工企业。除了缫丝企业，截至 2016 年环江还有林业加工企业 154 家，年产值达到 12 亿元；省级糖厂 1 家，年产值 2.65 亿元。这些企业在延长农业产业链条，提升农业附加价值，增加地方税收的同时，也为当地农村劳动力提供了就地就近非农转移的机会。三是环江毛南族自治县经济转型升级正在积极推进之中，县委、县政府围绕“建设生态宜居、休闲养生、文化与绚丽的区域性国际旅游目的地”目标，努力实现旅游业提质提速发展，随着具有较高就业弹性的第三产业产值比重超过第一产业而成为自治县的第一大产业，未来旅游业及其他服务业在吸引农民工返乡创业、就业，吸纳农村剩余劳动力非农转移就业方面必定会发挥更大的作用。

## 第二节　特色农业及其产业化发展

农业特色产业是以特色资源、特色产品为基础，具有较强的区域特征，特殊的产品品质，且发展前景广阔、经济效益较为明显的农业产业。培育和发展农业特色产业，是农业结构战略性调整的主攻方向，也是促进农村减贫增收，实现农村经济、社会和生态协调可持续发展的必要路径。

### 一　主要优势特色农业

环江是一个典型的石山区贫困县，立足石山区实际，发挥山地资源优势，扬长避短，大力发展农业特色产业并使之与扶贫工作相结合，是21世纪以来环江“三农”问题治理和农业结构调整的指导方针和工作重心。2011年，环江毛南族自治县“十二五”规划明确提出要“重点发展生态特色产业”“大力建设特色农业基地”“做大做强林产业”“建设特色经济作物基地”的发展目标和建设路径。2016年，为进一步推动产业开发扶贫，自治县具体制定了《环江毛南族自治县脱贫攻坚特色种养业培育实施方案》，要求围绕“八大”产业即“核桃、蔗糖、桑蚕、林业、特色水果、中草药、香猪、菜牛”等特色优势种植业、养殖业、林业和林下经济产业开展脱贫工作。经过几年的实践，截至2016年环江农业特色优势产业培育已初见成效，具体如下。

#### （一）糖蔗产业

糖蔗业是广西的支柱产业，蔗区广泛分布于崇左、南宁、柳州、来宾、百色、河池、钦州、北海、防城港等地。在环江毛南族自治县，甘蔗也是全县种植面积最广、产量最大的一类经济作物。尽管“十二五”期间，由于农业产业结构调整，农村居民偏向桑蚕、木薯种植等，自治县糖蔗产量有所下降，但数据显示，全县甘蔗种植面积仍稳定在11.73万亩，2011—2014年三个榨季甘蔗累计进厂量132.49万吨，年均递增4万吨，每亩甘蔗产量提高1.11吨；全县良种面积占总面积的90%以上，比2010年提高20%。2014年，全县甘蔗面积11.29万亩，进厂原料蔗46.88万吨，农民蔗款总收入达2亿多元。

**图3-8　环江毛南族自治县长美乡瑶族移民点种植的甘蔗**
**（方素梅摄于2008年4月）**

（二）桑蚕业

2005年以来，环江毛南族自治县抓住国家实施“东桑西移”工程的发展机遇，积极承接东部桑蚕产业转移，有效地促进了全县桑蚕业的快速发展。2006年全县桑园面积便从2005年的6.86万亩快速扩大至10.86万亩，2008年进一步扩大到13.47万亩，2008年后一直稳定在15万亩以上：2011年为15.09万亩，2013年为16.77万亩，2014年达到17.22万亩。早在2010年，环江毛南族自治县在桑园面积，蚕饲养量、产茧量等方面在广西区排名就已从原来的第7位提升至第5位，成为南方地区桑蚕强县之一。[①] 自治县桑蚕业发展不仅重视“量”的增长，更重视“质”的提升，提出了打造环江“广西茧丝质量第一县”的战略目标。近年来，环江毛南族自治县围绕这一目标，加强政策引导、形势宣传和技术推广，不断引进良种良法，大力推广高产优质桑树品种和高产高品位家蚕品种，实施蚕桑良种化工程，大力推广高产栽培技术和简易化、省力化、标准化

① 欧秀敢、韦目阔：《环江县桑蚕产业存在的问题及发展对策》，《现代农业科技》2011年第17期。

养蚕技术。“十二五”期间，全县“桂桑优”系列桑品种种植率为90%，小蚕共育率在99%以上，方格蔟使用率达100%，并继2007年之后，于2011年再次荣获“广西十佳桑蚕生产基地县”称号。2013年，全县蚕农养蚕总收入为8.34亿，比2011年的5.7亿元增长了46%，种桑养蚕已成为自治县农民增收的重要渠道和途径。

**图3-9 环江毛南族自治县长美乡的桑田**
**（方素梅摄于2008年4月）**

（三）以红心香柚为主的经济林果业

以市场为导向，以名特优产品为龙头，大力发展经济林果业，是石山区发挥山地资源优势，推进农业特色产业开发，实现石漠化治理和农民脱贫致富“双赢”的可行之道。环江毛南族自治县经济林果业的快速发展始于“十二五”时期，此前，其农业特色优势产业仅限于甘蔗和桑蚕两大产业，农民持续增收难度越来越大。为突破这一约束，2011年5月，环江毛南族自治县县委、县人民政府在调查研究和充分论证的基础上，出台了《关于实施特色农业提升工程的决定》，把以红心香柚为主的特色水果列为全县“八大扶贫产业”之一，在政策上给予重点支持。并且，从2012年起，依托丰富的山地资源和良好的生态环境，在思恩、水源、大安乡和大才四个乡镇大力种植红心香柚。至2015年，全县香柚面积达5

万亩，比2010年增加种植面积4.5万亩，增长9倍；总产量0.1万吨，比2012年增产0.09万吨，增长9倍；香柚产值达到800万元，比2012年增720万元，增长9倍，香柚产业在环江果业中的“支柱”作用越来越明显，经济效益排在所有水果品种的首位。目前，全县香柚种植已初步形成规模化发展的生产格局，涌现出了不少香柚村，香柚屯和香柚专业户。如前述提到的大安乡大安社区塘官屯、环界村村民覃亚林等，都是其中的典型代表。

（四）以香猪、菜牛为主的特色养殖业

开发香猪、菜牛等地方特色产品，使之做大、做强，是环江毛南族自治县农业特色优势产业培育的一个重要方向。环江香猪主产于环江北部的明伦、东兴、龙岩、驯乐四个乡镇。环江香猪饲养历史悠久，曾是历代地方官府进贡朝廷的贡品，如今则作为“宴席上的珍馐”为市场所广泛欢迎。2003年，环江香猪通过了原产地地理标记注册认证，办理了出口港澳地区备案证，成为国际贸易国成员间可以流通的畜产品，2011年注册为国家地理标志证明商标。环江菜牛又称“下南菜牛”，主要产自环江县下南乡，具有营养丰富，肉质鲜嫩，口感脆甜，香味浓郁，绿色环保的特点。因为“下南菜牛”家喻户晓的声名和美誉，2008年环江荣获“中国菜牛之乡”的美称，2010年成功注册环江菜牛地理标识。为加大香猪、菜牛等特色产品资源的开发力度，环江毛南族自治县提出了“猛牛强猪”的畜牧业发展战略，并通过大力培育绿色畜牧业产品生产基地等方式，做大、做强环江香猪、菜牛产业。截至2016年，自治县有规模养殖场22个，年出栏商品香猪约48万头，并在明伦、龙岩、东兴3个香猪生产基地全面推行香猪无公害标准化生产。菜牛养殖方面，自治县充分发挥“中国菜牛之乡”品牌效应，通过培植建设下南、川山、大安等7个种草养牛示范乡镇、10个规模养牛场、2个养牛小区（参加农户10户以上）以及若干种草养牛示范户等方式，大力提高菜牛的饲养量和出栏量。2015年，自治县菜牛出栏2.6万头，产值2.1亿元，菜牛产品畅销港澳及东南亚各国。①

（五）林下经济

环江是广西第三林业大县，全县森林覆盖率达72%，有林面积

---

① 罗翔：《环江：“中国菜牛之乡”扎实推进菜牛产业发展》，《农家之友》2016年第3期。

190.56万亩，此外还有宜林荒山荒地261.17万亩。依托优越的林地资源环境，发展林果、林草、林菌、林药、林禽、林畜、林菜、林蜂等林下经济产业，将林地资源优势转换成经济优势，是环江毛南族自治县扶贫攻坚特色种养业培育工作的重要方向。"十二五"期间，自治县有林下经济面积93.6万亩，林下经济产值达4.6亿元；建立林下经济示范点20个，成立农村专业合作社8个，走出了一条绿色特色产业发展之路。以下南乡景阳村的野山猪养殖业为例，景阳村是一个典型的山地村，全村没有一分水田，只有1700多亩山地，但其中的1300亩已经退耕还林。自2012年被列入广西全区3000个扶贫开发整村推进贫困村之后，景阳村便在政府引导和支持下，依托独特的林下资源优势，探索发展野山猪养殖业。野山猪是肉猪与野猪的杂交品种，饲养户白天将其置于山上林下放养，晚上喂些玉米粉或米糠。由于不投放饲料，再加上生长周期长（一般为12—18个月）、野山猪肉质结实，嫩而不腻，味道鲜美，市场售价最高时达40多元一斤。2013年，景阳村销售野山猪368头，实现收入97万元，利润36万元，人均增收947元，较2012年同期人均增收230元，增长311.73%。2014年初，景阳村建成"山猪繁殖基地"33个，成立了"环江景阳山猪养殖专业合作社"，有65%的农户参与山猪养殖，形成了"村两委带动+合作社统管+产品统销"的发展模式，山猪饲养量由最初的60头发展到1300多头。[①] 景阳村只是环江林下养殖业发展的一个缩影。2016年，由于林下经济和绿色产业发展达到一定规模、可持续性强、扶贫带动效果显著，环江毛南族自治县获国家林业局"服务精准扶贫国家林下经济及绿色产业示范基地"称号，成为全国41个基地县之一，也是广西仅有的2个入围县之一。

## 二　特色农业的产业化发展

走"产业化"发展道路，通过培育农业龙头企业等新型农业经营主体，转变农业经营方式和产业组织形式，把分散的个体小农与千变万化的市场紧密地衔接起来，是农业的根本出路。"十二五"以来，环江毛南族

① 陈光科、黄渝欣：《环江景阳村野山猪肉1斤卖40多元》，《河池日报》2014年2月28日。

自治县将“八大产业”[①] 作为支柱产业的同时，积极引入和培育农业产业化龙头企业、农民专业合作社、种养大户等新型农业经营主体，大力推进特色农业产业化发展。

截至2016年，全县有5家缫丝企业（其中省级龙头企业3家），林业加工企业154家，省级糖厂1家以及其他各类农业龙头企业多家，初步形成了“公司+基地+农户”“专业合作组织+农户”的农业产业化经营模式和“订单农业”的营销机制。这方面的典型例证，是以金果公司为龙头的香柚产业化发展。金果公司（全称为“环江金果生态农业有限公司”）是环江毛南族自治县“十二五”期间引入的一家规模较大、带动性较强的农业龙头企业。作为广西农业产业化重点龙头企业——桂林金煌阁食品有限公司旗下的一家全资子公司，金果公司于2012年通过政府介绍牵线，在大安乡社区塘官屯以租赁方式流转农村土地1500亩，建设红心香柚种植示范基地，成立了以塘官屯妇女为主要成员的“鸿友果水果农民专业合作社”，按照“企业+基地+农户”的订单农业模式，发展品牌生态农业。对农业投入品进行统一配送，对生产的农产品实行统一销售，实行农产品生产加工和产供销一体化经营。截至2016年，公司已投入700多万元在环江建立了300多亩红心香柚种植示范基地和4个苗圃基地，为环江毛南族自治县、整个河池地区乃至贵州等地提供种苗服务。此外，公司在环江还建立了农资配送中心和农产品销售中心，为当地农民提供产前、产中、产后服务。公司通过发放技术资料、培训种植水果知识技能；聘请科研院所有关专家、技术人员进行实地指导等方式，有效带动了环江香柚种植业的发展。据公司负责人介绍，金果公司自成立以来每年有3—4次到环界村进行免费技术宣传、培训，仅覃亚林红心香柚种植基地就累计去了二、三十次。在金果公司的带动、辐射下，环界村红心香柚种植从无到有，全村红心香柚种植示范基地至2016年已种植红心香柚150亩；大安乡社区90多户农户，400多人口，户均10亩旱地、5—6亩水田，基本都已改种水果。依靠金果公司的龙头带动，塘官屯红心香柚种植发展了规模经营，实现了市场牵龙头，龙头带动基地，基地连农户的产业组织形式的转变。在该模式中，农户按租金550/亩/年的价格自愿将部分或全部土地流转给公司，公司再以80元/每天的价格聘用80户塘官屯劳力到基地务

① 所谓“八大产业”即：林业、核桃、糖蔗、桑茧、环江香猪、环江菜牛、水果、中草药八大农业产业。

工，除此之外，待到红心香柚收成时租地农户还可获得每斤 0.3 元的分成。据受访户反映，上述三项加总，农户每年收入可达 5 万—6 万元，如果是基地聘请的管护人员，① 收入还会更高。当然，影响远不只在经济层面。在塘官屯红心香柚“龙头企业+基地+合作社+农户”的产业化发展模式中，“合作社”主要由当地农村妇女组成，“基地”的劳动者、管护人员多数也都是村里 60 岁以下的劳动妇女，这对于改善农村妇女在家庭和社会中的地位、增强农村妇女发展能力以及新农村建设都具有积极的作用。塘官屯村民、大安乡社区女计生员向课题组介绍说：“原来收入少，很多年轻人都外出打工，现在有了产业，我们屯外出劳动力基本上都在家，很多集体活动好组织多了。这几年，屯里已经有了篮球场，娱乐室，每年都组织娱乐活动，春节组织妇女唱歌跳舞，我们塘官屯舞狮子去环江比赛每年都得第一名，现在分龙节期间，我们正在屯里的水塘举办龙舟赛，准备参加环江县分龙节龙舟赛。”“合作社”成员罗某某是两个孩子的母亲，丈夫在附近承包一些工程，她以前在家带孩子，家里的 1.2 亩土地全部流转给金果公司之后，自己受雇于“基地”和当地一家种花老板，承包管护派工工作，主要任务是找人来做工和派工。在她家自住的三层楼房里，课题组问她“别人听你的吗”，她不无骄傲地回答说：“刚开始第一年时，很难管，几十个人，不去看，就不好好干，看了这个，看不了这个。管了几年下来，现在有经验，不用看，打个电话指挥就行了。现在管惯了，知道几个小时做到那儿了，可以估计出来，过几个小时去看一下就行，分配2—3 个人负责一块地，别人干怎样，你干得怎样，一比较就可以知道谁偷懒了。现在管的顺手了，他们不敢不听。”那样子，自信、开朗、神采飞扬。

除了农业产业化龙头企业，农民合作社和种养大户也是环江毛南族自治县农业产业化发展的重要推动力量。受地理地貌条件的限制，自治县农村有不少地方地块分散、交通不便，在这些地区实行企业化、大规模连片经营面临很大的困难。相反，组建各类农民合作社，发展以种养殖大户为主体的适度规模经营，以此促进特色农业的市场化、专业化和规模化发展，不失为一条更具有地方适应性的农业产业化发展路径。

---

① 据 2016 年的访谈，基地将 1500 亩划成 13 个管护区，聘请塘官屯 13 户劳力作为长期管护用工，管护费为：每年每株 20 元，按管护面积所产作为以奖代补每斤 0.3 元进行补助，管护越好产量越高奖金越多。

在环江毛南族自治县的实践中，“农民专业合作社”这种一头连着农户，另一头连着市场的新型合作组织形式，深得广大农户的认可和欢迎。截至2013年底，全县已组建有农民专业合作社77家，行业涉及种植（15家）、养殖（15家）、种养结合（8家）、服务（34家）、苗木培育及其他（5家）等多个领域。[①] 2015年，自治县农民合作社进一步增加到了128家。其中，既有企业领办型和能人领办型合作社，也有村委会领办型和部门领办型合作社，这些不同类型的合作社在环江特色农业及其产业化发展中发挥了积极的推动作用。景阳山猪养殖专业合作社（下称“景阳合作社”）是其中的一个典型例证。景阳合作社是在下南乡景阳村试点发展本地黑山猪和本地土鸡放养养殖并取得成功的基础上，由村委主任谭道远发起，连同村内其他21户农户共同投资48万元，于2013年3月正式挂牌成立。合作社采取“党员能人带头+合作社+基地+农户”的生产经营模式，按照“以小农户形成大规模、建设产业链、扩大扶持覆盖面”的发展思路，结合当地特点，充分利用资源，在养殖黑山猪的同时林下放养本地土鸡、山羊以及菜牛。合作社通过社员相互监督，统一养殖要求，统一销售等一系列严格而有效的管理体制机制，使林下生态养殖业发展力求做到“三个确保”，即：严把猪种、鸡种关，确保肉质质量；实行全程放养，不投放饲料，确保绿色、生态；与老板签约实行定单、保价收购，确保养殖农户效益最大化，从而实现了林下生态养殖农户小生产与大市场的有效对接。合作社的主打产品——生态山猪已拥有“环香”牌注册商标，并作为消费者放心的绿色生态食品，行销广西全区各地及全国部分省市的高端市场。景阳山猪养殖合作社属于典型的村委会领办型，农村基层组织的带动作用十分明显。自2011年下南乡在景阳村建立党建示范基地以来，景阳村以村党支部为主阵地，通过村“两委”干部和党员户率先饲养的示范作用，带动起全村其他农户纷纷加入养殖大军，合作社成员从最初的21户发展到了2016年初的42户，145人，其中贫困户37户，130人。与此同时，合作社还利用驻村第一书记这个平台，争取到自治区武警总队无偿援助83万元发展景阳林下生态养殖。截至2016年5月，合作社建立了洞平屯、洞坡屯、下必京屯、洞阳屯4个林下经济示范点，建成大小养殖棚30个；年出栏黑山猪600头，土鸡5000万只，山羊500头，菜牛100

① 资料来源：环江县农经局，2016年6月。

头，总销售额达 300 万元，年总利润 100 万元，产业富民增收效果显著。

种养殖大户对环江特色农业及其产业化发展的推动作用同样不容小觑。以下南乡波川村菜牛养殖为例。进入 21 世纪之后特别是 2012 年以来，在环江毛南族自治县委、县政府关于培植和壮大“八大扶贫产业”系列政策的引导和扶持下，很多看好“毛南菜牛”市场前景的农村能人，纷纷扩大自己的菜牛养殖规模，并涌现出了“东胜菜牛养殖场”“成语菜牛养殖场”等多家规模化菜牛养殖场。其中，因场主名叫谭东胜而得名的“东胜菜牛养殖场”，位于下南乡波川村庭木屯，2016 年有牛舍面积 500 多平方米，能容纳菜牛 60 头，养殖场牧草种植面积 8600 多平方米，有存栏能繁母牛 4 头，肉牛 11 头，牛犊 5 头；因场主名叫谭成语而得名的“成语养殖场”，位于下南乡波川村高川屯，可以同时饲养 110 头牛，2012 年出栏菜牛 80 头，产值达 72 万元。规模化养殖场的兴办人一般都接受过初、高中教育，且多数都有外出打工经商的经历，是当地有文化、懂技术、会经营的一批“新型农民”，也是推动菜牛养殖规模化、市场化、产业化发展的重要行动力量。例如，为摆脱菜牛肉依靠节日尤其是春节销售的传统模式，解决规模化养殖的市场约束，成语菜牛养殖场场主谭成语近年来积极探索以企业或财团为支撑的直销模式，并成功于 2012 年与南宁市高端集团对接，后者的肉类连锁店当年就为其售出一万多斤鲜肉。2016 年上半年，养殖场每隔一天就发 500—600 斤鲜肉到南宁、桂林、金城江、宜州、东兰、环江等地的肉类连锁店、酒楼，养殖场计划成立合作社，把下南菜牛资源集中到一起，在保证质量的前提下建立冷藏链，把菜牛鲜肉源源不断地输送到全国各地，真正实现下南菜牛产业化的目标。在这些养殖大户的影响和带动下，波川村群众尤其是木别、庭木、高川等自然屯的群众也纷纷开始养殖菜牛。截至 2016 年，波川村已成为整个下南乡养殖菜牛最集中、数量最多的村，每年菜牛出栏达 1000 头左右。

农业产业化发展的关键是发展以龙头企业为代表的“新型农业经营主体”。尽管在环江毛南族自治县，农业产业化龙头企业、农民专业合作社、种养殖大户等新型农业经营主体目前还不是一种普遍的存在，但其积极作用已显而易见，未来自治县仍有必要下大力气培育和发展更多经营稳健、带动力强的龙头企业及其他新型农业经营主体，以加快特色农业产业化进程，做大做强环江农业特色产业。

## 三　面临的困难和问题

进入21世纪以来，环江毛南族自治县在依托石山区资源优势、发展特色产业、促进农业产业化发展上做了大量工作，取得了初步的成效，但其特色农业及其产业化发展仍面临不少的问题和困难。

一是特色农业发展缓慢，产业规模偏小。从全县整体上看，除了糖蔗、桑蚕等传统优势种植产业已形成较大生产规模外，林下禽畜养殖、特色经济作物种植（如红心香柚、核桃等）的发展都较为缓慢，规模较小（参见表3-2）。

二是特色农业产业化水平较低。全县农业生产专业化、组织化，农业经营企业化、产业化等都还处于初级阶段。由于（1）龙头企业规模普遍偏小，覆盖面有限；（2）特色产业布局不够集中，生产基地相对分散，缺少覆盖面大的专业化生产基地；（3）农村专业合作经济组织实力不强，与农民的利益联结机制不够完善等原因目前环江特色农业发展还没有形成规范、完善的“公司+基地+农户”“贸工农一体化、产加销一条龙”的产业化经营体系和建立起优势农产品产业链，农业生产方式落后，管理水平与技术含量偏低，盈利能力有限。

三是特色农业发展支撑条件不足。主要表现在：第一，农村人力资源投入不足。由于城镇化进程加速，再加上农业生产效益较低，自治县农村青壮年劳动力大部分都外出务工，留在农村从事农业生产的多是一些老弱病残的劳动力，生产效率低且严重缺乏农业扩大再生产和结构调整的动力。第二，资金投入不足。由于县财政困难，对农业生产投入经费有限，再加上农村金融改革发展相对滞后，金融组织、金融产品和金融服务方式创新不足，金融机构出于自身金融运行效益的考虑，普遍缺乏面向“三农”提供低成本、适应性金融服务的积极性、主动性等因素的影响，环江农业特色产业发展面临着资金筹措困难的严重约束。比如，一些农业现代核心示范区由于建设资金缺乏，整体规划好后，影响配套设施建设工作进度。再比如，很多种植、养殖大户生产经营中的资金缺口主要依靠亲友借贷来弥补，就连金果公司这样的龙头企业也是动用了外地房产而不是基地果树做抵押才获得的银行贷款。第三，农业科技投入不足。由于基层待遇少，基层技术推广工作艰苦，招不进人，农业技术人员老龄化和知识老化趋势严峻，全县12个乡镇，有的乡镇仅有1个技术推广人员。农业技术力量不足，在一定程度上影响了全县农业技术的推广和应用研究，导致一些制约特色产业和优势产业的关键技术问题没能得到很好的解决。

四是群众响应不够积极。贫困地区农业特色产业发展，既需要政府及其官员的高度重视，也需要普通农民群众的积极响应和广泛参与。环江毛南族自治县地处桂西北大石山区，山多地少、生态环境脆弱，并不适合大规模发展粮食种植业，相反，依托石山区资源优势，发展农业特色产业，才是减贫增收的明道。对此，自治县委、县政府已形成共识，并出台了众多的激励措施，在实践中大力推进发展石山区优势特色农业。但由于产业培植与发展周期长、见效慢、存在较高的不确定性，除了大安乡、下南乡这两个实施“整乡推进”工程，政府激励力度较大的局部地区，群众的参与积极性并不是很高。比如核桃产业发展，一些地方甚至出现了技术员及村社干部催一催，农户才动一动，没有人督促农户就原地不动的被动局面。

## 第三节　未来的方向

环江的基本县情是欠发达的山区农业县，农业在县域经济中占有重要位置，同时，发挥山区农业资源优势，发展特色农业产业也是环江县域经济发展的一大特色。但单纯的农业生产往往不能带来较高的收入，这也是为何 2012 年以来，虽然环江毛南族自治县在大力推进“八大农业扶贫产业”发展，但农村青壮年劳动力大规模返乡务农的现象始终没有出现的一个重要原因。事实上，环江在经历了“八大农业特色产业”快速扩张的最初几年之后，目前已经面临着农户增收渠道狭窄、持续增收难度越来越大的压力。因此，未来要实现农民收入的较快增长，促进农村经济和农业特色产业的深入发展，需要打破原有的将农业当作单纯农作物生产的狭隘思维定势和发展思路，将农业生产与二、三产业结合起来，充分利用自身的区位优势，对接、整合和利用外部资源及其他有利因素，拓展农业的多功能价值，提升农业和农村地区综合经济效益。

国内外已有的实践经验表明，以农业为基本依托，将农业生产与二、三产业有机结合，使农业由单纯的农作物生产向农产品加工、流通及休闲服务业等领域延伸，延长农业产业链条，是拓宽农民增收渠道的有效途径，也是转变农业经营方式，促进农业现代化发展和新农村建设的必然要求。目前在环江地区，尽管农业产业化已经有所发展，但农村三次产业融合发展的格局远没有形成，以龙头企业为主导的农业产业化还只是个别的、局部的和小规模的实践，广大农村居民并不能充分而普遍地分享到二、三产业的增值收益。因此，如何以农业为基本依托，有效接入第二、三产业，在提升农业附加价值的同时，让更多的增值收益留在农村、农业和农民手中，是未来环江农村经济和农业特色产业进一步发展需要重点探索和解决的问题。具体来说，环江毛南族自治县未来需要致力于以下四个方面。

第一，做强、做大农业龙头企业，使之成为环江农村产业融合发展的引领力量。农产品加工或流通龙头企业具有资金、技术、人才、信息、管理和营销等多方面的比较优势。依托农业龙头企业，发展农产品精深加工和营销，构建覆盖农产品生产、加工和销售全过程的产业链条，是农村产业融合发展必不可少的一个实现路径。针对全县龙头企业数量少、规模小、带动力不强的发展现状，未来环江毛南族自治县有必要通过深化农村产权制度改革，完善财税、金融、人才、土地等措施，支持龙头企业做大做强，使之有条件有能力在农村产业融合中发挥引领作用。同时，还应当在保障农户公平分享增值收益的基础上，鼓励龙头企业与农户之间的股权合作，支持龙头企业与农村种养殖大户、家庭农场、合作社的多形式有效对接，促进农村多元主体间的深度融合。

第二，重视培育基于农户和农村合作社的产业融合发展模式。与农业产业化中以龙头企业为基础的外源性融合发展模式相比，以当地农户和农村合作社为基础，通过发展第一产业并向二、三产业延伸而形成的内源性融合发展模式，能够更好地协调产业融合发展中的利益关系，更多将增值收益留在农村内部。目前，环江毛南族自治县基于农户和农村合作社的产业融合发展较弱，农产品加工、销售、服务等产业链环节的发展较为滞后，但随着种养殖大户、家庭农场、农民专业合作社等新型农业经营主体的发育发展，延长产业链条，实现农畜产品生产、加工、销售一体化发展的需求必然会越来越强烈。政府对此应当予以重视，并采取有效措施为这种内生型的产业融合发展提供必要的公共政策支持。

第三，发展“互联网+农业”，利用互联网的信息技术和平台优势，加快推动环江名优特色农产品生产、经营、管理、服务等产业链环节之间的融合渗透和交叉重组，提高农业经营收益。环江拥有很多优质的农副土特产品，除了著名的“五香”（即香猪、香牛、香鸭、香糯和香菇）外，还有生态养殖的土鸡、红心香柚及其他有机食品等。发展“互联网+农业”，依托互联网的信息技术和平台优势，有助于环江农特产品生产克服地理位置边远、消息闭塞、市场范围狭窄、经营方式传统、服务体系滞后的现实约束，促进产销对接，扩大市场半径，提高农户、家庭农场、农村合作社等农业生产者的经营收益。因此，环江在推动农业特色产业发展、农村小城镇建设以及农民创业就业的过程中，有必要引入互联网思维，并抓住当前我国农村信息化建设提速的契机，完善互联网基础设施及其他相关配套条件，积极融入“互联网+”时代，培育农村经济新动力。

第四，发展休闲农业和乡村旅游，开发环江农业的多功能价值。除了沿着产业链的方向进行深度开发，推动特色农业生产、加工、销售、服务纵向一体化发展之外，开发农业的多功能价值，使农业与其他相关产业如休闲旅游业进行横向结合，也应当成为环江农村产业融合发展的重要方向。环江毛南族自治县境内旅游资源丰富，但开发还很不充分，尤其是在农村自然生态环境和田园景观资源、村落文化资源、农业文化资源和民族文化资源的产业开发上还很不够。今后环江应以“旅游兴县”战略作为契机，以合力打造特色小镇，加快美丽乡村建设和民族特色村寨建设为载体，大力推动农业的多功能横向融合发展，充分发挥休闲农业和乡村旅游在提升农业、繁荣农村，富裕农民，促进农村经济、社会和生态协调发展等方面的积极作用。

# 第四章

# 工业发展与产业转型

环江毛南族自治县地处桂西北山区，矿产资源丰富。主要有煤、褐铁矿、黄铁矿、铜、铅锌、磷、石膏、滑石、白云矿、水晶、锰、雄黄矿、锡、银、铀、硫、瓷土、方解石、大理石、冰洲石、汞等28种矿产，尤以煤、铁、铅锌的储量较大。丰富的矿产资源，为环江工业的起步和发展提供了一定的便利条件。1987年自治县成立后，明确提出“工业强县”“工业富县”的发展目标。随着经济社会的全面发展，环江的工业结构得到较大调整，产业转型与升级进一步加快，逐步形成了有色金属、煤炭、茧丝、林产品加工、食品加工、电力、化工、建材、饮用水九个行业为主的工业体系，在国民经济中占有重要地位。

## 第一节　21世纪以前的工业概况

从清代开始，环江的工业开始见诸记载。据称乾隆年间县境即建有数家煤矿和铁厂，进行采矿与冶炼，以铸造铁锅为主。民国时期，县域仍然存有数家铁锅厂，用于打造生活用具和生产工具，产品除供应本地外，还销往邻近地区。这些家庭作坊式的企业，规模小、品种少、质量低，对地方经济发展的影响十分有限。中华人民共和国成立后，环江的工业才真正得到起步和发展。1951年，县域开始兴建国营企业，1956年出现了集体企业。长期以来，环江地区的工业企业以钢铁和煤炭为主，包括铅锌、石棉、滑石等矿业以及食品、机械、建材、化学、森工、缝纫、水电、农产品加工等行业也不断发展。进入21世纪以后，随着工业结构调整和产业转型升级，茧丝和林产品加工在全县工业发展中发挥越来越重要的作用，工业经济步入了快速发展的重要时期。

## 一　矿产与钢铁

由于矿产资源丰富，矿产开发在环江的工业结构中一直占有重要地位。环江已探明的黄（褐）铁矿储量达413万吨，居广西各县之首，占河池市总储量的51.8%，且品位高，开采方便。① 因此，环江矿业以铁矿石的采掘冶炼历史最为悠久，清代即有记载。1958年，全国掀起"大炼钢铁运动"，环江成为广西柳州地区（环江当时属于柳州专区管辖）大炼钢铁的重点县之一，县内先后成立了7个炼铁总厂、39个炼铁分厂和2个炼铁厂。中共柳州地委在县内设立"大炼钢铁指挥部"，从县内抽调8万多劳动力、从邻近的宜山县和河池县抽调3万多劳动力，在环江开展"大协作"式的"大炼钢铁运动"。尽管这场运动只持续了一年多的时间，从各地抽调的人马几个月后即逐步撤回，但在十数万人夜以继日的疯狂作战中，环江县的生态环境遭到了严重的破坏，没有带来积极效益的钢铁制造业也陷入了长达10年的停滞关闭状态。1969年9月，以上朝铁矿（1974年更名为北山铁矿）的筹建投产为标志，环江的铁矿石开采与冶炼得到恢复。随后几年中，又先后建成都川铁矿、化达矿（以开采铁矿石为主，兼采铅锌矿和硫铁矿）等铁矿厂。这三家铁矿厂是环江县属国营企业，为环江的工业发展作出了显著贡献。特别是改革开放以后，环江的铁矿石开采发展迅猛，并于1985年达到了顶峰。参见表4-1。

**表4-1　1969—1987年全县铁矿石产量统计表**　单位：吨

| 年度 | 总产量 | 其中 | |
|---|---|---|---|
| | | 国营 | 集体 |
| 1969 | 4780 | 4780 | |
| 1970 | 21990 | 21990 | |
| 1971 | 800 | 800 | |
| 1972 | 26351 | 26351 | |
| 1973 | 48613 | 31082 | 17531 |
| 1974 | 89297 | 43712 | 45585 |
| 1975 | 87825 | 48460 | 39365 |

① 环江毛南族自治县地方志编纂委员会编：《环江毛南族自治县志》，广西人民出版社2002年版，第171、533页。

续表

| 年度 | 总产量 | 其中 | |
|---|---|---|---|
| | | 国营 | 集体 |
| 1976 | 135881 | 90436 | 45445 |
| 1977 | 137408 | 90278 | 47130 |
| 1978 | 168261 | 98061 | 70200 |
| 1979 | 209586 | 130623 | 78963 |
| 1980 | 123430 | 100093 | 23337 |
| 1981 | 134629 | 104477 | 30152 |
| 1982 | 179396 | 138311 | 41085 |
| 1983 | 191090 | 160590 | 30500 |
| 1984 | 200848 | 163377 | 37471 |
| 1985 | 290001 | 236831 | 53170 |
| 1986 | 219200 | 174849 | 44351 |
| 1987 | 173171 | 139343 | 33828 |
| 合计 | 2442557 | 1804444 | 638113 |

资料来源：环江毛南族自治县地方志编纂委员会编：《环江毛南族自治县志》，广西人民出版社 2002 年版，第 535 页。

环江开采的铁矿石除了运往邻近的柳州钢铁厂和武汉钢铁厂，主要是用于发展地方钢铁工业。在上朝铁矿筹建投产的次年，由自治区筹建的广西雅脉钢铁厂、广西河池钢厂相继在环江境内投产。这两个具有一定规模企业的建成，标志着环江钢铁工业步入了现代化发展的阶段。广西雅脉钢铁厂筹建时，是广西“三线”和“四五”规划的重要项目。该厂年生产能力在 2 万—2. 5 万吨铸铁，最高时近 4 万吨铸铁；另建有水泥车间，年生产水泥 1. 3—1. 6 吨，是广西主要的铸铁生产基地之一。除了生铁和水泥，还兼营采掘冶炼铅锌矿、铅锌原矿和硫铁矿。1987 年 6 月，雅脉钢铁厂下放环江县管理，成为环江县属最大的工业企业，当年全厂共有职工 759 人，其中干部 70 人（含高级工程师 1 人，工程师 5 人，助理工程师 8 人，技术员 27 人），工人 689 人。广西河池钢厂年生产能力为年产钢锭 5 万吨，线材 8. 56 万吨，开坯 13 万吨，铁合金 0. 2 万吨或硅锰合金 0. 4 万吨，锻材 1. 2 万吨。1987 年，河池钢厂归属于河池地区领导。全厂职工由最初的700多人，发展至1987年的1781人，其中专业管理人员296人。[1] 从20世纪90年代末开始，由于产能过剩以及国营企业改制，全国钢铁工业开始萎缩，环江的钢铁生产受到极大影响，逐步停产。2002年，雅脉钢铁厂的主体部分改为民营，大批职工下岗或转岗，对他们的生活造成了很大的影响，也给其安置工作带来了较大的困难。2005年，河池钢厂亦下放环江毛南族自治县管理。

环江毛南族自治县已探明的煤矿储量达68亿吨，其发热量为6008—8133卡/克，是广西煤田之首，亦是广西无烟煤生产基地。[2] 清及民国即开始挖掘煤炭，主要用于冶炼铁矿石和制造铁锅与其他生产工具，规模不大。20世纪60年代以后，随着环江钢铁工业的起步与发展，县域煤炭工业同时发展起来，进行了较为广泛的勘探和采掘，十余年间建起区属、县属煤炭企业十多家。其中，建立于1965年的广西红茂矿务局为自治区直属大型国营煤炭企业，下辖红山、茂兰两大煤田，红山在环江县洛阳镇境内，茂兰在贵州省荔波县境内。1987年，红茂矿务局拥有职工近万人，其中技术管理人员1211人，矿区常驻人口达3万人，属于国家大型企业。年产原煤由1970年的3万吨，提高至1987年的69.72万吨（最高为1976年的69.8万吨）；总产值由1970年的37.5万元，提高到1987年的1739.66万元。县属煤炭企业起步稍早，国营民营均有，规模最大者200多人，少者数十人。1959年生产原煤4356吨，产值5.8万元，占全县工业总产值的1.20%；1970年产量剧增到46699吨，产值64.22万元，占全县工业总产值的20.46%。此后原煤产量虽有变化，但占全县工业总值的比重在逐步上升，1974年以后即超过32%，最高时为1981年的49.60%。1987年，全县原煤产量748854吨，产值1869万元，占全县工业总产值的37.52%。[3] 然而，随着煤炭产业的快速发展，特别是民间开采的繁盛，包括安全生产和环境破坏等问题在内的各种弊端越来越显著，国家和地方政府加大了煤炭产业的结构调整，关闭了一批不具备安全生产条件、生产能力不高的小煤矿。1997年，广西红茂矿务局向上级申请破产关

---

① 环江毛南族自治县地方志编纂委员会编：《环江毛南族自治县志》，广西人民出版社2002年版，第540—541页。

② 环江毛南族自治县地方志编纂委员会编：《环江毛南族自治县志》，广西人民出版社2002年版，第171、533页。

③ 环江毛南族自治县地方志编纂委员会编：《环江毛南族自治县志》，广西人民出版社2002年版，第553、546页统计表数据。

闭。2002年7月，环江毛南族自治县人民法院宣布该矿务局政策性破产。破产后，红茂矿务局原职工进行分流安置，除了部分人返回原籍或外出务工，仍然有2万多人留在环江，由环江毛南族自治县负责接收安置，在原矿务局行政中心所在的洛阳镇建设了矿区职工易地搬迁安置社区。

除了铁矿石和煤炭，环江的铅锌矿、石棉和滑石矿的开采也具有一定规模。县内已经探明的铅锌矿储量达2000多万吨，清朝乾隆时期即有开采。20世纪70年代末以后，环江铅锌矿的开采规模加大，先后建成化达铅锌矿业总公司、都川铅锌矿和广西壮族自治区北山铅锌硫铁矿几个县属和区属企业。可以说，在21世纪以前，有色金属和铁矿冶炼一直在环江县域经济发展中占主导地位，在整个规模以上工业中的比重超过50%。

## 二 其他工业行业

在钢铁工业和煤炭、有色金属等矿业发展的同时，环江的其他工业行业也逐步建立起来，包括食品、机械、建材、化学、森工、缝纫、水电、农产品加工等。其中，制糖、茧丝绸和林产品加工发展迅猛，在地方经济结构中占有重要的地位。

环江气候温和，雨量充沛，适宜种植甘蔗，民间很早就以土法制糖，集体经济时期一些生产队购入柴油机和绞蔗机，制糖产量得到提高。20世纪80年代初期，县域内开始大力发展甘蔗种植业，1987年种植面积达到3353亩，比1942年增长5.21倍，比1952年增长5.96倍。1988年4月，环江县糖厂开始筹建，并于1990年1月投产试榨。糖厂设计生产规模为日榨甘蔗850吨，附设日产8000公斤酒精车间。投产一个月，共榨甘蔗6833.715吨，生产首批合格白砂糖531.85吨，赤砂糖152.533吨。[①]环江糖厂的建成，进一步带动农村产业结构的调整，甘蔗种植面积不断扩大，2000/2001年榨季达到了2万亩。随着甘蔗种植面积的扩大，甘蔗产量的增多，环江的制糖工业得到稳步发展。

环江的自然条件也适宜种植桑树，全年宜蚕生长期超过半年，最多可养蚕9—10批。清光绪十八年（1892），知县陈廷祯设蚕业局，购进桑苗2万株，分发给农民种植。虽然桑苗生长良好，但因陈知县次年离任，县域种桑养蚕的计划流产。20世纪60年代末，县城附近农民重新试验种桑

① 《环江毛南族自治县志》编纂委员会编：《环江毛南族自治县志》，广西人民出版社2002年版，第563页。

养蚕，但规模不大。1983 年，地方政府开始发动农民种桑养蚕，从最初种植桑园 720 亩，发展到 1987 年的 3650 亩；年养蚕从 1983 年的 1200 张，发展到 1987 年的 9500 张；产茧量从 1983 年的 22.8 吨，发展到 1987 年的 196.2 吨。[①] 此后，环江不断扩大种桑养蚕规模，茧丝业一直保持快速发展的势头。

环江是广西林业大县，20 世纪 60—70 年代的有林面积高达 350 万亩。长期以来，县域森林工业即有存在。中华人民共和国成立后，建立了森工站（1976 年改为木材公司），主要以原木生产和交易为主。20 世纪 80 年代初期，在乱砍滥伐的影响下，县域大片森林消失，森林工业在国民经济中所占比例微乎其微，如 1996 年全县林木加工企业年总产值仅为 565 万元（1990 年不变价）。[②] 从 20 世纪 90 年代开始，环江县将植树造林作为头等大事，主要采取飞机播种的方式，短短几年内即消灭了荒山，县域森林覆盖率由 20 世纪 80 年代的 25% 左右，上升至 1997 年的 53.98%。21 世纪以来，地方党委和政府提出了大力发展林产工业的思路，人工用材林面积大幅度增加。依托这些林业资源，环江县的森林工业由传统的原木生产和交易，逐渐向林产品加工转型。

## 第二节　产业转型及其成效

20 世纪 90 年代后，随着钢铁和煤炭工业的衰落，环江毛南族自治县的工业发展走到了紧要关头。作为新兴产业的制糖和茧丝绸，其规模还不足以在国民经济中占据重要地位。为此，环江毛南族自治县委、县政府十分重视工业结构调整和产业转型，努力寻求工业发展的突破口。自 2005 年起，自治县确立了“工业发展强县、生态建设强县、社会和谐强县”的发展战略，积极开展工业项目招商引资，大力推进工业化进程。经过十年的建设，初步形成了以有色金属、农林产品加工、制糖、茧丝绸、特色食品加工为主导，煤炭、建材、农机、水电、饮用水等多元化发展的产业

① 《环江毛南族自治县志》编纂委员会编：《环江毛南族自治县志》，广西人民出版社 2002 年版，第 464—465 页。

② 莫壮黎：《发挥林业优势，促进环江经济发展》，《计划与市场探索》1997 年第 11 期。

格局。[1]

## 一　工业园区建设

河池市是广西重要的有色金属产地，有色金属产业对地区经济具有明显拉动作用。然而这种单一工业经济结构的缺陷同样十分明显。从21世纪初开始，河池市全方位调整发展战略，力图创造一个企业相对聚集、优势产业明显、经济效益显现、服务体系配套的工业制造生产区域。2005年，河池市委、市政府提出“四区一线”工业发展格局的规划，即以位于西南出海大通道的南丹至宜州为主轴，大力建设用于接纳和汇聚劳动密集型、资源型、高新技术、低污染等产业和企业，形成以制药、化工、电子玩具、农副产品加工、有色金属深加工等为主的河池—东莞工业加工一区和二区、河池—环江工业区、河池—南丹有色金属高新材料工业加工区，培育以物流产业为主的集仓储、商贸、金融、运输于一体的工业群，以带动河池市经济腾飞。环江毛南族自治县由此获得建设市级工业园区的良机。

河池—环江工业园区于2005年3月成立，是河池市首家正式挂牌的工业园区。园区由城西工业园和洛阳工业园组成，规划总面积1054万平方米。其中城西工业园位于环江县城区西部，规划占地面积671万平方米，以林板综合加工业、制糖、茧丝绸加工、新能源为主导产业，以物流、建材、农副产品加工、机械制造业等为辅助产业；洛阳工业园位于洛阳镇政府所在地北部，规划占地面积383万平方米，以化工、矿冶加工、火电业等为主导产业。环江毛南族自治县委、县政府紧紧抓住建设工业园区这个难得的机会，从基础设施到招商引资和管理服务，攻克了一道道难关，努力做好每一个环节，使工业园的建设和发展日新月异。2010年，园区工业生产总值10.28亿元，创税8000多万元。2014年，园区累计完成工业总产值14.49亿元，同比增长12.40%；工业增加值3.08亿元，同比增长8.50%；固定资产投资3.41亿元，同比增长33.97%；完成招商引资任务11.21亿元。[2] 截至2015年，已有42家企业落户园区，其中规模

① 环江毛南族自治县政府课题组：《环江县域工业发展新跨越问题研究》，载环江毛南族自治县社会科学界联合会编《世遗时代的环江发展优秀文集》，广西人民出版社2016年版，第145页。

② 覃荣文：《环江工业园区初显“一区四园”格局》，人民网（http：//gx.people.com.cn），2015年1月19日。

以上企业12家，亿元企业6家。

在“工业强县”战略指引下，环江毛南族自治县下定决心将工业园区做大做强，并确定了园区2015—2020年的发展定位：即“一城二区四园”（即毛南生态产业新城，自治区A类产业园区、自治区林产加工示范园区，打造国家级生物质新能源产业示范园、高端茧丝绸产业园和西南地区循环经济林产品加工示范园、自治区级生态食品产业园）。依托环江丰富的林产、桑蚕、优质农特产品等资源，工业园已发展成为全国优质茧丝绸生产基地和西南最大的风电基地，广西壮族自治区A类产业园、全区唯一林业循环经济产业园，逐步形成了林产加工业、高端蚕丝绸、制糖、特色食品、冶金工业为主的五大产业发展格局。① 截至2017年上半年，园区共有注册企业37家，其中投产企业32家，1—5月，完成工业总产值5.3亿元，同比增长14.60%；实现工业增加值1.21亿元，同比增长10.30%；工业项目投资完成2000万元，基础设施投资1350万元。完成规模以上工业总产值4.1亿元，同比增长3%；完成规模以上企业工业增加值0.97亿元，同比增长2%。②

2018年以来，自治县着重提升发展特色园区，强力推进园区城西污水处理厂、农民工创业园（扶贫产业孵化基地）“两横一纵一渠”路网、高端茧丝绸产业园、电子科技及仓储物流园等项目建设。新引进项目10个，开工建设巨纳新能源路灯、环江现代医药物流配送中心等5个。华能界子良风电等18个项目到位资金19.54亿元。环江农民工创业园被认定为“自治区级小型微型企业创业创新示范基地”，河池—环江工业园区荣获2019年第一批“广西壮族自治区产业特色小微企业示范园”称号。2019年完成工业总产值20亿元，工业增加值4.6亿元；完成招商引资19.5亿元。③

## 二 工业结构调整

进入21世纪以后，环江毛南族自治县始终将发展工业作为全县发展

① 王勇：《河池·环江工业园十年精彩蝶变》，人民网·广西频道（http://gx.people.com.cn），2015年12月22日。

② 河池环江工业园区管理委员会办公室：《河池·环江工业园区第二季度经济运行分析报告》，广西环江毛南族自治县政府网（http://www.hjzf.gov.cn），2017年7月7日。

③ 黄炳峰：《政府工作报告——2020年1月20日在自治县第八届人民代表大会第六次全体会议上》，环江毛南族自治县人民政府网（http://www.hjzf.gov.cn），2020年2月10日。

的重要战略。围绕这一重要战略，环江县一方面大力建设工业园区，另一方面着重进行工业结构调整。二者相辅相成，即根据环江的实际情况，立足当地丰富的自然资源，重点发展林产加工业和茧丝绸等新兴产业，巩固和发展制糖业，积极引进风电产业，大力拓展农产品加工，使县域工业经济加速转型升级，形成品牌和特色经济效应。据 2018 年前三季度统计，全县纺织业工业总产值 58019 万元，占全县规模以上工业总产值的 43%，木材加工和木、竹、藤、粽、草制品业工业总产值 28883 万元，占全县规模以上工业总产值的 21%，有色金属矿采选业工业总产值 25755 万元，占全县规模以上工业总产值的 19%。三大主要行业工业总产值占全县工业总产值比重超过 80%，支撑作用显著。①

### （一）林产品加工业

环江是广西林业大县。随着退耕还林、珠江防护林、石漠化治理、生态公益林管护等生态工程的实施，环江毛南族自治县的林业结构不断优化，先后获得全国绿化模范县、国家级生态示范区、中国兰花之乡、全区绿色工程先进县、全区林业站建设先进单位、“中国南方喀斯特”世界自然遗产提名地等荣誉称号。2012 年，全县有生态公益林 240 万亩，商品人工用材林 130 多万亩，油茶林 2.8 万亩，果木林 13 万多亩。2014 年，全县森林面积达 502 万亩，占全县总面积的 73.50%，森林覆盖率达 72%，森林面积、木材蓄积量均位居广西第三。

依托良好的资源优势，环江毛南族自治县委、县政府自 2002 年以来明确提出以发展林产工业，实施林板一体化工程为中心，以营造短轮伐期速生丰产林和发展林产工业为两翼，尽快改变林业经济发展长期处在“大资源、小产业、低产出、微效益”状况，使全县林业产业步入跨越式发展快车道，由林业大县转变为林业强县的发展思路。2004 年，环江开始引资建设林板加工企业，当年产值有 5110 万元。2006 年，全县林业总产值达到 2.5711 亿元。② 全县各乡镇都建立了林产品加工企业，包括：林业个体加工户 293 家（其中制造业有 200 家），林业微型企业 94 家（其中制造业 29 家，其他林业、药材、水果种植 65 家）。2012 年，自治

---

① 环江毛南族自治县统计局：《环江县 2018 年三季度规模以上工业运行情况简析》，广西环江毛南族自治县政府网（http：//www.hjzf.gov.cn），2018 年 11 月 6 日。

② 杨章旗、韦超然：《山区县域林业可持续发展研究——以广西环江县为例》，《林业经济问题》2008 年第 3 期。

县以河池—环江工业园区为平台，开始实施林产品加工业“双十工程”（即全县林产加工业上规企业达到10家，全年实现总产值10亿元），采取规模以上企业兼并增加“分公司”方式和中小企业“公司+分公司”方式，加强木材加工业行业重组整合和原木管理，促进林产品加工业的转型升级。2014年，林产品加工实现产值11.6亿元，财税收入4200万元；农林产品加工总产值占规上工业总产值的比重，由原来的33%提高到76%。[①] 截至2016年，全县有规模以上林产品加工企业11家，生产各种材板31.4万立方米，实现工业产值58758万元。林产品加工基本形成功能齐全、优势互补、资源共享、企业间资源循环利用的产业链，成为全县工业经济新的增长点和县域经济的重要发展产业。

（二）茧丝绸加工业

我国是世界茧丝绸生产和贸易第一大国，历史上以长江三角洲一带为重要产区，“十五”规划以来，国家大力实施“东桑西移”产业结构调整战略和东部地区产业转移，四川、云南、广西等西部地区逐步成为茧丝绸的主要生产基地。在此背景下，广西大力推进桑茧种养的区域化、规模化和产业化，使广西的茧丝绸业逐步向桂西北、桂中和桂南三大优势区域集聚。据统计，2017年全区桑园面积311.79万亩，占全国的25%，连续12年位居全国首位；蚕茧产量39.59万吨，占全国的50%，10年间增长约2.2倍，连续13年位居全国首位，远远超过了世界第二大蚕茧生产大国——印度。通过加大招商引资，近年来广西成功引进了不少区外知名的茧丝加工企业投资建厂。2017年全区有鲜茧收购站（点）近900家，规模以上丝绸企业98家，自动缫丝机40.16万绪，丝织机320台，桑蚕丝产量达50025吨，超过全国总产的35%，连续八年位居全国首位。茧丝工业实现产值250亿元，支撑了广西纺织工业总产值的48%；蚕桑资源开发利用产值超30亿元；第一、二、三产业融合协调发展，总产值近500亿元。[②]

环江地处桂西北，当地独特的喀斯特环境、气候十分适合生产优质茧丝原料。1969年，环江开始发展桑蚕生产，但是进展缓慢，至1980年全

① 《环江毛南族自治县农林产业成经济发展新引擎》，人民网·广西频道（http://gx.people.com.cn），2015年2月3日。

② 乐波灵、虞崇江、冯奔：《跨越发展的广西茧桑产业》，《农民日报》2018年11月13日第5版。

县桑园面积只有27.2公顷，养蚕610张，产茧9.25吨，产值2.6万元。实行家庭联产承包责任制后，桑蚕生产有了较快的发展，1992年全县桑园面积623.3万平方米，养蚕30700张，产鲜茧575吨左右，产值达500多万元，平均蚕户年收入700多元。[①] “东桑西移”工程开始实施后，河池市作为商务部确认的“东桑西移”基地城市，成为全国最大的桑蚕生产基地。环江毛南族自治县紧紧抓住这个机遇，采取有力措施，设置行业管理机构、制定产业发展扶持政策、编制《桑蚕生产地方标准》和《产业发展规划》，建立桑蚕优质原料茧基地，实施优种、优桑和优茧“三优”工程，全面推广统一技术措施、生产时间、桑园管理、蚕沙处理、蚕种发放、生产管理的“六个统一”桑蚕生产管理模式，强化技术培训和技术指导，努力实现桑蚕产业的良种化、规模化、标准化和优质化发展。通过一系列措施，环江县域桑蚕的质量和产量都有了大幅度提高，先后被评为“广西农业（桑蚕）产业科技重点示范县”“广西十佳桑蚕生产基地县”。截至2016年，全县养蚕农户达5.8万户，全县茧产量53万担，同比增长18.9%，蚕农养蚕总收入达10亿元，同比增长25%。与此同时，蚕丝加工能力不断提高。截至2016年，全县蚕丝加工企业由1989年的1家增加到5家，生产工艺由原来的手动缫丝机6组2400绪增加到自动缫丝机96组36880绪，白厂丝生产能力由50吨/年提高到2000吨/年，实现产值由760万元/年提高到58700万元/年，比1989年翻了77倍。

依托优质的桑蚕资源，环江的茧丝产业逐步由单一茧丝生产向优质茧丝、精深加工、高附加值转变。其中，广西桂合集团环江分公司生产的5A级生丝超过80%，高于集团平均值10个百分点以上。全国丝绸产业链最完整的大型丝绸企业江缘公司入驻环江，涵盖从桑树种植基础、茧丝、织绸、印染至高端丝织品成品一条龙的产业链条，其自行设计的茧蛹分拣生产装置系国内首创，其“江缘”牌白厂丝，远销印度及浙江、江苏、四川等地，品质位于广西前列。2016年底，全国最大的丝绸进出口企业广西凯喜雅丝绸有限公司年产200吨捻线项目开始试运行，投产后年可实现产值1亿元。2016年5月，中国丝绸协会首次发布了“中国优质茧丝生产基地”评选结果，广西宜州市、环江县上榜，全国共有13个县市荣

① 环江毛南族自治县蚕业站：《环江县抓住契机扩种桑树，力争茧丝生产再上一个新台阶》，《广西蚕业》1993年第1期。

膺“中国优质茧丝生产基地”称号。[①]

（三）制糖业

20世纪90年代以来，随着环江糖厂的建成投产，环江的甘蔗种植面积进一步扩大，进一步带动了农村产业结构的调整。经过多年的培育，糖蔗产业成为环江一项传统优势支柱产业，不仅对促进经济社会的全面发展发挥了重要作用，也对全县农民增收、社会稳定、工业发展壮大做出了重大贡献。

2002年，环江糖厂改制为民营企业“广西环江远丰糖业有限责任公司”。公司采取灵活稳健的经营模式，加大改革创新力度，加强科技含量，提升行业层次，创建特色品牌，创造了良好的经济效益和社会效益。公司主要从事食糖、蔗渣、废蜜、酒精的生产和销售，所生产的“环天”牌白砂糖、赤砂糖荣获广西产品质量达标证书，公司于2003年荣获河池市“重点保护企业、品牌”“消费者信得过诚信单位”，2004年度荣获环江毛南族自治县“先进民营企业”等称号，2005年度为环江毛南族自治县纳税企业排名第一，是河池市第一批农业产业重点龙头企业。

进入2011年以后，受国际市场的影响，糖价下跌，糖蔗价格随之持续下跌。由于甘蔗种植投入劳动力较多，加之品种老化、土壤退化、农药化肥价格上涨等因素，许多蔗农纷纷转行，环江县域糖蔗产业出现大幅度下滑。在此情况下，自治县政府和企业通力协作，从资金、服务等多方面采取措施，有效维护蔗农利益和种蔗积极性，确保产业发展。2013—2014年榨季，自治县甘蔗总产量达48.56万吨，同比增产2.16万吨，产食糖5.47万吨。2014年上半年，全县甘蔗总面积达11.29万亩，原料蔗产量46.88万吨，实现工业产值2.69亿元，农民蔗款收入2.1亿元。[②] 2014年，南宁糖业与广西环江远丰糖业有限责任公司洽谈并购重组事宜，获得环江毛南族自治县委、县政府大力支持。经过一年多努力，双方于当年11月底签订股权转让合同，南宁糖业收购远丰糖业75%的股权，进军环江糖业领域，为环江蔗糖产业的进一步发展输入新动力。2016年，国际糖价回升，糖蔗产业下滑的趋势逐步扭转。当年全县甘蔗种植面积5.1万

---

① 广西壮族自治区工信委轻纺工业处：《广西宜州、环江荣膺“中国优质茧丝生产基地”称号》，《广西蚕业》2016年第2期。

② 杨志雄、覃日泉、崖宝基：《广西环江产业转型发展成效明显》，人民网·广西频道（http：//gx. people. com. cn），2014年8月6日。

亩，制糖业生产能力为日榨5000吨，生产糖量34229吨，产值17585万元，是1989年的9倍。2017年，全县糖蔗总面积增加到6.2万亩，2016—2017年榨季糖蔗总产量达26.7万吨，进厂原料蔗25.4万吨，产糖2.91万吨，工业总产值1.9亿元。2019年1月，广西壮族自治区对国有资产整体性调整，南宁糖业将部分股权转让于广西农业投资集团，其控股的环江远丰糖业有限公司在环江的厂区关闭，县域所产糖蔗运输到邻近的金城江区东江糖厂开榨。

（四）有色金属业

环江矿产资源丰富，1987年自治县成立后明确提出“工业强县”“工业富县”的发展目标，以有色金属和铁矿冶炼为代表的工业体系逐步形成，并在国民经济中占有重要地位。其后的20年，环江有色金属业发展到高峰，1987年生产原矿为2.1万吨，产值1620万元，到2006年全县生产铅锌金属原矿12.85万吨，产值达77108万元，年均增长42.20%。

2006年以来，因矿产资源枯竭，停产整顿小矿山、小煤窑秩序，县内有色金属企业开始走滑坡路。2012年1月，广西龙江发生镉污染事件，污染源主要来自河池市境内的某些企业。镉污染源头来自河池市两家企业的废液排放，为此河池市有色金属和黑色冶金行业企业全部停产整治，环江县原有的25家涉重污染企业中，市人民政府直接下文关闭了13家，环江工业经济迅速滑坡。在环境倒逼的情况下，自治县采取有力措施对有色金属企业进行整合重组升级，努力实现采、选、冶相匹配发展格局。没有关闭的12家涉重污染企业经过整合重组，形成北山、都川两个有色金属矿区，有采矿企业6家，生产规模71万吨/年；选矿企业2家，生产规模45万吨/年；冶炼企业2家，生产规模5.5万吨/年，基本形成采、选、冶相匹配发展格局。到2016年，全县三家有色金属企业生产铅、锌、硫金属矿共6.84万吨，产值20311万元，比1987年翻了12倍。其后有色金属矿采选业和煤炭开采和洗选业持续拉动规模以上工业发展水平，2018年锌金属产品价格涨至14000元/吨左右，促使有色金属矿采选业工业总产值增速在30%以上，对工业生产总值的贡献率显著增长。①

① 环江毛南族自治县统计局：《环江县2018年三季度规模以上工业运行情况简析》，广西环江毛南族自治县政府网（http：//www.hjzf.gov.cn），2018年11月6日。

### （五）其他工业行业

煤炭行业是环江毛南族自治县的传统产业，2002 年红茂矿务局政策性关闭破产后，利用原有资产作价改制重组，对部分采区继续进行开采。截至 2016 年，全县有下金、朝阳、洞角 3 家规模以上企业，产能 45 万吨/年。通过机械化改造，三家企业采煤、掘进、运输已基本实现机械化，井上井下基本实现信息化、机械化、安全标准化“三化”融合，产能由 19 万吨/年增加到 45 万吨/年，产值由 1987 年的 1550 万元增加到 2016 年的 12345.5 万元，增加 7 倍。2017—2019 年，自治县煤炭业工业产值继续增长，如 2018 年煤炭开采和洗选业工业总产值增速为 28.66%，工业增加值增长了 31.40%，对工业生产总值的贡献率为 16.80%，拉动全县工业增加值 3 个百分点。①

除了传统工业，近年来环江毛南族自治县还发展起化工、水电、混凝土、饮用水等产业，成为县域经济发展的新亮点。环江喀斯特肥业是区域循环经济科技型企业，于 2013 年建成，2016 年生产有机无机复合肥 1.48 万吨，实现工业产值 2838 万元。得益于当地经济快速发展，2012 年混凝土行业进入环江毛南族自治县，到 2016 年有 2 家企业，2016 年实现产值 4100 万元。小水电发展势头良好，截至 2016 年全县有小水电站 20 多家，年发电量 2100 万千瓦时，实现产值 7350 万元。依托丰富的山泉水资源，近年来环江通过招商引资，发展饮用水新兴产业，至 2016 年有 2 家饮用水企业，其中 1 家已投入生产，市场发展前景良好，社会经济效益明显，饮用水产业成为环江毛南族自治县工业发展的后起之秀。风电和生物新能源项目更是引人注目，2015 年首家世界五百强企业华能股份入驻环江，总投资达 30 亿元，系环江建县以来项目投资规模最大、带动经济增长最大的项目，竣工达产后产值可达 14 亿元。② 其中，投资 11.23 亿元的华能界子良风电场项目 2019 年已进入设备安装阶段，完成投资 4.3 亿元。③ 总投资 1.8 亿元的里昂新能源生物发电项目，也于 2017 年 7 月正式动工建设。该生物发电项目由

① 环江毛南族自治县统计局：《环江县 2018 年三季度规模以上工业运行情况简析》，广西环江毛南族自治县政府网（http：//www.hjzf.gov.cn），2018 年 11 月 6 日。

② 王勇：《河池·环江工业园十年精彩蝶变》，人民网·广西频道（http：//gx.people.com.cn），2015 年 12 月 22 日。

③ 黄炳峰：《政府工作报告——2020 年 1 月 20 日在自治县第八届人民代表大会第六次全体会议上》，环江毛南族自治县人民政府网（http：//www.hjzf.gov.cn），2020 年 2 月 10 日。

湖南理昂新能源股份有限公司投资建设，主要以农作物秸秆、林业废弃物为燃料进行综合利用发电的新能源项目，是可再生能源项目。项目建成后，年燃料消耗量32万吨，年发电量1.75亿千瓦时，年节约标煤10万吨，增加就业约2000人，仅秸秆一项，农民每年可增收6000多万元。同时，项目配套建设的高温高压循环流化床锅炉可向园区周边企业供热，代替企业原来的烧锅炉供热方式，有效解决能源短缺、农民增收、环境保护三大问题。[①] 2018年8月，理昂新能源生物发电项目作为首个生物发电项目已竣工正式并网发电。

总之，进入21世纪以来，环江毛南族自治县在“工业强县”战略指引下，通过强化服务意识，扩大对外开放，加强招商引资力度，强力推进工业园区平台建设等措施，有效地促进了县域工业经济的发展。全县工业发展环境进一步优化，工业项目建设成为工业发展强劲力量，工业规模不断发展，工业经济总量不断壮大，产业结构逐步趋于合理。截至2016年底，全县工业企业由1987年的67家增加到637家，其中规模以上企业由1987年的11家增加到23家，工业总产值由1987年的4597万元增加到190358万元，年均增长139%；工业增加值由4500万元增加到49400万元，按可比价格计算，增长近10倍；企业固定资产由原来1.84亿元增加到16.7亿元，增长近8倍。有色金属采选冶生产能力由原来的1万吨/年提高到116万吨/年；制糖业生产能力从850吨/日榨提高到5000吨/日榨；缫丝生产白厂丝能力由50吨/年提高到2000吨/年；电力工业发电量从1987年的922万千瓦时/年提高到21000万千瓦时/年；煤炭行业产能由原来的19万吨/年提高到现在的45万吨/年；木材加工产能由原来的2.5万立方米/年提高到60万立方米/年。形成了农林产品加工、茧丝绸、有色金属、电力等多业并举的新局面，林产品加工、茧丝绸成为工业发展的主导产业，工业经济已成为推动全县经济社会发展的重要力量。

## 第三节　工业发展面临的问题及对策

进入21世纪以来，环江毛南族自治县采取一系列措施，加快产业转

---

① 覃荣文：《环江首个生物发电项目动工兴建》，《河池日报》2017年7月22日。该项目已于2018年8月2日成功并网发电。

型升级步伐，努力培育新的经济增长点，纷纷上马技术改造和环保新项目，逐步扭转了工业企业生产低迷的形势，工业发展环境得到进一步优化，工业项目建设成为工业发展强劲力量。与此同时，受到地理环境、基础设施、技术水平、人力资源等多种因素影响，环江的工业经济发展依然面临不少问题和困难，需要有关部门和企业共同面对和解决。

## 一　工业发展面临的问题

目前，环江毛南族自治县工业发展面临的问题主要包括几个方面。

首先，工业总体布局还不够合理，经济总量小。全县八个主要工业行业中，肥料制造、水泥制品、煤炭、电力、茧丝、林产六个行业的产值均保持不同程度增长，但波动较大，如 2019 年木业加工业下行影响极为严重，晓源木业、华盛木业、顺利木业、丰合木业、森源木业、四海木业和川森木业产值分别下降 55.70%、38.50%、60.10%、46.20%、100%、13%、29.90%。有色金属持续走低之后，2018 年开始上扬；制糖业依然处于萎缩状态，并于 2019 年停产。其原因来自多方面，既有外部影响也有内部因素。作为环江工业主导产业的有色金属和黑色冶金行业自 2012 年进行整治后，造成全县工业经济快速滑坡，2016 年才逐步恢复。制糖业萎缩乃至停产，主要是受到甘蔗生产受劳动力成本持续上升、原料蔗收购价格下降和蔗款兑付缓慢等叠加影响，农户种蔗积极性受挫，农户种蔗投入减少，面积和产量不断下降。实际上，尽管茧丝绸产业保持一定增长，但同样受到蚕茧收购价格变化、人工及农资价格上涨等因素制约。因此，为了解决工业生产原材料保障问题，制糖、茧丝绸加工企业大部分原材料需要到外面调进，导致生产成本提高，增加了企业的负担。以 2019 年的情况来看，全县工业总体处于低位运行的状态。2019 年，全县规模以上工业企业 24 家，其中，15 家企业 4 月以来产值持续实现负增长，9 家企业产值虽是稳增长，但生产基础也不牢固。拉低工业增长的主要原因是木业加工业下行影响极为严重。作为支柱产业的茧丝绸业也存在龙头企业较少，产业规模不够大，产业链短等问题，有影响的品牌太少，这些问题在很大程度上困扰着相关企业的发展。

其次，工业企业融资难融资贵，成为制约企业发展的瓶颈。近年来全国经济有所回暖，导致企业融资需求与银行放贷存在一定的矛盾，大部分企业因流动资金不足，难以满负荷生产，造成企业产能的浪费。从银行方面来看，环江毛南族自治县可供企业贷款的县级商业银行机构很少，现有的国有商业银行为防范金融风险，逐步上收信贷审批权限，对县一级下放的贷款额度很小，有的银行对县级只存不贷。根据相关课题组 2016 年的调研，环江境内工行、农行、建行、农信社四家商业银行揽储约 50 亿，放贷不到 10 亿，其中企业贷款不到 2 亿，大部分为房贷。更有甚者是银行往往因一个企业不良，即对整个行业设置高危，想方设法抽贷，让企业因抽贷停产。从企业方面来看，环江长期是国家扶持的贫困县，民间资金并不富足，本地企业自身积累能力和造血功能太差，社会融资很有限。而那些引进来的企业出于投资环境的考虑，多从赚取本地政策红利出发，经营行为短期化，进一步注入资金的热情不高。再则环江的中小企业多为家族式经营方式，财务管理相对不规范，缺乏透明度，经营风险高，信用观念淡薄，抵押与担保受限，使金融机构放贷热情不高。从政府方面来看，环江主要靠转移支付，财税支持工业发展的力度相当有限。① 所有这些，都使得县内中小企业的资金周转十分困难，在很大制度上影响到企业的发展。

最后，工业园区基础尚显薄弱，土地收储不足，无标准厂房和配套服务设施，难以实现企业拎包入住目标，实现产值较慢。园区内部分企业由于资金短缺、产品质量、管理欠缺等原因不能正常运转乃至停产；园区外企业因用地等原因难以进入园区，或是项目开工前置手续多，且审批时间长，造成项目落地难、落地慢，影响企业集约发展。部分企业存在用工难问题，或是因其他问题停产。实际上，如何创造良好环境和政策，让一些农民工不再往外走，留在家乡务工是解决企业用工难的最根本问题。环江是一个人口近 40 万的山区农业大县，农村剩余劳动力数量不小，但在县内转移到工业、服务业等第三产业的并不多，绝大多数青壮年都流动到县外特别是东部沿海地区务工。因为县内工业企业大多规模小，吸纳能力不足；农村剩余劳动力大多亦缺乏相应的技术和能力。

上述问题的存在，在很大程度上制约了县域工业的进一步发展，导致工业经济增长压力增大，对全县经济增长贡献率进一步减弱。总体来看，环江工业发展水平不高，与全国平均水平相比差距较大，依然处于工业化

---

① 环江毛南族自治县政府课题组：《环江县域工业发展新跨越问题研究》，载环江毛南族自治县社会科学界联合会编《世遗时代的环江发展优秀文集》，广西人民出版社 2016 年版，第 149 页。

初期阶段。①

## 二　工业发展的对策

由于地理环境和自然条件的制约，环江长期以来保持着山区农业大县的特征，成为国家重点扶持的贫困县，2020 年 5 月才实现脱贫摘帽。只有坚持工业强县、工业富县的发展战略，才有可能实现经济的跨越式发展，与全国同步建成小康社会，走上现代化的道路。为此，环江毛南族自治县党政领导机构和相关部门提出，将按照“工业富县”发展战略，加快推进供给侧结构性改革，加强产品科技含量，提升企业品牌层次，发展循环经济，加快产业结构调整，全面推进工业转型升级，推动工业由粗放型向集约型、资源节约型、环境友好型转变，实现工业经济快速增长。根据相关部门的调查与研究，结合我们的考察和分析，环江工业发展的对策和建议归纳起来主要有以下几点。

第一，继续调整和完善县域工业结构布局，加大支柱产业的发展力度，促使更多企业走上规模发展的道路。在传统优势产业方面，继续推行整合重组升级，着力抓好有色金属行业的全面恢复生产。2016 年以来，随着煤炭、有色金属矿产品市场价格回暖，在利益的驱使下，环江县域煤炭和有色金属资源非法开采的现象又有所复燃。因此，必须加强矿产资源开发的执法管理，严厉打击取缔无证非法开采行为。茧丝绸、林产品加工和制糖等产业主要依托当地资源，一方面要做好企业本身发展规划与管理，提升产品质量，努力创建知名品牌；另一方面必须要加大措施促进农民增收，加快推进农业产业化，努力延伸产业链，为企业的可持续发展奠定坚实基础。

第二，加强公共服务平台建设，提高管理服务水平，使国家有关政策能够落实和实施到位，为企业的运转和发展破解难题减轻负担。特别是在金融服务方面，要树立服务地方经济发展的思想，加大银行和企业的合作与对接力度，加强金融资本的整合与利用，拓宽企业融资渠道，帮助企业解决资金瓶颈，加大对企业的扶持，着力解决企业在发展资金等方面的困难和瓶颈。继续加强工业园区的建设和管理，从硬件、软件两个方面提高

① 环江毛南族自治县政府课题组：《环江县域工业发展新跨越问题研究》，载环江毛南族自治县社会科学界联合会编《世遗时代的环江发展优秀文集》，广西人民出版社 2016 年版，第 147 页。

和完善园区的各项条件。

第三，大力开展人力资源的教育、培训和引进工作。包括工业企业所需的科技人才、管理人才和岗位人才。目前全县工业企业中具有大专以上学历及初级以上职称的人数都极少，占比极低，许多员工的文化知识水平不高，这种现象严重影响到企业的自主创新能力，影响到企业的成长和发展。为此，相关部门和机构要通过创办技术学校、培训班等形式，努力加强人力资源的教育和培养，让企业有足够的员工满负荷生产，使更多的农村青年能够留在家乡，为地方工业经济的腾飞作出贡献。

# 第五章

# 扶贫开发与移民实践

移民扶贫是反贫困政策的重要组成部分，在许多国家都存在。一般认为，当代中国的移民扶贫政策开始于20世纪80年代初期，它是中国政府实施反贫困计划的开始，又是在农村地区最终消灭绝对贫困的重要途径，因而具有重要的现实意义。

环江毛南族自治县坐落在桂西北大石山区，该地区属于全国14个集中连片特困地区之一滇桂黔石漠化片区的组成部分，也是国家新一轮扶贫开发攻坚战主战场中贫困人口及少数民族人口最多的片区。根据《中国农村扶贫开发纲要（2011—2020）》及《滇桂黔石漠化片区区域发展与扶贫攻坚广西实施规划（2011—2015）》，广西有29个贫困县被列入滇桂黔石漠化连片特困区。截至2013年，广西居住在石漠化连片特困地区的农村贫困人口约有330万人，占全区贫困人口634万人的52%；其中居住在生存条件恶劣的大石山区、石漠化区、生态脆弱区的群众约有200万人，他们中超过75%生活在贫困线以下。[①] 可以说，石漠化地区反贫困所具有的长期性、特殊性和艰巨性，不仅是广西精准扶贫精准脱贫面临的一大难题，也是云南贵州等西南省区共同面临的一大难题。

在贫困治理过程中，广西壮族自治区所采取的异地安置与扶贫开发相结合的模式取得了比较显著的效果。为了使数百万生活在缺水少地、交通不便、资源贫乏的大石山区的群众实现脱贫，自治区党委和政府积极探索，实施了生态扶贫治理、生态移民扶贫、生态保护区旅游开发扶贫、教育移民扶贫、金融扶贫等一系列扶贫模式，取得了显著成效。[②] 1993年，

---

① 庞汉：《加快广西扶贫生态移民对策研究》，《学术论坛》2014年第6期。

② 叶静：《广西石漠化地区贫困现状及扶贫模式研究综述》，《广西经济管理干部学院学报》2016年第4期。

广西壮族自治区政府决定用七年时间搬迁安置大石山地区贫困人口25万人。至1998年，广西全自治区共建立了200多个异地安置点，从22个石山贫困县移出贫困户20万人，从事农业综合开发。此后，移民扶贫的规模不断扩大，为广西的反贫困斗争作出了巨大贡献。全区贫困人口由2010年的1021万，减少到2011年的950万人、2012年的755万人、2013年的634万人、2014年的538万人①，2015年进一步减少到453.94万人。② 特别是实施精准扶贫精准脱贫以来，广西累计减少建档立卡贫困人口数百万，年均减贫100多万人，贫困发生率由2013年的18%下降到2018年的7.9%左右。③ 截至2020年初，广西壮族自治区已实现4719个贫困村、46个贫困县摘帽，并全部完成71万贫困人口的扶贫搬迁。全区贫困发生率下降至0.6%，脱贫攻坚任务取得显著成效。④ 广大农村群众通过移民扶贫，从贫困的生活状态中解脱出来，逐步走上富裕小康的道路。

在广西壮族自治区所实施的移民扶贫项目中，环江毛南族自治县发挥了重要的作用。该县西部和北部乡镇属于大石山区、半石山区和高寒山区，长期以来经济社会发展比较缓慢，居住在当地的毛南族、壮族、苗族等少数民族群众有相当一部分人口生活十分贫困。早在20世纪50年代初期，环江县人民政府就结合土地改革运动，动员部分山区群众迁移到地势比较平缓和农耕条件较为优越的地方开垦定居。20世纪80年代末以来，环江毛南族自治县持续开展了较大规模的易地搬迁活动，在广西乃至全国的移民扶贫实践中都具有一定的代表性和典型性。本章在实地调查的基础上，结合相关文献资料和统计数据，对环江的移民扶贫历程及效果进行考察和分析，以期为其他民族地区的反贫困实践提供具有借鉴意义的个案。

## 第一节　农村贫困现状与主要成因

环江毛南族自治县长期以来属于国家扶贫开发重点县之一。2016年

① 韦元科、张志军：《2014年广西精准扶贫成效显著》，广西新闻网（http://news.gxnews.com.cn）。

② 《广西2015年精准识别贫困户分数线划定 最新贫困人口数据确定》，央视网视频（http://tv.cntv.cn）。

③ 庞革平、刘佳：《广西5年年均减贫120多万人》，《人民日报》2018年1月18日第11版。

④ 杨志雄、黄艳梅：《广西决战脱贫攻坚：精准务实施策 最大限度化解疫情不利影响》，中新网（https://baijiahao.baidu.com），2020年2月26日。

全县总人口37.8万人，其中毛南、壮、瑶、苗等少数民族人口占总人口的94%。县境西部和北部乡镇属于大石山区、半石山区和高寒山区，土地瘠薄、日照期短、水源缺乏，不适于传统农业生产，山区农民生活一直十分困难。20世纪80年代初期，环江县域142个行政村中的83个处在政府划定的贫困线以下。2002年2月，环江毛南族自治县被列为国家新时期扶贫开发工作重点县。2010年，全县贫困人口为17.62万人，贫困发生率高达53.80%。2015年，全县贫困人口为6.66万人，贫困发生率为20.30%。总体而言，全县表现出贫困面广、贫困程度深、贫困因素交叠、扶贫脱贫难度大的显著特征。

## 一　农村人口贫困状况

环江毛南族自治县的贫困人口集中在农村。截至2014年末，全县总人口37.08万人，常住人口27.72万人，其中城镇人口7.95万人，城镇化率仅为28.68%。因城镇化水平比较低，大多数人口主要生活在农村地区，全县三次产业所占比重分别为42.50%、24.10%、33.40%，整个地区的工业化水平不高，经济结构主要以农业为主。截至2014年，该地区人均GDP为14052元，比同时期全国人均GDP 46531元低了约3万元；城镇居民人均可支配收入19083元，比上年增长9%，同时期全国城镇居民人均可支配收入28844元，比上年增长9%；农民人均纯收入6203元，比上年增长9.50%，同时期全年农村居民人均纯收入为9892元，增长11%。城镇居民人均生活消费支出12315元，其中食品消费支出4226元，恩格尔系数为0.34；农村居民人均生活消费支出5664元，其中食品消费支出2645元，恩格尔系数为0.46。从总体来看，环江县域的经济发展相对滞后，仍然是一个以农业为主要经济结构，农业人口为主要人口构成的地区，人均收入水平低于全国平均水平，农民的收入增速也比全国略低。

截至2015年末，环江毛南族自治县常住人口总数为322618人，其中贫困人口为66647人，贫困发生率为20.66%。如表5-1所示，贫困人口发生率比较高的下南乡、龙岩乡、驯乐乡、长美乡、明伦镇和东兴镇主要分布在环江的大石山区，自然条件较差，交通不便利；而贫困发生率比较低的大安乡、思恩镇和大才乡主要分布在自然条件较好，交通便利，离环江县城较近的地区。

**表 5-1 2015 年环江毛南族自治县贫困村贫困户人口统计表**

| 乡镇 | 总人口数 | 2015 年贫困户 | | 2015 年贫困发生率 |
|---|---|---|---|---|
| | | 户数 | 人数 | |
| 大才乡 | 12838 | 435 | 1420 | 11.06% |
| 思恩镇 | 27175 | 752 | 2569 | 9.45% |
| 水源镇 | 38441 | 1733 | 6014 | 15.64% |
| 洛阳镇 | 36828 | 1886 | 7151 | 19.42% |
| 川山镇 | 43564 | 2778 | 10212 | 23.44% |
| 下南乡 | 18079 | 998 | 3345 | 18.50% |
| 大安乡 | 20346 | 410 | 1594 | 7.83% |
| 长美乡 | 14667 | 1143 | 3995 | 27.24% |
| 明伦镇 | 38274 | 2680 | 9884 | 25.82% |
| 东兴镇 | 23307 | 1605 | 5687 | 24.40% |
| 龙岩乡 | 22624 | 2202 | 8115 | 35.87% |
| 驯乐乡 | 26475 | 1800 | 6661 | 25.16% |
| 全县合计 | 322618 | 18422 | 66647 | 20.66% |

2014 年，环江毛南族自治县农村居民家庭纯收入为 6203 元，其中工资性收入占 41%；家庭经营纯收入占 46%，财产性收入和转移性纯收入分别占约 3%和 10%。当地农村家庭的主要收入来源为打工获得的工资性收入和家庭经营纯收入，而家庭经营纯收入中又以第一产业为主体，农民家庭中的财产性收入非常低，政府的补贴和救济也成为家庭收入的一种补充形式，但比例不高。

环江毛南族自治县农村地区的贫困家庭大多数都分布在大石山区，交通不便，家庭劳动力也往往不足，因此多数贫困家庭都以务农为主，缺少外出打工的工资性收入。而从家庭经营纯收入构成来看，如图 5-1 所示，第一产业占到了整个收入的 81%，而这其中又主要以农业收入和牧业收入为主；第二和第三产业纯收入只占到了家庭经营性纯收入的 4%和 14%，这表明了当地贫困家庭的主要收入来源还是种植和畜牧业。而由于该地区处于大石山区，每户农户的土地面积比较少，受到石漠化的影响，单位土地面积的产出也受到限制，同时近些年农产品整体的价格不高，导致山区农户家庭收入水平很低。

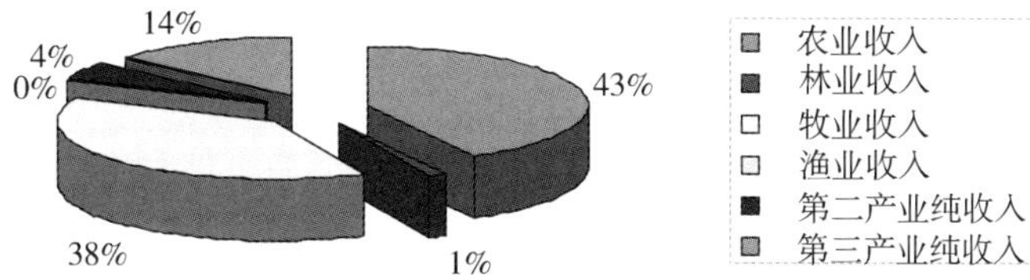


**图 5-1　2014 年环江毛南族自治县农村家庭经营性纯收入构成**

从消费支出总量来看，环江毛南族自治县农村家庭生活消费支出全年平均值为 5664 元，比全年的家庭纯收入仅仅少了 539 元，很难获得家庭积累。从消费支出构成来看，如图 5-2 所示，环江农村居民的消费支出中占比重最大的是食品消费支出，食品消费支出占到了家庭支出的 46%，而农村贫困家庭的食品消费支出占家庭支出的比例则超过 50%，属于温饱状态，居民的居住消费支出占到了 21%。从我们对山区贫困家庭的走访调查来看，当地的贫困家庭也基本上解决了温饱问题，极少有贫困家庭未解决温饱问题，但是由于居民的基本食品消费和居住消费支出占到了整个支出的 70%以上，而贫困家庭的比例更高，因此家庭自身很难有足够的积累进行生产或者经营性投资，同时，家庭的文化教育和医疗保健消费支出被挤压，居民很难进行长期的人力资本投资，一旦遇到疾病，也会使得家庭迅速陷入极端贫困的状态。

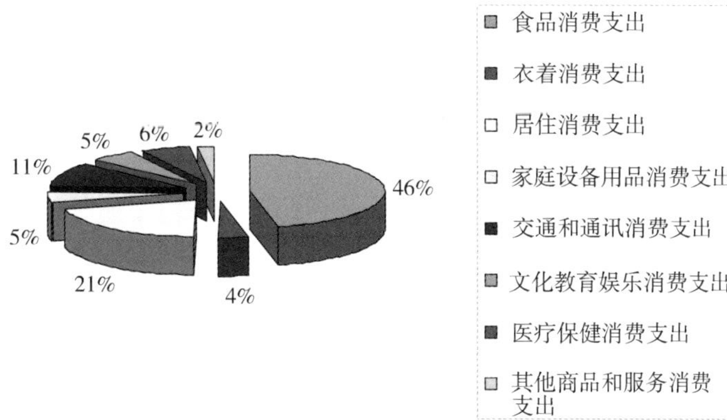


**图 5-2　2014 年环江毛南族自治县农村居民消费支出构成**

## 二　农村人口贫困成因

总的来看，环江毛南族自治县贫困发生率比较高，贫困面广，贫困程度深，而贫困人口主要集中在自然环境较差，交通不便利的大石山区。从家庭收入和支出来看，贫困家庭主要从事农业种植业和养殖业，收入较低，食品和居住消费占据了居民消费的主要部分，居民家庭无法在教育、医疗等方面进行更多的投入，居民家庭的收支基本相抵，也没有能力进行生产性经营方面的投资。

从农业发展来看，受到自然环境的很大约束。环江地区的喀斯特地貌是一种比较脆弱的生态系统，整个生态系统的环境容量小，山高坡陡，土壤比较薄而且呈现出非连续的状态，整体土地生产能力和人口承载能力偏低，遇到干扰以后很容易造成农作物的大量减产，而且喀斯特环境系统内土壤、水等的移动能力强，在受干扰后生态系统恢复速度非常慢，恢复比较困难。环江喀斯特地区很容易出现水土流失，进而导致当地的生态恶化，加上人类的长期活动造成了该地区森林植被的破坏，水土流失变得较为严重。而且，喀斯特地区的可利用水资源比较缺乏，该地质虽然有丰富的地下水，但是由于地质原因，地下水埋藏较深，很难开发利用，又由于该地区山高坡陡，山上土层覆盖较薄，加上比较严重的石漠化现象，地表对雨水的蓄存困难，因降雨形成的地表水流失很快，地表水资源短缺。由于以上这些地理环境，该地区的农业生产局限性比较大，土地少，承载力弱，农业用水很多地区主要依赖自然降水，遇到旱涝等自然灾害后对农业的影响很大，所以导致该地区农作物产量较低，抗灾害能力较差。同时，和中国中东部的平原地区相比，喀斯特地貌约束下，该地区的村落呈现出点状分布，一个村落分为若干个屯，有时候一个屯往往只有几户人家，尤其进入山区更是如此，由于农户居住分散，每户农户可自主决策使用的资源非常有限，每户农户只能根据自身的判断决定种植和养殖项目，也导致环江虽然有名扬区内外的“菜牛”和“五香”（香猪、香牛、香米、香鸭、香菇）等特产，也可以进行经济林木的种植，但都不容易形成规模化，单一农户的力量有限，无法进行大规模的投入，促进新的农业技术应用和农业基础设施的完善，而且当种养殖商品价格波动较大时，单一农户的收入也出现较大波动，抗风险能力也比较弱。

从第二、三产业来看，广西位于我国的西南地区，而环江位于广西的西北山地区域，离我国的经济中心较远，由于当地喀斯特地貌的影响，人口多呈现点状分布，无法形成大规模的人口聚居区，这样就导致当地无法形成较大的本地市场，第二、三产业的发展会受到极大限制。从第二产业方面，由于地理地貌的原因，只能成为全国大市场的边缘市场，很难生长出竞争力较强的工业企业，对于在大石山区的村镇来讲，很难像中东部地区形成一些依托乡镇的中小型企业，即使有一些具有特色的产品，如果布局在村镇范围内，但是受到本地市场规模的限制，也很难形成规模化生产，产品想进入更大的市场，也会由于运输成本等各个因素的影响而缺乏竞争力。从第三产业来看，如果人口以点状的方式分布在较为广阔的山区，很难形成人口的聚集效应，很多第三产业难以形成。同时，由于山区的交通不便，通行成本较高，劳动力也很难发挥自身的价值，一个劳动力如果在较为偏远的山区，从事农业生产往往不能创造出较高的价值，而出行到县市打工比较困难，路上花费的时间和成本较高，因此也容易造成劳动力资源的浪费。总体来看，如果仍然保持人口零散分布在石山区，很难依靠自身力量形成合理的第二和第三产业，即使政府引导和推动形成第二、三产业，在村落形态下第二、三产业也很难形成竞争力，获得长期发展。

由于自然条件恶劣，农业的产量低，农业的投入较低，而且为了更多的收入，又造成了过度开垦，破坏植被加剧石漠化，使得农业的生产能力进一步恶化，形成农业内部的恶性循环。农业的低产值也很难形成资本积累，不能对工业形成支持，工业不发展，就无法吸收农村的劳动力，也无法反哺农业，造成产业间的恶性循环。最后，由于农业收入低，第二、三产业不发达，就造成家庭收入低下，家庭的教育和人力资本积累实现发生困难，同时家庭积累较少也导致一旦出现疾病等问题，家庭很容易陷入赤贫，这就导致了当地的技术水平进步和劳动力素质提高受到限制，也进一步影响到后继的生产发展，同时，第二、三产业水平和生产能力差，也造成当地的利税不足和财政收入较少，财政收入少又会影响本地区的基础设施建设和社会服务水平，使得该地区的生产生活成本增加，进一步又影响了该地区的生产发展，这也形成了家庭和社会两个方面的恶性循环。综合来看，石山区形成了一个贫困的恶性循环链条，各个环节互相影响，最终造成贫困问题的延续和难以解决。

图 5-3 毛南族地区传统生产工具（方素梅摄于 2017 年 2 月）

## 第二节 移民扶贫实践及其成效

环江毛南族自治县国土面积为 4572 平方千米，居广西前列。县境西部和北部乡镇属于大石山区、半石山区和高寒山区，县境东部和南部属于丘陵平原，地形构造多样化。根据 21 世纪初期的调查，环江县域未利用土地资源达 1206218 亩，其中荒草地面积占总量的 76.13%，是广西耕地资源最丰富、最集中的地区之一。大部分荒草地坡度较小，土壤改良难度不大；有数条河流和近 300 座水库工程分布其间，灌溉条件良好。加上优越的气候条件，适宜种植水稻、甘蔗、玉米、花生、大豆、甘薯、黄红麻等作物。[①] 所有这些为移民扶贫实践创造了较为有利的条件。

### 一 移民扶贫实践

环江地区的移民扶贫开始得很早，持续过程较长，主要分为三个阶

① 许联芳、杨春华、孔祥丽、罗俊：《西南喀斯特移民区土地整理模式及安全对策——以桂西北环江毛南族自治县为例》，《地域研究与开发》2005 年第 1 期。

段。20 世纪 50 年代初期，环江县就开始了移民扶贫的实践。中华人民共和国刚刚成立，环江县人民政府就动员山区群众搬迁到地势比较平缓和农耕条件较为优越的地方开垦定居。1952—1953 年，全县共有 2008 名毛南族和壮族人口从大石山区迁移到县内其他地区。[①] 这次由环江县人民政府组织动员的移民，尽管规模不大，却成为当地农民易地搬迁反贫困实践的开端，因而具有特别的意义。一直到 1958 年，环江县的易地搬迁工作都在持续推行。根据相关资料，1952—2002 年环江县一共有 78 个自然屯消失，其中在 1952—1958 年间因搬迁而自然消失的自然屯，就有 41 个。[②]

**图 5-4　大石山区的毛南族传统干栏式民居（方素梅摄于 2017 年 2 月）**

20 世纪 80 年代末至 90 年代末，环江毛南族自治县的易地搬迁迎来大规模发展阶段。20 世纪 80 年代中期，中国开始了全面系统的农村扶贫工作。环江毛南族自治县在继承和创新的基础上，将易地搬迁与扶贫开发结合起来，于 1989 年创办了广西第一个易地搬迁移民场——平原李果场，将山区贫困农民 134 户 204 人迁移至此，对国营平原牧场的荒坡进行承包开发。其间，自治县又试办了其他五个移民试点场，安置县内移民 427 户

① 环江毛南族自治县地方志编纂委员会编：《环江毛南族自治县志》，广西人民出版社 2002 年版，第 399 页。

② 环江毛南族自治县地方志编纂委员会编：《环江毛南族自治县志》，广西人民出版社 2002 年版，第 86—88 页资料统计。

2039人。[①] 因其效果显著，河池地区（今河池市，下同）决定将区内大石山区的贫困人口迁移到环江毛南族自治县，探索跨县易地搬迁扶贫开发的新路，1993年建立了大安林果场并安置都安瑶族自治县移民400户2000人。与此同时，河池地区领导向第八届全国人大代表第一次会议提交了《关于要求国家对广西人均耕地只有0.3亩以下的贫困群众进行异地安置的议案》，引起中央人民政府的高度重视，决定由广西先行试验。考虑到河池是广西人均耕地0.3亩以下贫困人口的主要分布地区，环江又具备易地扶贫搬迁的经验和条件，最后选定环江作为试点。随之，各项相关政策陆续出台，环江易地扶贫搬迁工作快速发展，并以接收县外移民为主。[②] 截至1997年，全县共创办县外移民安置点207个，征用土地32.098万亩，安置都安、大化、东兰等县贫困移民12575户59583人。

21世纪以后，环江毛南族自治县的易地搬迁进入了精准扶贫攻坚阶段。作为广西壮族自治区扶贫攻坚的重点和主战场的河池地区，在环江毛南族自治县大安乡进行“整乡推进”试点时，对可爱村实施了“整村搬迁”的“双土安置”模式（即有土安置和无土安置两种模式），进一步探索易地搬迁与扶贫开发相结合的路子。这种“双土安置”模式在其后的精准扶贫精准脱贫工作中推广，使环江的易地搬迁在形式和内容上不断创新。根据“十三五”期间移民搬迁总体规划，2016—2018年全县需要搬迁44693人。

除了政府组织安置的易地搬迁，部分山区农民也自主移民。例如，陈双畜牧场原是国营农场，改革开放以后农场解散，全场4800亩土地几乎撂荒。上南乡24户农民于20世纪70年代末开始陆续到此承包了场内1800亩土地，每年给畜牧场交纳一定数额的租金。自发移民的情况在大石山区的下南乡比较多见，特别是20世纪90年代末以来，山区农民希望脱贫的愿望越来越强烈，由于政府不能对全部贫困人口进行易地搬迁，他们便纷纷通过亲友介绍等方式自主移民。1999—2016年，该乡山区村贫困户因生活条件恶劣而被迫自主移民立屯达31个，共有527户2190人易

---

① 中共环江毛南族自治县委员会党史研究室课题组：《环江毛南族自治县异地安置工作纪实》，载环江毛南族自治县社会科学界联合会编《世产时代的环江发展优秀文集》，广西人民出版社2016年版，第318页。

② 谭三川：《胸怀》，载中国人民政治协商会议广西壮族自治区委员会编《毛南族百年实录》，广西人民出版社2013年版，第53页。

地搬迁，购得转让承包耕地 1017 亩。[①]

除此之外，环江毛南族自治县也有一些水库移民。从 2003 年开始，环江先后兴建或改建了下桥、宝坛、江色、干捞等水电站，库区移民涉及全县 9 个乡（镇）35 个行政村 96 个自然屯，人口 1.5 万多人。为此，成立了自治县移民局，具体负责组织、协调各电站业主配合地方政府做好库区群众的搬迁安置工作。库区移民主要采取建设三个移民新村及就地后靠的方式进行安置。这些库区大多地理位置偏僻、交通困难、缺水少地，因此经济社会发展缓慢，群众生活普遍困难，具有扶贫移民的共同特征，可视为易地扶贫搬迁的一种类型。

总之，环江毛南族自治县的易地搬迁具有起步较早、总体规模较大、形式多样、效果显著的特点。其中，又以政府组织动员的移民开发工作成绩最为突出。据统计，从 1993 年开始大规模易地搬迁以来，截至 2016 年，环江毛南族自治县共征用土地 38.398 万亩，设置移民安置点 303 个，分布在 8 个乡镇的 50 个行政村，安置县内外移民共 2.054 万户 9.3858 万人，占全县总人口 37.8 万人的 24.83%。如果加上自主移民，易地搬迁农户所占全县总人口比重更大。由此，环江成为广西最大的易地扶贫搬迁县，其移民现象在全国可谓引人注目。

## 二　移民扶贫成效

从过去的实践经验来看，环江的移民扶贫已经取得了非常积极的效果。环江毛南族自治县虽然自身还不发达，但是在过去的发展中除了自身内部的搬迁移民外，还接收了约 6 万外县移民，仅大安乡就接纳了都安、大化、东兰和县内大石山区贫困人口移民 3127 户 12350 人。通过移民，很多村庄和家庭摆脱了贫困，并且有一些移民村已经变得较为富裕。

其中，较为典型的例子有思恩镇的陈双村移民点。陈双村距离环江县城 6 千米，一些偏远地区的贫困家庭于 1995 年开始陆续搬迁至此，形成了东兴瑶寨屯、双乐苗寨屯、龙江毛南屯三个民族屯组（又名民族团结村），当年搬迁中安置 60 多户 260 多人，而这些农户当年都是原来居住在大石山区深处。经过 20 多年的发展，这些昔日住在边远山村的毛南族、瑶族、苗族群众通过易地扶贫开发，发展出了以甘蔗、水稻、桑蚕、水果

① 下南乡政府 2017 年 3 月 15 日统计。

为主导的新型产业，并且与当地群众共同形成了新的社区，该移民片区1995年人均纯收入不足500元，2015年就达到6500元，每家都盖起了两三层的小楼，购置了一般性的家用电器，部分家庭还购买了摩托车、家庭小轿车等生产生活交通工具。从2010年开始，在思恩镇党委和政府的领导下，该移民村庄开始发展砂糖橘水果种植，在环江家文果业的引导下，形成了“公司+基地+农户”的发展模式，实行统一规划、统一苗木、统一培训、统一管护和统一销售，水果产业逐步发展壮大。同时，通过多年的发展，该移民村庄有了一定的技术、劳动力和资金积累，逐渐形成了自我发展能力。其中，双乐苗寨屯以屯内家庭入股，形成股份有限责任公司，开发当地的农家乐项目；东兴瑶寨屯的安置点也有几户家庭筹资建立了一家米酒生产企业，虽然现在的规模还不大，但是销售和成长状况较好，成为一个搬迁后自然形成的产业发展典型。同时，由于距离县城较近，村庄有大量青壮年劳动力到县城以及柳州、南宁甚至广州深圳务工，形成了除种植业以外的重要收入来源。在新的搬迁地，教育和医疗都较为方便，家庭新一代的儿童都受到了较好的教育，家庭因病致贫、因病返贫的问题也得到了很好解决。课题组在实地调查中了解到，当年在移民的时候，有一些家庭搬迁下来后由于各种原因选择不留在当地发展，而是回到了搬迁前的山区地区，这些家庭现在的经济状况仍然不好，多数仍然处于贫困状态。这表明，通过搬迁很好地解决了贫困家庭的贫困问题。在新的移民点，由于各种有利因素，三次产业都得到了良好发展，家庭贫困的代际传递问题也得到了解决。在新的移民点，经过20余年的发展，基础设施状况也较好，并形成了较为稳固的社区结构，搬迁下来的各族群众不断继承发扬民族文化特色，自发组建了芦笙队、龙舟队等文体团队，还曾多次受邀参加县内外文艺演出和比赛活动，民族文化得到了发展。

进入21世纪以来，环江毛南族自治县在总结过去经验的基础上，加大了移民扶贫的力度。依照国家的扶贫政策，自治县在对贫困户进行精准识别的基础上，根据不同的贫困来源，对不同的贫困地区和贫困家庭实施了不同的扶贫政策，其中很重要的一条就是“对居住在生存条件恶劣，生态环境脆弱，自然灾害频发等村屯的贫困人口，实施搬迁移民脱贫一批”的政策。从2011年开始，环江地区实施了扶贫生态移民搬迁工程和开发扶贫“整乡推进”工程等开发扶贫新模式，进行了整村移民扶贫移民搬迁，并根据实际情况实施了有土安置和无土安置模式。在环江毛南族自治县“十三五”规划中，进一步突出重点，集中力量实施脱贫攻坚扶贫移民搬迁，全县147个村庄中有60个贫困村，贫困户数有18437户，人口65606人，计划通过全县集中安置7993户，共计29972人，主要通过兴建“毛南家园”社区和工业园区来完成；还有2483户，共计11032人，计划通过搬迁在全县分散安置，主要是安置在乡镇周边或者本地区交通和基础设施较为便利的地区。截至2019年5月初，仅环江县城的城西易地移民搬迁安置区和毛南家园安置区，就已经有4362户1.78万人移民入住。①

环江毛南族自治县近年进行的整村扶贫搬迁安置工作取得了显著成果，其中大安乡可爱村实施的整体搬迁移民扶贫很具有代表性。可爱村位于大安乡东部，村委距乡政府所在地13.5千米，下辖15个村民小组35个自然屯，2012年共有140户470人，其中劳动力288人。全村贫困人口103户413人，贫困发生率很高。该村地处大石山区，土地总面积28平方千米，耕地面积120亩，人均耕地仅0.26亩。可爱村呈现出典型的桂西大石山区农村特点，家庭以点状的方式分布在石山区，每个自然屯平均只有4户人家14人，平均每个屯只有8个劳动力。粮食作物以玉米、黄豆、红薯为主。2011年农民人均纯收入2092元，人均有粮212公斤，全村以农业为主，收入较低，全村外出务工80余人，由于距离偏远出行不便，打工人员无法当日往返，只能在城镇打工地生活居住。由于可爱村地处石山区，自然环境比较恶劣，人均耕地少，影响了群众的农业产业开发，同时村民也很难进入第二、三产业，群众生活无法摆脱贫困。可爱村道路硬化改造程度不高，防渗渠道不完善，有70多户危房。村庄的整体基础设施建设比较薄弱，全村有一个卫生室，只能进行非常简单的疾病诊断和治疗，也没有本村自有的教育机构，村民子女要到8千米外的顶新小学就读，或者到外乡投亲靠友就读。

从2012年9月开始，为了彻底解决可爱村的贫困问题，在政府的引导和帮助下，对可爱村实施了整体搬迁移民，采用有土安置和无土安置两种方式进行整体搬迁，其中有土安置81户，无土安置59户。有土安置是通过易地调整土地安置农户仍然从事农业生产经营活动的安置方式；无土安置是进入城市、集市通过从事劳务输出、经商、餐饮、服务等行业工作的安置方式。新的安置点即可爱新村位于大安乡才平村久怀屯和上才王屯

① 《环江推行“六联一带”新模式让移民群众过上好日子》，广西环江毛南族自治县政府网（http：//www.hjzf.gov.cn），2019年5月9日。

之间，距大安乡政府所在地 3 千米。在新村建设中，政府共征集了土地 723 亩，其中新村生活区土地 72 亩，新村附近生产区开发用地 651 亩，这些土地都来源于附近的原有村庄，政府采用了有偿征收的政策，给附近的村庄给予了补偿，同时，在可爱新村的整体建设和发展中，政府共整合了 3400 多万元。在政府的扶持下，新的安置点还形成了可爱村豆制品加工项目和红心柚种植示范项目，建设了完整的村级公共服务项目，由于离乡镇政府比较近，在可爱新村，贫困家庭的教育和医疗问题也得到了极大改善。可爱移民新村无土安置点是在县城西区五家企业住宿区内，利用经济适用房和廉租房安置 46 户 118 人，其中经济适用房 38 户 102 人、廉租房 8 户 16 人；无土安置点的资金投入由县发改局的易地安置资金、县住建局的危旧房改造资金、县财政扶贫资金和农户自筹资金组成，2014 年 8 月农户开始搬迁陆续入住；这些农户移民搬迁后，主要通过政府组织安置和自发工作的方式，参与经商、务工、运输等项目。随着可爱村的整村搬迁移民的完成，村民开始在新的安置点工作和发展，收入水平逐步提高，贫困问题得以解决，在新的安置点，基础设施和公共服务设施比较完善，贫困家庭的发展问题得到了很大程度的解决，不论是从教育医疗方面，还是从就业机会都得到了较大改善，贫困的代际传递问题被打破。

**图 5-5 环江大安乡可爱移民新村（方素梅摄于 2016 年 6 月）**

环江毛南族自治县从 2014 年开始实施了最大的一个扶贫移民的无土安置项目，就是在环江县城兴建“毛南家园”，该项目是自治区扶贫移民搬迁示范项目，项目位于环江县城城北中山路两侧，依托工业园区和产业园区，采用集中无土安置的方式，把大量山区贫困家庭通过移民的方式搬迁到环江县城，同时通过发展第二、三产业，把劳动力从农业转移到工业和服务业，实现家庭脱贫。该项目总投资为 18.5 亿元，规划占地 1200 亩，建设住宅楼 64 栋，计划安置贫困户约 3900 户 1.5 万人。安置区内规划有学校、医院、超市、农贸市场、公园、广场等各种公共服务设施，并且针对搬迁过来的移民，政府提出了依靠产业、商业、企业和务工来解决就业和后续家庭生计问题，使得搬迁农户能够在安置区附近谋求到相应的工作岗位，实现就业，最终实现摆脱贫困和获得发展。截至 2019 年 1 月，毛南家园已经入住 1700 多户 7500 余人。

除了政府实施的搬迁扶贫以外，环江地区还有一些山区农户通过亲戚和朋友关系，和迁移目的地的村镇进行协商，在村镇政府许可的情况下，和目的地农户协商，在当地自行购买居住和生产用地，通过民间自发的形式完成了搬迁，这类搬迁移民的家庭数量比较少，但也显示出山区贫困农户自身已经充分意识到通过搬迁可以在很大程度上摆脱贫困，其自身已经具有较强的通过迁移解决贫困的动机。

从环江的反贫困实践来看，移民扶贫是当地最核心的脱贫方式和措施之一，搬迁扶贫的实施可以起到提纲挈领的作用，这主要基于以下一些原因。

第一，通过搬迁，配合以生态扶贫和产业脱贫，可以打破第一产业发展和生态环境恶化之间的恶性链条，并为第二、三产业的发展提供基础，打破三次产业间的恶性循环链条。如前文分析，环江的地理地貌导致人口和村落在该地区的山区呈现点状分布，山区农户每户的土地使用面积有限，土地又比较贫瘠，形成了农业发展和生态环境破坏之间的恶性循环，只有先把大石山区分散的农户通过搬迁到县乡地区，才能缓解山区的生态压力，同时使得山区的土地资源可以集中使用，通过形成一定的规模化种养殖以提高农业的生产水平，搬迁出来的农民在新的迁入地所获得的土地面积虽然有限，但是可以引入一些较为精细化和具有高技术含量的种养殖项目获得农业收入，同时原有的山区地区的土地资源也可以对其收入形成一定的补充，最终打破传统农业发展的恶性循环链条。环江除了未建成的公路以外，现有使用中的主要是 S205 和 S309 省道，最主要的一条河流就是环江，并且沿着环江形成了一些土地较为平整的地区，从第二、三产业发展来看，环江县城从人口聚集、市场形成、技术引进以及基础设施建设等方面，都有一定的基础，所以把一部分山区分散的人口通过搬迁进入环江县城，可以有利于当地二、三产业的发展，同时，由于人口集聚和分工，也会形成一些新的二次和三次产业。此外，环江的乡镇也主要集中于沿江和沿省道地区，相对于山区的原始村落而言，也存在一定的优势，可以搬迁进一部分人口，在一定程度上发展乡镇一级的产业。人口迁出后原有村落的生态环境压力减小，完成生态保护的同时，可以通过引入合作社和企业等方式，有效利用原有地区的资源，形成特色化和适度规模化的种养殖项目，提高未搬迁家庭的收入，同时通过资源有偿使用的方式把一部分收益给予已搬出农户，成为已搬出农户的收入补充。而且，环江是一个少数民族聚居区，生活着毛南、壮、瑶、苗等少数民族，这些少数民族都有一些自己传统的手工艺品，比如驯乐苗族的铜鼓，毛南族的织染、银器、木雕、石雕、竹器等，通过搬迁形成人口和产业的聚集效，对手工艺品的开发和产业化也会形成帮助。

第二，通过搬迁可以形成新的人口聚集区和新社区，与健康扶贫、教育扶贫以及转移就业脱贫一起发挥作用，通过加强教育、医疗和基础设施建设，打破当地家庭贫困循环链条，阻断贫困的代际传递。要实现环江贫困家庭彻底摆脱贫困，就一定先要加强贫困家庭的教育和劳动技能培训，环江很多乡村一直有重视教育的传统，但是对于分散居住在大石山区的家庭来说，教育培训资源相对比较匮乏，而且由于生活居住的分散，不容易进行系统的教育和培训，而通过搬迁，山区家庭的孩子可以在城镇等新的居住地获得较好的教育，贫困家庭的青年劳动力在这些地区也较容易获得劳动技能学习和培训，可以实现家庭的人力资源积累，为阻断贫困的代际传递创造条件。同时，由于居住分散和交通的不便利，山区贫困家庭也难以获得良好的医疗资源，疾病不能得到及时救治，往往出现小病拖成大病，大病不能及时治疗的情况，而且容易形成因病致贫、因病返贫的现象，而通过搬迁到医疗条件较好的县乡镇地区，医疗问题得以解决。而且大石山区的基础设施建设往往比较缺乏，由于山区人口和家庭分散，一些聚集地只有几户人家，缺乏规模效应，因此基础设施建设缺乏效益，有些村庄即使修建了公路、水电等基础设施，也容易出现后期维护和保障问题，同时，大型的基础设施建设往往需要花费较多资金，如果针对一个居住和生活较为分散的地区兴建大型基础设施，每个人因此承担的建设和后期维护费用也会较多，而依靠村民集资往往难以实现，政府财政又难以支持，通过搬迁到县乡镇，家庭和人口聚集为大型公共设施的建设也提供了基础。

第三，通过搬迁移民可以有效改变这些山区贫困家庭的生计资本数量和结构。从一个家庭的发展和可持续生计的角度看，一个家庭的发展主要取决于其自身的生计资本，主要包括自然资本、物质资本、金融资本、人力资本和社会资本。自然资本是指家庭可以获得的对生计有用的自然资源储备等；物质资本是指能够支持家庭生计的基础设施和生产资料；金融资本是指家庭能用于生计而筹措和支配的资金；人力资本是指家庭在追求不同生计策略和目标时所能运用的技术、知识、劳动能力和身体健康的总和；社会资本是指家庭能够用以实现生计策略和目标的社会资源。通过移民搬迁，可以一定程度上提高这些贫困家庭的生计资本，从农林地等自然资本，借贷和收入等金融资本，住房、生产工具、和耐用消费品等物质资本，以及参与社会组织和进行亲朋好友间的走动等社会资本，以及进行本家庭成员的教育和劳动能力的提高等人力资本方面来看，通过搬迁都可以使得这些生计资本的数量得以提高，并且生计资本的构成也可以从一定程度上得以优化，从山区的主要依赖自然资本和劳动力这样的人力资本，专向迁移后提高了物质资本、金融资本、社会资本的比重，这都会使得家庭的生计状况得以改善。

第四，搬迁还有利于解决一些其他和贫困相关的问题。很多家庭搬迁到县城或者乡镇以后，可以较为方便地进入当地劳动力市场进行务工，吃住在家里，打工成本也得以降低，同时，还有一些青年劳动力在搬迁以后可以较为方便地进入经济发展更好的城市和地区务工，如本地的柳州和南宁，以及珠江三角洲等经济更发达地区。而且搬入环江县城或者下面的乡镇也有利于解决适龄青年的婚姻问题，从经济条件和择偶的选择方面，适龄青年相对会更容易找到配偶。

## 第三节 移民扶贫机制以及面临的挑战

### 一 移民扶贫机制

除了极少数自发性移民以外，环江毛南族自治县的移民扶贫主要是在政府的推动和引导下完成的，政府的规划、推动和扶持在整个环江地区的移民实践中起到了决定性的作用。同时，在移民过程中，企业和市场机制也起了积极的作用，再加上山区贫困农户自身也有较强的通过移民脱贫的动机，所以整体上整个地区通过移民扶贫的任务实现得非常好，也获得了很好的经验，有利于进一步移民扶贫的展开。环江地区移民扶贫的大背景是中国在宏观上彻底解决贫困问题的目标下展开的，各级政府把解决贫困问题作为经济发展中的一个非常重要的问题来对待，因此对于解决贫困投入了大量的人力、物力和财力。中国通过改革开放后经济社会的大发展，也为解决贫困问题提供了较强的经济保障，同时，对过去很长一段时期扶贫经验的总结也有力地帮助了当前的扶贫实践。

就环江来看，政府工作对于整个移民扶贫的成功实施起到了决定性的作用。环江地方政府根据当地的实际情况，制定了符合移民扶贫规划的方案。环江从 20 世纪 50 年代就开始陆续开展了通过移民解决山区贫困农户的实践，进入新世纪后，环江逐步加大了移民扶贫的力度，尤其是从 2011 年以后，实施了生态移民搬迁工程，并结合产业扶贫和“整乡推进”工程一起实施，取得了非常良好的效果，2012 年实施了可爱村整村扶贫移民搬迁有土、无土安置新模式，并且在县城开始兴建“毛南家园”，并计划于 2018 年前彻底摘掉贫困县“帽子”，其中移民扶贫占据了很重要的地位。

除了制定切实可行的政策外，政府也制定并实施了移民扶贫的具体步骤内容。首先是对贫困人口进行精准识别，在国家精准识别政策和方法的基础上，环江毛南族自治县总结出结合自身实际的一系列贫困户精准识别措施，包括“一进二看三算四比五议”的入户评估识别办法，“两入户、两评议、两公示、两审核、一公告”的识别程序，“五验五平六统一”的贫困户识别办法，并建立了大数据动态管理平台等。其次，在对贫困户进行精准识别的基础上，根据贫困成因，政府进一步制定了针对部分贫困家庭的扶贫移民搬迁规划。在规划的执行中，政府部门针对扶贫移民搬迁任务组成了完整的组织机构，成立了由县委书记、县长任组长，分管副县长为副组长，县直相关部门负责人为成员的自治县扶贫生态移民工作领导小组，设立有办公室，办公室人员从县发改、扶贫、财政、住建、环保等部门抽调人员组成，办公室设立资金保障组、政策宣传组、后勤保障组、工程现场管理组。领导小组主要负责全县扶贫生态移民工作的组织协调、综合统筹、计划安排、督查考评、检查验收等工作。在整个扶贫组织的领导下，积极组织人员、物资和资金的落实到位，为了承接国家易地扶贫资金和组织社会融资，建立了环江县城建投资公司，并对移民家庭落实了搬迁贷款贴息，以及新房购买和兴建的补贴政策，为了让搬迁移民能够在新的居住地长期稳定生活，并且得到发展，政府还积极鼓励发展第二、三产业，以及完善教育医疗等措施。

在移民脱贫的过程中，企业等各类经济组织和市场机制也发挥了非常重要的作用。企业的目的是追求利益，由于近些年较为适合的外部条件，环江的企业形成和发展较快，企业的发展在移民扶贫过程中起到了很大的作用，主要表现在两方面，一方面是对于给从山区搬迁出的贫困家庭提供了新的工作岗位和生计来源；另一方面是把山区原有的资源有效利用起来，形成了搬迁家庭新的经济来源。移民扶贫不仅仅是把贫困家庭从山区搬迁出来，更重要的解决搬迁家庭的生计问题，让他们的收入水平得以提高，在新的居住地获得稳定和长期发展，在这其中，企业和“能人”起到了非常重要的作用，所谓“能人”就是能干的人，或者是指具有企业家才能，能够组织资源，提供新的产品和工作岗位，带动群众致富，这些“能人”有一些是当地成长起来的，还有一些是在外地发展然后又回到家乡进行二次创业的人，他们有的是纯粹的企业家，兴办各种企业，带动当地发展，带动群众致富，还有一些是身兼数职的基层干部，通过村民合作社或者自身的带动来组织群众发展致富，这些能人极大促进了当地经济的发展，也解决了很多移民家庭的就业问题。另外，“能人”和企业对山区原有的资源进行了重新整合，贫困家庭搬迁后，山区仍留下很多土地和林地资源，还有一部分未搬迁群众，有一部分企业在产权未发生变更的情况下，组织搬迁及未搬迁家庭劳动力，把山区的这些资源组织起来进行规模化种养殖，这样土地租金和给予劳动力的工资形成了搬迁家庭经济来源之一，提高了家庭收入水平。例如，下南乡景阳村位于大石山区深处，一部分村民已经搬迁到乡里，原有村庄形成了一部分未充分利用的林地等资源，景阳村村“两委”干部利用山区环境，开发当地的林下养殖山猪产业，把一般性的生猪养殖提升为高附加值的山猪养殖，并通过合作社的方式，带领贫困群众共同发展山猪养殖，集中向周边城市销售，有效利用了村庄原有的土地和劳动力等资源，形成贫困家庭一项重要的收入来源。同样的情况出现在可爱村的移民扶贫中，可爱村整体搬迁移民后，村庄原有部分的土地、林地资源被闲置，也有公司开始和村民进行协商对村庄原有林地进行整体租赁，规模化地种植经济林木，而林地租赁收入则成为已搬迁村民家庭的收入补充。同时，搬迁后，市场机制也发挥了重要作用，仅搬迁前后劳动力的价值一项的改变就对贫困家庭的收入产生了很大影响，同样的劳动力在乡镇和在村庄的价值就有很大不同，在山区生活时，很多青壮年劳动力实质上处于半闲置状态，即使部分青年劳力出门打工，其收入减去路途开销和其他在外开销后，能积累下来的部分也非常有限，基本没有剩余和家庭储蓄，而搬迁后，这些劳动力的工资收入提高很快，用于路途的开销和其他开销也出现了下降，工资剩余增加，有了家庭储蓄。

除了政府推动和引导，企业和市场机制的进入以外，山区贫困农户自身内在的搬迁脱贫动力起到了决定性的作用。调动和激发村民自身搬迁脱贫的积极性是一个关键问题，要调动和激发村民自身搬迁脱贫的积极性，一方面是政府进行大量宣传引导，改变山区群众的一些落后观念，其中很重要的一点就是针对贫困家庭的实际情况，采用了企事业单位和村庄，干部和农户间一对一的帮扶，这样可以较好地了解不同贫困农户的实际情况，有针对性地帮扶和引导农户搬迁和脱贫。另一个更重要的方面就是要建立相应的具体政策配套，并通过已搬迁贫困家庭的示范效应来影响其他贫困家庭，这其中对搬迁群众的产业扶持、住房补贴、医疗和子女教育等方面的具体扶持措施都很有效，已搬迁群众在生产生活的各个方面都得到了很大改善，这形成了强大的示范效应，带动了更多山区贫困家庭的搬迁。

综合来看，在环江的移民扶贫中，政府、企业、家庭总体形成了彼此间的良性互动，三者形成了合力，使得当地的移民扶贫得以顺利进行，并起到了非常良好的效果。

## 二　问题及其对策

对于移民扶贫来讲，真正能够通过移民搬迁解决贫困家庭问题，总结起来就是“搬得出，稳得住，能致富”，也就是要先帮助居住在大石山区的贫困家庭实现搬迁移民，然后移民家庭能够在居住地获得稳定的收入，生计问题得以解决，能够顺利地进行生产生活，并逐渐实现富裕，脱离家庭贫困状态。而在现实的搬迁移民过程中，还存在一些问题，妨碍了“搬得出，稳得住，能致富”目标的实现。

第一，对移入地的生产生活用地征用困难。要实现山区贫困家庭的移民搬迁目标，就要先在迁入地征收一定数量的生产和生活用地给移民家庭，但是环江地区整体属于喀斯特地貌的石山区，人多地少，土地资源紧张，县城和乡镇附近适合生产生活的优良土地不多，随着这些年搬迁过来的家庭增加，土地资源越发紧张，同时土地价格也一路上涨，这就使得土地的征收变得非常困难，土地征收所需要的财政支出压力也越来越大。同时，土地的征收和用地规划调整等方面的审批手续烦琐，审批时间长，用地指标也经常难以落实。土地的预审、核准、报批等流程，其涉及政府很多部门，逐层报批审批，周期很长，同时和征收土地农户的沟通、协商和手续办理也很复杂。种种因素导致移入地的土地征收问题成为限制移民扶贫的最大障碍。无土安置虽然不涉及征用生产用地，但也面临妥善解决移民搬迁的就业及生活来源的难题。

第二，移民扶贫过程中所需要的资金缺口较大，资金整合存在较多问题。移民扶贫的搬迁和后续安置过程，需要大量的资金，移民工程包括征地、建房、基础设施建设等各个环节，每个环节都需要大量的资金投入。在征地和前期工作补助、住房贷款贴息方面，按照人均1000元进行补助，仅2014—2020年，环江在扶贫生态移民工程要筹措的补助资金达5000万元；按每户需要住房贷款10万元，年息0.5%连续贴息3年，政府需要承担住房贷款贴息资金约1.5亿元。在基础设施建设方面，按照规定，基础设施补助按人均5000元进行补助，但是这个补助不能满足基础设施建设的要求，导致每年仅基础设施建设一项就有上千万元的资金缺口。而环江本身还是个贫困县，移民搬迁所需费用给县财政带来了非常大的压力。同时，县一级政府是整合扶贫生态移民资金的责任主体，但是在实际操作中，由于各个部门的项目资金都有各自的管理要求，如民族部门的资金要求只能用于民族村屯；交通部门资金只能用于乡村级道路建设等，所以导致政府对资金的整合难度加大。通过各方面的大力整合，环江毛南族自治县移民工程的基础设施建设均在努力推进，并力争使之得到完善和巩固。

第三，需要进行移民搬迁的贫困家庭搬迁成本高，部分家庭无力承担，还有一部分家庭缺少搬迁动力。在搬迁扶贫过程中，贫困家庭要在新的居住地生活，需要进行房屋购买或者建设，还需要其他方面的投入。而很多山区深处的贫困家庭，本身收入水平低，没有足够的储蓄和财富积累，搬迁就变得非常困难，虽然政府对于搬迁农户给予了一定的补贴，但是剩余部分很多贫困家庭仍然无力承担，政府部门的补贴是按照贫困建档立卡户家庭每人补助1.2万元，非建档立卡户家庭每人补贴0.8万元，剩余的建房购房等部分需要搬迁户自己承担，搬迁户所需承担的支出往往超出了贫困家庭的能力，家庭为了搬迁只能借取外债，从而形成了长期的债务负担。除此以外，还有一少部分家庭缺少搬迁的意愿，其中有一部分由于已经适应了山区的生活环境，因为观念原因不愿意离开原有的居住环境，还有一个比较显著的现象，就是较偏远的石山区中有很多单身汉家庭，在这些较为偏远的石山区中，几十年来由于成年女性大量外流，男女比例失调，造成很多成年男性无法获得适龄伴侣，形成了一个规模不小的单身汉群体，这个群体中有很多年龄超过了40岁，他们没有子女，长期一个人生活，往往缺少向外迁移的动力，是一个较为特殊的群体。

第四，移民扶贫最重要的不是迁移，而是迁移后能够稳定发展和脱贫，但部分移民家庭在迁入地后，家庭自身不能获得稳定发展，家庭生计成为问题，这就造成了部分迁移家庭虽然能迁得出，但是不能稳定下来，更没法发展致富，在这个方面无土搬迁家庭比有土搬迁家庭表现得更为明显。从环江移民家庭的实际调查看，除了社会资本以外，贫困家庭其他方面的资本都较为匮乏，尤其是金融资本和物质资本，而缺少金融和物质资本会在很大程度上抑制搬迁移民家庭在迁入地的稳定发展，缺少实现发展所需要的金融和物质资本投入。同时，由于移民家庭长期生活在山区环境，主要从事的是种养殖业，进入迁徙地以后，缺少相应技术和知识，尤其是无土搬迁的群众，需要进入迁入地的第二、三产业工作，本身的金融资本和物质资本欠缺，无法通过自身开展相应的工作，同时人力资本较为欠缺，在劳动力雇用市场上也不占优势。还有一个重要现象是，迁入地已有的企业和社会组织，在进行劳动力雇用的时候，更愿意雇用当地原有居民，其次才会考虑雇用搬迁移民家庭，这就对移民家庭的劳动力进入迁入地劳动力市场形成了障碍。搬迁家庭生计资本的整体匮乏就导致部分家庭搬得出，但是不能稳定和富裕。和山区相比，迁入地的生活所需大多数都市场化了，因此一般性生活开支相对于原来的村庄生活有所提高，极少数搬迁家庭在迁入地不能有效维持生计的情况下，出现了搬迁后返贫的情况，甚至有极个别家庭重新回到原有村落生活。

第五，扶贫移民过程中，移民家庭和当地原有居民产生了资源上的竞争，新的社区形成需要过程。环江县域整体上呈现出人多而资源较少的状况，即使是在县城和乡镇周边条件较好的地方，土地、水等资源都较为短缺，山区迁移出的贫困家庭进入迁入地后，往往会使得资源变得更为紧张，造成和当地原有居民的资源竞争，如果是自然状态下的家庭迁徙，一般都是采用投亲靠友，或者通过在城乡打工然后逐渐居住生活下来，但是这个过程往往比较漫长，近几年为了解决山区贫困民族的问题，贫困家庭的搬迁移民都是在政府主导下进行的，移民的数量较大，迁移速度较短，而且从山区迁移出来的贫困家庭和迁入地原有居民很多没有天然的联系，因此在资源使用上就会存在竞争。同时，在生活和习俗等较多方面，原有居民也会对迁移居民有一定的排斥，彼此的认同和融合需要一个过程。

第六，贫困家庭在移民搬迁和后继发展中参与性较弱。整个移民搬迁，包括基础设施建设以及后继的移民产业发展，多是政府主导实施，贫困家庭在整个过程中参与度还不够，从规划，到人力、物力和财力的组织和使用，再到具体方案的落实，包括搬迁后产业的发展，都是政府主导的，村民的参与度不够，这就导致很多措施和村民的实际需求相互脱节，从资金使用到基础设施建设诸多环节来看，最后达到的效果只是完成了政府的政策目的，而不是真正解决了贫困家庭的实际诉求。同时，由于一些扶贫移民过程缺少村民的参与，出现了极个别干部假公济私，贪污腐败的现象，诸如在核定贫困状况时，在给村民实施补贴时，有倾向性地利用自己手中的权力谋求个人私利。

移民扶贫最重要的目的是通过移民安置来打破大石山区贫困家庭的贫困链条，彻底解决贫困问题，因此对于移民扶贫中出现的各种问题要充分重视，否则就会造成贫困家庭虽然完成了迁移，但是不能够脱离贫困，最终无法实现通过移民扶贫的目标，因此针对扶贫移民中出现的问题，可以采用多方面的措施，主要包含以下方面。

第一，对于搬迁移民中存在的土地征收问题，应该进一步加强对土地的有效利用，同时简化土地征收和调整规划的手续。在土地征收方面，应该进一步做好土地规划，尤其做好县乡镇周边闲置和低效使用土地的规划，能够尽量把土地有效利用起来，并且可以和城镇化一并进行，居民小区对家庭的容纳数要远高于一般的村庄，因此对于靠近县城周边地区，可以考虑对一些村庄进行改造和房地产开发，统一规划，把村庄改造成居民小区，加大对移民家庭的吸纳能力。在土地征收、土地规划调整和审批方面，应该在省一级政府层面出台易地扶贫搬迁项目土地审批优先制度，简化土地审批程序，为易地扶贫搬迁项目用地审批开绿灯，确保快速推进项目进度。

第二，对于移民扶贫中资金缺口和资金的整合问题，首先应该扩宽资金的来源，除了政府财政承担的以外，还应该拓宽资金来源渠道，积极吸纳社会资金，比如可以在现有的基础设施建设方面引入 PPP 模式，通过政府与私营商签订长期协议，授权私营商代替政府建设、运营或管理公共基础设施并向公众提供公共服务的方式完成社会融资。也可以有效利用环江和南宁、广东等发达地区形成的对口支援关系，积极筹措外部资金，同时，对于资金整合方面存在的问题，应该建立一个专门的机构，在政策允许的情况下，把各个部门的资金进行一定程度的集中管理，集中到移民扶贫上，提高资金的整体使用效率。

第三，针对移民中贫困家庭无力承担搬迁费用的情况，应该在精准扶贫的调查和审核基础上，进一步细化对贫困家庭情况的了解，并在此基础上改变一刀切的情况，应该根据家庭的实际情况，采用有弹性的补贴制度，以建档用户每人 1.2 万，非建档用户每人 0.8 万为基准，设定一个上下浮动范围，尽量把资金向特别困难，难以承受搬迁费用的家庭倾斜。同时，对于石山区中比较特殊的单身汉家庭和对搬迁存在观念差异的家庭，可以在现有干部和贫困家庭一对一帮扶和结对的基础上，有针对性地加以引导，根据每个家庭的实际情况，激发他们的搬迁动力，解决他们的搬迁顾虑，最终实现对这些家庭的引导。

第四，对于搬迁移民的生计问题，应该进一步采用政府引导，以市场为导向，企业为主体，最终实现贫困家庭的自身发展。为了完成这个目标，要把移民扶贫和其他的政府扶贫措施结合起来，根据各个不同的移民社区和家庭的特点，有针对性地，采用自愿参与的原则，把搬迁移民的生计发展和产业扶贫、转移就业脱贫、生态补偿脱贫、教育扶智和医疗脱贫等扶贫措施有机结合起来，对那些各个方面的生计资本都严重不足的家庭采用社保兜底的方式解决其生计问题，不同的移民家庭有其自身的特点，有的移民家庭教育水平不足，有的家庭劳动力不足，有的家庭资金积累是瓶颈，不同家庭的生计资本构成不同，因此也应该采用不同的扶贫对应措施。在这个问题的处理上，政府部门一定要摒弃一搬了事的思想，要意识到搬迁只是完成了这些贫困家庭摆脱贫困的第一步，让他们彻底摆脱贫困还有大量后继工作要做。

第五，在扶贫移民的过程中，一定要形成贫困家庭主动参与的参与式扶贫。在移民和新村建设方案设计、基础设施建设、集体设施和服务设施的设计和实施、资金的使用等诸多方面应该广泛吸收群众家庭意见，组织居民参与，在必要的环节成立村民代表小组，参与到这个移民和后续发展中去，这样也会有助于移民工作的顺利进行，移民资金的有效使用，最重要的是可以尽可能反映出贫困家庭自身的实际需求。同时，还会对整个的移民扶贫过程形成有效监督，防止在移民扶贫措施实施过程中出现以权谋私和贪污腐败等行为。

综上所述，环江毛南族自治县的移民扶贫是以改革开放几十年来中国经济社会发展为背景的，随着整个国家的发展，彻底解决贫困问题已经提到了一个新的战略高度，在对过去我国解决贫困问题的理论和实践进行总结的基础上，各个地区都实施了针对解决贫困的措施。落实到处于桂西的环江毛南族自治县，当地也实施了大量的扶贫举措，其中一个很重要的措施就是对于大石山区的贫困家庭实施搬迁移民，从根本上解决其贫困问题。桂西大石山区贫困的根源主要就是形成了经济发展和自然环境之间的恶性循环链条，并且使得产业无法升级，产业间无法形成良性循环，还使得贫困问题出现了代际传递。在精准识别的基础上，通过分析，辨识出可以通过搬迁移民脱贫的家庭，把这些深山内的贫困家庭搬出山区，迁移到县乡周边资源和交通较为便利的地区，可以通过人员的聚集，第二、三产业发展的规模效应，以及较好地依托基础设施和教育医疗等公共服务设施，可以有效打破山区贫困家庭的贫困循环链条，阻断贫困的代际传递，最终彻底摆脱家庭的贫困问题。环江毛南族自治县在实践中形成了一整套有效的移民扶贫措施，具体表现为，政府进行移民搬迁的规划和具体实施，企业和其他经济组织积极参与，家庭作为移民搬迁的主体，最终完成整个移民搬迁和后续发展，最终使得这些家庭彻底摆脱贫困。当然，通过移民脱贫本身也存在一些障碍和问题，主要表现在土地征用、资金筹集和使用、移民搬迁负担重、部分家庭后继生计困难等诸多方面，通过分析，可以从多个层面对这些问题加以解决，最终使得移民扶贫能够“搬得出、稳得住、能致富”。

# 第六章

# 扶持人口较少民族政策

毛南族是全国人口较少民族之一，绝大部分居住在环江毛南族自治县。根据 2010 年的统计，环江毛南族聚居的 8 个乡镇 72 个村 1325 个自然屯，总人口 174302 人，占全县总人口的 45%；毛南族人口 59789 人，占 8 乡镇总人口的 33.92%，其中以下南、川山、水源 3 个西部大石山区乡镇的毛南族人口最为集中。这三个乡镇共有 44 个毛南族聚居村，有毛南族人口 4.88 万人，占三个乡镇总人口的 67.72%，占全县毛南族总人口的 78.81%。毛南族人口比例最高的是下南乡和水源镇的上南社区。这里是毛南族传统聚居区，过去分上南、中南、下南三个乡，俗称“三南”或“毛南三乡”，现在下南乡建制保留，原中南乡并入下南乡，上南乡也于 2005 年并入水源镇。1964 年“毛南三乡”有毛南族人口 14263 人，占全国毛南族人口总数的 63.73%；1990 年有 24000 人，占全国毛南族总人口的 33.20%；2000 年有毛南族人口 24114 人，占全国毛南族总人口的 22.49%。至今，这里的毛南族人口比例依然很高。2010 年，下南乡辖 10 个村 1 个社区，总人口 18927 人，其中毛南族 18762 人，占全乡总人口的 99.13%。

## 第一节　扶持人口较少民族政策的实施

### 一　政策实施前的经济社会状况

由于地处大石山区，长期以来生存和发展问题深深困扰着毛南族人民，“吃水难、用电难、行路难、入学难、就医难、发展难”等问题一直不能得到有效地解决。毛南族聚居的环江县既没有可持续发展的主导产业，也没有上规模的工业企业和农林牧加工企业，经济社会发展明显滞后于广西区内大部分县市。县内毛南族集中分布的乡村，又滞后于全县平均水平。人口较少民族扶持政策实施以前，毛南族经济社会发展面临诸多困境。

### （一）基础设施落后

扶持人口较少民族政策实施前，环江毛南族主要聚居的 8 个乡镇的 72 个村 1294 个自然屯中：有 494 个屯不通公路，占自然屯总数的 38.10%；通了公路的村屯，63% 是等外公路，而且坡陡、弯多、路窄、等级低、路况差，通行困难，安全隐患大。不通电话的自然屯 499 个，占 38.60%。不通邮的自然屯 1034 个，占 79.90%。1073 个自然屯存在饮水困难，有 11.2 万人未饮上卫生安全水，占总人口的 64.50%。未通广播电视自然屯 1024 个，占 79.10%。不通电自然屯 120 个，占 0.90%。毛南族聚居的 8 个乡镇 28.7 万亩耕地中，有效灌溉面积 12.5 万亩，仅占 43.55%，水利渠道只有 236.99 千米，且由于大多数运行年代久远，逐渐老化，损坏严重。毛南族聚居的 8 个乡镇农贸市场，市场建筑破旧简陋，布局不合理，使用面积不足。总体而言，在扶持人口较少民族政策实施以前，环江毛南族聚居区的基础设施是十分落后的。

### （二）资源稀缺，灾害频繁

毛南族传统经济以农业为主，而毛南族世代繁衍生息的环江毛南族自治县西南部属大石山区，宜耕土地稀缺，人均耕地面积少且分布不平衡，农作物产量也较低。长期以来当地人均占有耕地面积均低于全县平均水平，且有逐年减少的趋势。如下南乡，1997 年农村人均占有耕地 1.1 亩，接近全县平均 1.12 亩的水平，到 2010 年人均占有耕地降为 0.86 亩，仅相当于全县平均水平 1.1 亩的 78%。[①] 该乡南昌屯 1950 年人均耕地 1.53 亩，相当于全县农业人口平均水平的 59.50%，到 1987 年人均占有耕地面积 0.9 亩，相当于全县平均水平的 75%。国家实施退耕还林政策后，该屯的旱地列入退耕范围，种上了香椿树、任豆树等各种树木。到 2003 年，南昌人均耕地实际上仅为 0.78 亩，相当于全县平均水平的 64.60%。[②]

此外，当地自然灾害频繁，以旱灾、涝灾为最严重。毛南族聚居区属亚热带向中亚热带过度的季风气候区，年降雨量 1500 毫米左右，雨量分布不均，多集中在夏季，由于没有河流和山塘蓄水，常受到洪涝、干旱的

---

① 根据《环江毛南族自治县 2007—2010 年国民经济统计资料》（内部资料）统计。

② 笔者在中南村南昌屯调查统计所得。

威胁。每年5月下旬至8月下旬雨量集中，低洼耕地常受涝灾。当地土壤保水性能差，一个月不下雨即致旱灾，春、秋、冬季雨量较少，地势较高的田地受旱灾威胁严重。旱涝灾害对当地农民生产生活的影响有时会十分严重，如1955年环江县发生严重春旱，秋季又遭涝灾，导致全县粮食减产幅度达15.47%。当时的下南区受灾严重，粮食比上年减产31.20%。据环江县1956年3月的统计，当年全县农村缺口粮500万多公斤，其中下南区缺粮106.5万公斤，缺粮户4466户，占总户数的86.30%，很多农户缺粮达7个月。

（三）贫困面大，贫困程度深

扶持人口较少民族政策实施前，毛南族聚居的72个村有贫困人口80925人，占总人口的46.90%，由于受自然灾害的影响，还有一些脱贫户出现返贫现象。72个毛南族聚居村42181户中，无房户以及住房为茅草房、简易房、危房的有20569户，占总户数的48.76%，涉及人口78203人，占总人口的45.33%。环江毛南族自治县有85个贫困村，其中38个属毛南族聚居村。

（四）生态环境亟待改善

自20世纪90代初以来，环江毛南族自治县共接收安置河池市跨县移民近6万人，其中分布在毛南族聚居村的有46751人，占全县移民人数的77.92%。由于移民迁入后大面积开荒种粮种蔗，原生植被遭到严重破坏，生态环境十分脆弱，森林覆盖率降至52%。近年来，虽通过大力实施地头水柜建设、沼气池建设、退耕还林还草、封山育林、石漠化治理和河道整治等，水土流失及有关河段污染情况得到一定的遏制，但要恢复良好的生态环境和从根本上治理水土流失，还需要付出艰巨的努力。

（五）社会事业发展滞后

教育方面：毛南族聚居的72个村中，有中学14所，中心校8所，村完小70所，在校中小学学生29792人。面临的问题一是办学条件差，校舍严重不足。72个毛南族聚居村小学生人均教学用房3.2平方米，相当于国家规定的小学生均4.18平方米标准的76.60%；初中生均教学及教学辅助用房3.52平方米，相当于国家规定的初中生均5.59平方米标准的63%。而当地初中生寄宿人数占在校生总人数的80%，小学生寄宿人数占在校生总人数的15%，学生食宿用房也很紧缺。二是教学设备、图书紧缺。14 所中学及 10 所中心小学教学仪器设备未有 1 所达到国家规定的二类配备标准，图书陈旧且配备不足。三是大量移民子女的到来增加了初、高中的办学压力，原有的办学条件无法满足移民子女的入学需要，加之师资力量薄弱，当地教学质量普遍较低。2005 年环江县适龄儿童入学率为 99.20%，初中入学率为 85%，初中毕业生升高中仅为 26%。毛南族聚居村的适龄儿童入学率、升学率略低于全县平均水平。

医疗卫生方面：一是基础设施落后。县、乡、村三级医疗卫生机构业务用房紧缺。特别是乡镇卫生院，长期以来投入相对偏低，从 1991 年至 2000 年 10 年间，环江毛南族自治县乡镇卫生基础设施总投入仅 380 万元，因此业务用房紧缺问题尤其突出。全县 14 个乡镇卫生院业务用房 500 平方米以上的仅有 3 个，占卫生院总数的 27.20%，中心卫生院业务用房 1000 平方米以上的仅有 1 个。在乡镇卫生院现有业务用房中，有 35%为危房，如明伦镇卫生院业务用房全部是危房。由于业务用房不足，乡镇卫生院发热门诊无法单独分开，没有隔离病区和隔离病房，病房、病床数量也明显不足。全县 72 个毛南族聚居村有 54 个没有卫生室业务用房，占 75%。二是医疗器械装备匮乏，设备陈旧。乡镇卫生院和村卫生所装备绝大部分仍然以“老三件”（听诊器、血压器、体温计）服务为主，诊治工作科技含量低，阻碍了基层卫生服务技术和服务能力的进一步提高，效率低下。

劳动者素质方面：环江毛南族自治县人口的科学文化素质明显低于全国平均水平。自治县每十万人口中，有小学学历 45665 人，比全国平均数高 23.20%；初中学历 18023 人，比全国平均数低 22.30%；高中学历 2350 人，比全国平均数低 64.50%；大专以上学历仅有 402 人，比全国平均数低 71.70%。劳动者文化层次低，与全国平均水平相比差距大，而且这种差距有进一步扩大的趋势。

文化体育方面：一是体育运动场馆和艺术活动场馆严重缺乏。8 个毛南族聚居乡镇中 4 个乡镇无站房，乡镇文化站设施简陋，行政村都没有文化室。由于条件限制，文体活动几乎只能在中小学校中举行，群众性的文体活动难以普及，民族体育和民族艺术发展缓慢。二是缺乏必要的设施和经费，县图书馆、博物馆、艺术团的业务用房已成危房，室内设施落后，无资金维修或重建，影响了民族传统文化的收集、整理和传承。

经济基础和财政方面：环江毛南族自治县经济基础薄弱，2004 年全县地区生产总值11.96亿元，人均仅2947元，财政一般预算收入仅5770万元，人均仅142元，农民人均纯收入仅1677元，农民人均有粮407公斤。环江县财政收入主要来源于矿山企业提供的税收，矿业税收占县级财政收入的60%，财政来源单一，且极不稳定，导致可用财力严重不足。2003年环江县财政总收入4998万元，年度财政总支出达17510万元，财政收支矛盾突出。由于税源规模不断缩小，财政收不抵支，全县主要依靠上级财政部门超调资金才能基本保证工资发放和机关运转。

## 二　“十一五”扶持人口较少民族发展规划的实施

### （一）规划的主要内容

2005年，由国家民委等五部委联合组织实施了《扶持人口较少民族发展规划（2005—2010）》，毛南族被列入规划实施范畴。为贯彻落实国家《扶持人口较少民族发展规划（2005—2010）》要求，广西壮族自治区民委等五部门联合制定了《广西壮族自治区实施国家民委等五个部门〈扶持人口较少民族发展规划〉的意见》。环江毛南族自治县根据当地的实际情况，制定了《广西环江毛南族自治县扶持人口较少民族（毛南族）发展专项建设规划（2006—2010）》。规划覆盖的范围包括环江县下南、水源、川山、洛阳、思恩、大安、长美、明伦8个乡镇72个行政村的毛南族聚居区，规划期限为2006—2010年。

《广西环江毛南族自治县扶持人口较少民族（毛南族）发展专项建设规划（2006—2010）》的指导思想为：以邓小平理论和“三个代表”重要思想为指导，按照全面建设小康社会的总体要求，以毛南族群众为基本对象，调动各方面积极性，集中人力、物力、财力，加大基础设施、基础产业、社会公益、科教文卫、城镇设施、生态环境和特色产业的投入，突出解决制约毛南族经济和社会发展的主要问题，改善毛南族群众生产生活条件，为实现人民富裕、民族团结、社会进步的共同目标而努力奋斗。发展目标为：从2006年开始到2010年，用五年的时间，组织各方面力量，按照高质量、高标准的要求落实所有项目建设指标；加强毛南族聚居地基础设施和公益设施建设，使制约毛南族经济发展的关键性问题基本得到解决，毛南族人民的生产生活条件不断得到改善，民族的整体文化素质不断得到提高，产业化经济得到发展，农民增收、财政增长，为全面建设小康社会奠定坚实的基础。具体目标为：交通落后状况得到大幅度改善，全县

8个毛南族聚居乡镇通四级柏油路以上，72个毛南族聚居的行政村所在地及较大的异地移民场100%通四级砂石路以上；农村生产生活用水，特别是乡镇政府及村民委所在地机关、学校、居民的人畜饮水困难问题95%以上得到改善；县、乡、村中小学校舍和医疗卫生基础设施落后状况90%得到改变；学生人均校舍面积增加1.23平方米，初中生人均校舍面积增加1.1平方米，办学条件达到国家规定的“普九”各项指标要求；文化体育事业蓬勃发展，民族传统艺术和民间文化艺术得到有效保护和弘扬；全县生态环境明显改善，农村沼气池入户率达60%以上，森林覆盖率达65%以上；72个毛南族聚居行政村及20户以上自然屯通电率100%；改善毛南族群众的生产生活条件，水渠、水库等农业基础设施80%以上得到完善，农民人均纯收入年增幅达9%。

《广西环江毛南族自治县扶持人口较少民族（毛南族）发展专项建设规划（2006—2010）》规定的主要任务为：通过国家、自治区、区直各部门的拨款扶持，对上级确认的项目按照工程实施的要求及时组织实施，对制约毛南族经济社会发展的关键性问题要重点解决，不断改善毛南族人民的生产生活条件和不断提高毛南族人民群众的综合文化素质，通过基础设施的全面改善，使毛南族经济和社会各项事业由此步入崭新的发展阶段。根据毛南族在全县的分布情况及全县经济和社会发展的实际需要，建设规划内容重点包括人畜饮水项目、小型农田水利项目、交通项目、通电项目、社会事业项目、农贸市场项目六大类。规划建设项目529个，总投资11960万元，其中：中央预算内投资10000万元，地方预算内投资1443万元，群众投劳折款517万元。具体项目如下所述。

1. 农村经济发展项目

规划建设项目83个，总投资1926万元，其中：中央投资预算内投资1143万元，地方预算内投资502万元，群众投劳折款281万元。新建饮水工程103处，解决31132人饮水难问题；水土保持200亩，新建（维修）渠道（水库）31条（处）63.7千米，新增灌溉面积14515亩；新建沼气池1050个。

（1）小型农田水利设施。规划建设项目64个，总投资1611万元，其中：中央投资预算内投资1038万元，地方预算内投资465万元，群众投劳折款108万元。

A. 农村饮水项目。以饮用水缺乏和饮用水安全存在问题的村为对象，使毛南族群众能用上安全卫生的饮用水。规划建设项目32个，总投资792元，其中：中央投资预算内投资510万元，地方预算内投资248万元，群众投劳折款34万元。新建饮水工程103处，解决31132人饮水难问题。

B. 水土保持项目，主要有砌墙保土、小型农田水利建设项目。规划建设项目32个，总投资819万元，其中：中央投资预算内投资528万元，地方预算内投资217万元，群众投劳折款74万元。水土保持200亩，新建（维修）渠道（水库）31条（处）63.7千米，新增灌溉面积14515亩。

（2）沼气池项目。结合卫生、环保、节能的要求，改善农村毛南族群众生活及人居环境。规划建设项目19座、建沼气池1050座，总投资315万元，其中：中央投资预算内投资105万元，地方预算内投资37万元，群众投劳折款173万元。

2. 以工代赈项目

规划建设项目228个，总投资4278万元，其中：中央预算内投资3616万元，地方预算内投资426万元，群众投劳折款236万元。新建（维修）渠道（抽水站、水坝）33条（处），渠道长67.5千米，新增灌溉面积9401亩；新建乡村道路146条459千米，独立桥13座201延米，解决59157人行路难问题；新建饮水工程267处，解决45432人饮水难问题。

（1）小型农田水利项目。以农田水利设施缺乏的村为对象，修建水利渠道、山塘水坝，解决农业基础设施落后的问题。规划建设项目30个，总投资827万元，其中：中央投资预算内投资702万元，地方预算内投资75万元，群众投劳折款50万元。新建（维修）渠道（抽水站、水坝）33条（处），渠道长67.5千米；新增灌溉面积9401亩。

（2）乡村道路项目。以不通公路的村屯为对象，修建乡村公路459千米，解决毛南族群众行路难的问题。规划建设项目159个，总投资2828万元，其中：中央投资预算内投资2400万元，地方预算内投资271万元，群众投劳折款157万元。新建乡村道路146条459千米，独立桥13座201延米，解决59157人行路难问题。

（3）人畜饮水项目。以饮水极其困难的贫困农村为目标，解决毛南族群众生活及牲畜用水问题。规划建设项目39个，总投资623万元，其中：中央预算内投资514万元，地方预算内投资80万元，群众投劳折款

29 万元。新建饮水工程 267 处，解决 45432 人饮水难问题。

3. 交通项目

以未通四级砂路的行政村为对象，解决村级道路不通、不畅的问题。规划建设项目 13 个，总投资 1395 万元，其中：中央预算内投资 1117 万元，地方预算内投资 278 万元。新建乡村公路 13 条 98.1 千米，解决 46064 人行路难问题。

4. 能源项目

以不通电的村屯为对象，结合农村电网改造，解决毛南族群众生产生活用电问题。规划建设项目 32 个，总投资 512 万元，其中：中央预算内投资 474 万元，地方预算内投资 38 万元，架高压线 93.5 千米，解决 32 个村用电难问题。

5. 社会事业项目

规划建设项目 172 个，总投资 3684 万元，其中：中央预算内投资 3500 万元，地方预算内投资 184 万元。

（1）教育项目。以农村中、小学校为对象，解决学校学生校舍、食堂、活动场地紧缺等问题。规划建设项目 84 个，总投资 2600 万元，其中：中央投资预算内投资 2500 万元，地方预算内投资 100 万元。改扩建小学 72 所，新增校舍面积 22020 平方米；改扩建中学 12 所，新增校舍面积 12600 平方米。

（2）卫生项目。以农村群众为对象，修建乡镇卫生院、村级卫生室及添置医疗器材，解决毛南族群众看病就医难问题。规划建设项目 61 个，总投资 522 万元，其中：中央预算内投资 500 万元，地方预算内投资 22 万元。新建村卫生室 54 个 3180 平方米及设备配套；新（改、扩）建乡镇卫生院 7 个，建筑面积 2700 平方米及设备配套。

（3）文化项目。加强农村文化基础设施建设，修建县民族图书馆、民族乡文化活动中心、乡村文化站（室），解决毛南族群众文化活动场所少等问题，提高毛南族群众科学文化素质。规划建设项目 27 个，总投资 562 万元，其中：中央预算内投资 500 万元，地方预算内投资 62 万元。新建村文化室 20 个，面积 1000 平方米；新（改、扩）县乡文化设施 7 个，建筑面积 3800 平方米及设备配套。

6. 其他项目

下南乡农贸市场 1 个，总投资 165 万元，其中：中央预算内投资 150

万元，地方预算内投资15万元。解决下南毛南民族乡20018名群众的贸易难问题。

以上项目分年度实施。2006年规划建设项目190个，总投资4410万元，其中：中央预算内投资3656万元，地方预算内投资472万元，群众投劳折款282万元。2007年规划建设项目183个，总投资3667万元，其中：中央预算内投资3056万元，地方预算内投资549万元，群众投劳折款62万元。2008年规划建设项目76个，总投资1921万元，其中：中央预算内投资1674万元，地方预算内投资178万元，群众投劳折款69万元。2009年规划建设项目48个，总投资1074万元，其中：中央预算内投资910万元，地方预算内投资116万元，群众投劳折款48万元。2010年规划建设项目37个，总投资911万元，其中：中央预算内投资746万元，地方预算内投资111万元，群众投劳折款54万元。

（二）项目实施及完成情况

在经过一系列的调研、论证和前期准备工作后，2007年4月，广西壮族自治区政府在环江毛南族自治县举行“国家扶持人口较少民族（广西毛南族、京族）基础设施建设项目启动仪式”，国家扶持人口较少民族基础设施项目建设正式实施。

1. 扶持的主要项目

根据环江毛南族自治县有关部门的统计，2006—2010年，环江实际实施人口较少民族基础设施建设项目共2073个，项目总投资64495.12万元，其中：国家扶持人口较少民族发展专项资金共投入12976万元，其余为发改委系统、民族、扶贫、农业、畜牧业、教育、文体、交通、财政、林业、水利、民政、卫生等部门投入。扶持的主要项目及资金投入情况如下。

（1）水利渠道项目。2006—2010年实施水利渠道项目321个，总投资13026.7万元。新建三面光水利渠道158千米，以及拦水坝、防洪堤等，项目交付使用后，新增或恢复农田灌溉面积381.61万亩，石山区有限的水资源得到了充分利用，有效促进了当地农村经济的发展。

（2）人畜饮水工程项目。2006—2010年共实施饮水项目807个，新建农村饮水点807处，总投资9376万元。共铺设管网路长2072千米，新建水池65420立方米。有效解决142680名群众和3.6万多头（只）牲畜饮水难问题。

**图 6-1　环江毛南族自治县下南乡希远村的水窖（方素梅摄于 2008 年 4 月）**

（3）乡村道路项目。2006—2010 年共实施乡村道路项目 224 个，总投资 6802 万元。这些项目分别分布在全县 8 个乡镇 72 个民族村。项目全部竣工通过验收并交付使用后，有效解决 202810 名村民生产资料运不进、农副产品运不出的问题，使他们告别了肩挑背扛的人力运输历史。

（4）教育项目。2006—2010 年共实施教育项目 89 个，总投资 4200 万元。建设内容主要是校舍、教学楼、学生食堂等。共新建校舍、教学楼、学生食堂等 2.5 万多平方米。解决了 8 所学校教学、办公用房及学生住宿难题。

（5）卫生项目。2006—2009 年环江卫生系统共投入 55 个项目（其中少数民族聚居村 42 个），总投资 389 万元（其中少数民族聚居村 183 万元）。其中 2006 年 10 个，投资 50 万元；2007 年 17 个，投资 190 万元；2008 年 19 个，投资 95 万元；2009 年 9 个，投资 54 万元。除思恩镇防保所综合楼外，其他 50 个项目均为村卫生室建设，共新建村级卫生室 6500 平方米。目前所有项目已全部竣工，并通过验收投入使用。

（6）文化项目。全县投入公共文化服务方面的项目包括三项。一是共建有村级文化室 22 个，分别在 2007—2009 年期间投入，其中，2007 年投入 11 个村（川山镇下荣村，水源镇中涧村、西里村、三才村、三美村、山洞村、民权村、各旦村，恩镇安良村、叠岭村，洛阳镇洛阳村）；2008 年投入 6 个村（水源镇和平村、里腊村、思恩镇中山村、西南村、陈双村、大安乡塘房村）；2009 年投入 5 个村（川山镇乐衣村、东山村、顶吉村、洞敢村，思恩镇三乐村）。总投入建设资金 115 万元，其中 2007—2008 年每个建设点投入 5 万元，2009 年每个建设点投入 6 万元。每个点建设面积均达 60 平方米，22 个村级公共服务中心建设惠民 1.5 万人左右。二是下南乡文化活动中心建设，投入建设资金 50 多万元，综合楼建设面积达 450 多平方米以上，设有球场和戏台，覆盖群众 2 万多人。三是县级文体中心建设包括图书馆、博物馆、文化馆，共投入资金 1200 多万元，每个建设面积 3000 平方米以上，覆盖群众 30 多万人。

（7）农贸市场项目。项目总投资 165 万元。新建下南乡农贸市场 737 平方米、维修旧市场 1000 平方米、修建露天市场 2500 平方米及新建路面宽 12 米的环乡公路 1.2 千米。有效解决民族乡及周边乡镇 4 万多群众赶集及农产品交易难题，对加快民族乡经济发展起到积极推动作用。

（8）其他项目。包括安居房，沼气池、封山育林、生态公益林、生物防火带等能源及生态建设、农村电网、砌墙保土等其他基础设施，以及种养业、农畜产品加工业、第三产业、科技推广、实用技术培训等农民增收项目，共投资 28976.42 万元。

在这些扶持项目和资金投入中，直接扶持 72 个毛南族聚居村的项目 1858 个，占全部实施项目的 89.60%；投入资金 38468.43 万元，占全部投入资金的 59.60%。见表 6-1。

**表 6-1　环江毛南族自治县以村为单元人口较少民族村级规划项目汇总表**

<table>
<tr><th colspan="3" rowspan="2">项目类别</th><th colspan="3">总计</th></tr>
<tr><th>项目数（个）</th><th>总投资（万元）</th><th>中央投资（万元）</th></tr>
<tr><td colspan="3">合　计</td><td>1858</td><td>38468.43</td><td>38436.73</td></tr>
<tr><td rowspan="10">基础设施</td><td colspan="2">小　计</td><td>1628</td><td>32931.34</td><td>32899.64</td></tr>
<tr><td>1</td><td>交通</td><td>597</td><td>12916.95</td><td>12916.95</td></tr>
<tr><td>2</td><td>能源及生态建设</td><td>209</td><td>4689.87</td><td>4658.17</td></tr>
<tr><td>3</td><td>邮电通讯</td><td>15</td><td>567.2</td><td>567.2</td></tr>
<tr><td>4</td><td>农田基本建设及水利</td><td>230</td><td>6625.85</td><td>6625.85</td></tr>
<tr><td>5</td><td>人畜饮水</td><td>155</td><td>2290.65</td><td>2290.65</td></tr>
<tr><td>6</td><td>教育</td><td>161</td><td>2248.9</td><td>2248.9</td></tr>
<tr><td>7</td><td>卫生</td><td>111</td><td>583.62</td><td>583.62</td></tr>
<tr><td>8</td><td>文化体育</td><td>139</td><td>2039.5</td><td>2039.5</td></tr>
<tr><td>9</td><td>安居房</td><td>11</td><td>968.8</td><td>968.8</td></tr>
</table>

续表

<table>
<tr><th colspan="3" rowspan="2">项目类别</th><th colspan="3">总计</th></tr>
<tr><th>项目数（个）</th><th>总投资（万元）</th><th>中央投资（万元）</th></tr>
<tr><td rowspan="5">群众增收</td><td colspan="2">小　计</td><td>221</td><td>5478.49</td><td>5478.49</td></tr>
<tr><td>10</td><td>种养业</td><td>147</td><td>5054.48</td><td>5054.48</td></tr>
<tr><td>11</td><td>农畜产品加工业</td><td>2</td><td>4</td><td>4</td></tr>
<tr><td>12</td><td>第三产业</td><td>0</td><td>0</td><td>0</td></tr>
<tr><td>13</td><td>科技推广及培训</td><td>72</td><td>420.01</td><td>420.01</td></tr>
<tr><td>其他</td><td>14</td><td></td><td>9</td><td>58.6</td><td>58.6</td></tr>
</table>

资料来源：环江毛南族自治县民族局提供。

2006—2010年，国家扶持人口较少民族发展专项资金投入扶持毛南族发展的12976万元资金中，累计投入72个毛南族聚居村和县、乡的项目957项，这些项目包括：交通项目120个，投入3185.5万元；人畜饮水项目727个，投入资金9143万元；能源生态建设项目2个，投入资金50万元；农田基本建设及水利项目14个，投入资金260万元；教育项目8个，投入资金158万元；卫生项目14个，投入资金98万元；文化体育项目49个，投入资金569万元；安居房项目2个，投入资金50.5万元；群众增收项目21个，投入资金298万元，其中种养业项目6个，投入100万元；第三产业及其他项目6个，投入资金69万元；技术推广及培训项目9个，投入资金139万元。[①]

2. 项目完成情况

国家扶持人口较少民族发展政策实施五年间，环江毛南族自治县先后投入扶持资金6亿多元，完成各类扶持项目2000多个，投入资金之多、覆盖范围之广、扶持力度之大、受益民众之多，在毛南族聚居区发展史上前所未有。在广大干部群众的共同努力下，项目建设、工程质量、进展、资金投入等基本能够按照预定规划完成，项目实施进程比较顺利。2009年，有65个毛南族聚居村基本实现了“四通五有三达到”的目标（“四通”指：通路、通电、通广播电视、通电话。“五有”指：有学校、有卫生室、有安全的人畜饮用水、有安居房、有稳定解决温饱的基本农田。

① 根据环江毛南族自治县民族局提供的《扶持人口较少民族发展专项资金项目汇总表》统计。

"三达到"指：人均粮食占有量、人均纯收入、九年义务教育普及率达到国家扶贫开发纲要和"两基"攻坚计划提出的要求），通过了上级部门的整村考核验收，占毛南族聚居村总数的 90.30%。2010 年底，另外 7 个毛南族聚居村基本实现"四通五有三达到"，通过了自治区、市两级整村考核验收。至此，国家扶持人口较少民族（毛南族）发展项目全部通过国家验收，毛南族 72 个行政村也都实现了"四通五有三达到"的阶段性目标，经济社会发展基本达到了当地中等或以上水平。

**图 6-2　毛南族发祥地——环江下南乡中南村南昌屯（方素梅摄于 2016 年 6 月）**

（三）项目实施的经济社会效益评估

"十一五"期间，经过国家扶持，72 个毛南族聚居村面貌焕然一新，基础设施得到明显改善，村容村貌有了明显改观，生产生活有了明显进步。扶持人口较少民族政策实施的五年，为毛南族聚居村发展最快、变化最大、民众得实惠最多的五年。自治县各族民众深深感受到了党和政府惠民政策的温暖。这些项目的实施，为毛南族改善生产生活条件，加快经济社会的发展奠定了基础。

一是推动了环江县经济社会的发展。国家扶持人口较少民族基础设施建设项目的实施和投入使用，使项目区的村屯基础设施得到明显改善、特色产业得到快速发展、农民生活质量得到较大提高、社会事业得到长足发展、村容村貌有了明显改观，综合效益显著，有力推动了全县经济社会的发展。据统计，2006年以来，国家扶持人口较少民族基础设施建设项目资金每年2000万元以上，项目覆盖72个行政村，受益总人口超过18万多人，其中毛南族5.8万人。2010年项目区农民人均纯收入2200元左右，比2005年增长了92%，可见这部分资金的投入对农民收入的提高十分明显。同时，通过这些项目的建设，对进一步加快环江毛南族自治县国民经济、财政收入、固定资产投资等方面的共同发展起到明显的拉动作用。2005年，全县地区生产总值为15.9亿元，财政收入1.3亿元、社会固定资产投资7.3亿元、农民人均收入1879元。至2010年底，全县地区生产总值30亿元，比2005年增长了88.70%；财政收入2.3亿元，增长了76.90%；社会固定资产投资19亿元，增长了160.30%；农民人均收入3317元，增长了76.50%。

二是基础设施得到明显改善。环江毛南族聚居区境内大多为石山区，村民居住比较分散，环境恶劣，基础设施比较落后。由于石山地区公路建设难度大，投入资金不足造成了农村基础设施严重滞后，不通公路和缺水是两大难题。在项目建设前，有一部分村屯所需的物质，全靠肩挑背扛，效率极低。许多村屯用水要到很远的地方去挑，大片水田因无法保障灌溉改种了旱地作物，所有这些不利因素严重制约了当地农民脱贫致富步伐。国家扶持政策的实施解决了当地村民的诸多实际困难。到2010年底，环江县毛南族聚居的72个村委会所在地均有通乡的四级柏油路或砂石路，新增或改扩建村、屯级道路115条299.4千米；新增或改造基本农田381.61亩；有1189个自然屯解决了人畜饮水困难，占全部自然屯的91.90%；有1267个自然屯通电，占总数的97.90%；实施安居房项目使38700户告别了茅草房或危房，占总户数的93.30%；各行政村委所在自然屯均能收听收看广播电视节目、开通有线电话或覆盖移动通讯信号；除部分行政村（社区）毗邻乡镇驻地文化站、图书馆、卫生院的社区外，其余均建有村级文化室、卫生室，并设立了农村合作医疗点。川山镇洞敢村委公路的修通，使全县148个行政村实现“村村通”。

通过实施人口较少民族基础设施项目，使当地农民生产条件和生活环境得到了极大的改善，这些改变可使山区的群众集中力量去进行农业生产，或通过劳务输出增加收入，从而逐步走向脱贫致富的道路。水利渠道的建成，使有限的水源都得到了充分的利用，扩大了农田灌溉面积，粮食等农作物的产量大大提高；人畜饮水工程的实施，给饮水困难的群众引来了干净卫生的自来水，劳动了一天的群众无须再为用水而操心；文化室、卫生室以及学校基础设施等项目的建设，丰富了当地农民的生活，有效缓解了看病难、上学难等问题。

三是产业结构得到调整，特色产业初步形成，农民增收渠道拓宽。产业结构的调整以及农民增收项目的实施，使得环江毛南族聚居区较好地发挥出山地资源优势和劳动力资源优势，种桑养蚕、甘蔗种植、菜牛饲养等特色产业逐渐成为主导产业。据统计，2010 年，环江县域农业总产值 195544 万元，其中桑蚕业总产值达 48610 万元，占全县农业总产值的 24.80%，糖蔗业总产值达 23654 万元，占全县农业总产值的 12%，2010 年全县桑园总面积是 12.7 万亩，其中毛南族聚居的 72 个村有 48 个村 18480 户群众种桑养蚕，有桑园面积 9.31 万亩（下南 0.19 万亩，川山 1.19 万亩，水源 1.35 万亩，思恩 2.21 万亩，洛阳 1.51 万亩，大安 1.4 万亩，长美 0.82 万亩，明伦 0.64 万亩），占全县总面积的 73%。年人均养蚕收入 1484 元。

2010 年全县糖蔗种植总面积 21.46 万亩，其中毛南族聚居的 72 个村中有 52 个村 920 户群众种植甘蔗，糖蔗种植面积 20.83 万亩（下南 0.16 万亩，川山 1.575 万亩，水源 1.35 万亩，思恩 3.9 万亩，洛阳 8.67 万亩，大安 2.79 万亩，长美 1.56 万亩，明伦 0.83 万亩），占全县总面积的 97%，年人均种蔗收入 2750 元；陈双、叠岭、永安、地蒙、古昌、才平等村成为甘蔗大村。

菜牛产业初步形成规模，毛南菜牛养殖业覆盖全县 30 多万农业人口中的 20 多万人，五年来，全县菜牛出栏 18.79 万头，成为助农增收的一项重要产业。2010 年毛南族聚居的 72 个村有 32 个村 1.3 万户群众饲养菜牛，年人均养牛收入 293 元。2008 年环江毛南族自治县获得“中国菜牛之乡”称号。

此外，农民增收渠道进一步拓宽。（1）条件较好的地区发展了桑枝食用菌产业，拓宽了产业链。2010 年，全县食用菌栽培总面积超过 70 万平方米，食用菌总产量达 1180 万公斤，实现产值 5900 万元。食用菌产业逐步成为农业经济发展的新亮点，有极大的发展空间。(2) 发展秋冬季农业生产，利用秋冬季农闲田种植秋冬菜、马铃薯、绿肥、油菜、油葵、秋玉米等。2010 年全县秋冬季农作物总面积有 18.8 万亩，帮助农民人均增收 30 元以上。(3) 开展劳务输出。农村劳动力实用技术培训推动了环江县劳务输出的顺利开展，剩余劳力有序转移就业得以实现，2010 年毛南族聚居区劳务输出 6995 人，劳务输出总收入 6020 万元，人均劳务收入 8606 元。

产业结构的调整在拓宽农民增收渠道的同时，也促进了环江县域经济的发展。“十一五”期间，全县地区生产总值年均增长 10.31%，增速比“十五”时期高 7.71 个百分点；财政收入年均增长 15.60%，增速比“十五”时期高 11.37 个百分点。2004 年全县地区生产总值 11.96 亿元，人均仅 2947 元，财政一般预算收入仅 5770 万元，人均仅 142 元，农民人均纯收入仅 1677 元；2010 年，全县地方生产总值 30.25 亿元，人均 7895 元，财政收入 2.6 亿元，人均 684 元；农民人均纯收入达到了 3406 元。

四是教育事业得到明显发展。扶持人口较少民族政策实施以来，自治县及毛南族聚居村教育事业得到明显发展。第一，“两基”攻坚取得较好成果。环江“两基”工作分别于 2005 年 10 月、2007 年 6 月通过自治区级和国家级评估验收。“普实”工作于 2006 年 11 月通过自治区级评估验收。(1) 控制辍学、保证学生就学的长效机制初步形成。环江毛南族自治县全面兑现和落实了“两免一补”、义务教育经费保障等政策。全县义务教育阶段的所有学生全部免除杂费、享受免费教科书政策，2010 年全县义务教育经费保障机制受益人数 3.755 万人（初中 12852 名，小学 24698 名）；同时加大了贫困学生资助力度。2007 年秋季学期起，全县义务教育阶段毛南族寄宿学生享受每人每年 250 元人口较少民族寄宿生活补助。2007 年秋季学期起，全县义务教育阶段寄宿学生享受贫困生活补助，2010 年共有 15893 名寄宿生（小学寄宿生 4115 人，初中寄宿生 11778 人）享受贫困寄宿生生活补助，经费达 1486.425 万元。(2) 办学条件有了较大改善。2010 年，环江创建自治区义务教育学校常规管理达标县工作顺利通过验收。全县初中校舍建筑面积达 13.24 万平方米，小学校舍建筑面积达 23.2 万平方米。(3) 教师队伍素质有所提高。在建设一支“数量充足、质量合格、结构合理、相对稳定”的教师队伍工作方面取得明显成效。2009—2010 年，全县共引进“特岗教师”75 名，2010 年向社会公开招聘用教师72名。以基础教育课程改革为契机，对初中和小学起始年级教师进行新课程培训；依托“贫困地区义务教育工程”“较少少数民族基础教育项目”等加大了对中小学专任教师教学方法的培训，鼓励在职教师参加函授学习，提高学历层次。2010年全县中小学教师学历合格率分别达97.63%和98.54%。实施“课堂达标工程”和“课堂教学721工程”，从转变教学思想和教学方法入手，通过集体评课、听课评课、课后反思、达标评比等手段，提高教师的知识素养和课堂教学水平，从而有效提高全县中小学教育教学质量。（4）教育普及程度有了提升。全县小学适龄儿童净入学率达99.95%，小学六年巩固率99.10%；适龄少年初中阶段毛入学率达107.60%，初中三年巩固率达87.30%，普及程度有了较大提高。（5）乡镇寄宿制学校建设力度加大。2010年全县乡镇小学有寄宿制学校55所，内宿生共计4115人，涉及11个乡镇（思恩镇小学没有寄宿制学校），其中寄宿制中心校共有9所，村级小学及教学点共有46所。全县初中寄宿制学校18所，寄宿生11778人。寄宿制学校的建成，不仅基本消除了危房，农村中小学校校舍落后的状况也有所改善，推动了农村学校布局调整，促进了教育的公平与农村义务教育的普及和提高。

第二，职业教育得到较大发展。环江毛南族自治县中等职业技术学校是该县唯一的一所职业技术学校，创办于1984年，是经自治区人民政府批准成立，由自治区教育厅备案的一所集中等学历教育，本、专科高等学历远程教育和各类短期职业技术技能培训于一体的综合性学校。2009年3月，将县中等职业技术学校、县就业服务中心、县农业机械化学校、县机动车驾驶员培训学校进行整合，成立环江职业教育中心学校。学校占地110.7亩，校舍建筑面积14370平方米。在校学生2874人，其中全日制学生1470人，年在职学历教育及短期培训人员超过2000人。在岗教职工77人，其中，大学本科以上学历52人，高级职称7人，中级职称教师40人，双师型教师20人。

2008年起，通过实施三年职业教育攻坚，县职业教育中心学校办学条件不断完善，拥有多媒体、制冷设备、焊工实训室、舞蹈室等20多个功能室。开设有计算机应用、电子电器应用与维修、市场营销等八个专业，每个专业都有相应的实训室与实习基地。职教中心规划、布局合理，基础设施建设逐年得到加强，综合实训大楼、办公综合大楼、图书馆、农机实训基地、汽车驾驶训练场、汽车维修、美容中心、足球场、田径运动场、文化广场、新校门以及校园大道等正在筹建之中，为打造功能齐全、结构合理的现代化职业学校奠定基础。

五是卫生、文化、保障等社会事业得到较快发展。卫生方面，建成了55个村级卫生室及环境卫生设施，群众就医难的问题得到有效缓解。毛南族聚居区乡镇卫生院、村级卫生室医疗和农村合作医疗点业务条件均得到较大改善，国家基本药物制度和药品供应保障体系、卫生监督体系和疾病预防控制体系逐步建立，72个村农民参加新型农村合作医疗达90%，并率先开办了新农合网络管理一卡通业务，少数民族村民从中获得更多的实惠。

文化方面，当地加强文化基础设施建设，建设小型特色博物馆，建成环江毛南族自治县民族博物馆、环江毛南族自治县图书馆、下南乡文化中心以及一批村级文化室，毛南族聚居村建设了8个乡镇级科技文化活动中心和43个村屯级农民文化活动中心，为丰富毛南族人民的文化生活提供了必要的场所，也为毛南族的分龙节、木面舞等民族传统文化的传承和发展提供了必要的条件。在实施毛南族人口较少民族发展规划中，当地还广泛开展群众性文化活动，积极抢救和保护濒危文化遗产，组建了33支业余文艺队、24支山歌队、1个芦笙队、4个毛南族木面傩戏班，培养了260多位民间歌王、40多位毛南族民间傩面匠人，全县出版了各类文化艺术作品20多种，有十多个舞台表演文艺作品获奖，组创了《有一个飘香的地方》《环江秀，环江美》等本地民族歌曲，编撰了《美丽神奇的地方》《环江礼赞》等一批摄影、书画、乡土文学集，设计创作了一系列独具神韵的民族文化工艺纪念品。毛南族文化尤其是濒危文化得到了一定程度的保护和传承。

到2010年，毛南族聚居的72个行政村除了毗邻乡镇驻地的行政村（社区）可就近享用乡镇文化站、图书馆、卫生院等文化、医疗资源外，其余的行政村均建有村级文化室和卫生室，平均用房面积分别达75.2平方米和79.5平方米；村委所在自然屯可100%收听收看广播电视节目移动通讯信号实现全覆盖，比2005年分别提高26%和54%；改扩建校舍3.17万平方米。毛南族聚居村的民生问题基本得到保障，促进了当地社会稳定和谐。

社会保障方面，社会救助体系不断完善，保障面逐年扩大，保障标准逐年提高，困难群众的基本生活得到基本保障。（1）城镇低保。保障人

**图 6-3　课题组在下南乡毛南族博物馆调研**
**（方素梅摄于 2016 年 6 月）**

数由 2006 年的 1947 人增加到 2010 年的 2614 人，占全县城镇居民的 4.80%。保障标准由原来的 143 元提高到 200 元，人均补差由 77 元提高到 191.84 元。五年来向上级争取低保资金共计 2294.01 万元，累计发放城市低保金 2065.44 万元，保障了城市困难群体的基本生活，实现了应保尽保。（2）农村低保。2007 年环江县开始建立和实施农村最低生活保障制度，当年保障人数 11951 人，2010 年增加到 31434 人，占全县农村人口的 10.14%；保障标准由原来的每人每月 57 元提高到 100 元，人均补差由 15 元提高到 56.62 元。四年来向上级争取低保金共计 4389.75 万元，累计发放农村低保金 4276.94 万元。实现了动态管理下的应保尽保。（3）医疗救助。环江县从 2007 年开始实施城乡困难群众大病医疗救助制度，四年来共给予 1000 多名城乡困难群众大病医疗二次救助，发放救助金 190.38 万元。同时，还投入 89.95 万元为城乡低保对象、农村五保户、职业武警及优抚对象办理参合手续，使全县城乡困难群众有病能够得到及时的医治。

优抚安置方面，全面落实优抚安置各项政策，优抚对象合法权益得到有效保障。（1）全面落实义务兵家属优待政策。自治县积极探索义务兵家属优待金自然增长机制，将优待金与农民人均纯收入挂钩，每年都按不低于上年度农民人均纯收入的70%发放义务兵家属优待金。五年来，累计给予964名义务兵家属发放优待金186.7万多元。(2) 优抚对象抚恤和定补标准逐年提高。全县现有优抚对象525人，其中革命伤残人员51人，年最低抚恤标准由2005年的1920元提高到2010年的5470元；“三属”人员30人，年最低抚恤标准由2005年的2340元提高到2010年的4800元；在乡老复员军人、带病回乡退伍军人以及部分参战参核退役人员共444人，他们的生活补助标准也比2005年增加了一倍以上。五年累计发放抚恤定补金1466万元。(3) 城镇退役士兵安置改革稳步推进。自治县采取自谋职业和重点安排就业相结合的办法做好城镇退役士兵安置工作，全面完成了城镇退役士兵安置任务。“十一五”期间累计安置城镇退役士兵107人，其中自谋职业95人，发放自谋职业金151.1万元，安排就业12人。

六是生态保护和建设取得明显效果。退耕还林方面，到2010年底，自治县累计造林30.6万亩，其中，退耕地还林55000亩，荒山配套造林251000亩。退耕地涉及全县123个村，666个屯，13834户农户，保存率达85%以上。农村生态能源建设方面，自1999年国家对农村沼气建设实施扶贫政策以来，到2010年底，自治县建成沼气的有2.7万户，入户率34%；农村沼气服务网点共25个，普及全县。沼气池建设直接受益群众达15万人，保护森林资源1.9万亩，有效改善了农村人居环境，实现农民增收节支。森林生态效益补偿基金有效使用方面，到2010年底，全县生态公益林总面积234.6万亩，其中国家级重点公益林补偿面积232.91万亩，自治区区级重点公益林补偿面积1.7万亩。分布在全县12个乡镇和1个国有林场，涉及130个村民委（社区）和6个分场。通过加强管护，生态公益林区的农户每年均足额领取到生态补偿金。

七是整村推进效果明显，生活条件有了改善。扶持政策实施以来，毛南族聚居区人均纯收入大幅度增加，生活水平明显改善。2005毛南族聚居的72个村农民人均纯收入为1146元，2010年达到2200元，五年间增长了92%。五年来，毛南族42181户中有38700户消除了茅草房或危房，占全部农户的91.70%。投入190.85万元，建成636个沼气池及进行改水改厕，人居环境和生活水平明显改善。

整村推进的扶持方式使得很多毛南族聚居村发生了前所未有的变化。

如下南乡仪凤村，扶持政策实施前该村没有文化室、卫生室和安全卫生饮用水，16个屯不通公路，不通电话，不通广播电视，全村人均纯收入仅为926元。经过几年的扶持，2009年仪凤村的上述困难全部得到解决，村委建成了功能齐全的科技文化活动中心，农民参加农村合作医疗率达92%，人均纯收入近2200元。又如下南乡中南村，扶持政策实施以来，仅在该村就投入扶持资金384万元，建成通村、通屯道路6条18千米，解决了8个屯1588人的行路难问题；建成水利渠道9条15千米，解决了9个屯1885亩耕地的灌溉；建成人畜饮水池13座，解决了13个屯1560人800多头（只）牲畜的饮水问题；建成村级卫生室60平方米及购置医疗设备；建设沼气池150座；解决了17户茅草屋住户的住房难问题等。2009年全村有27个菜牛养殖示范户，有90户农户发展种草养牛和种桑养蚕，全村存栏牛308头，桑园面积300亩，无公害蔬菜200多亩。2009年验收时农民人均纯收入1532元，比2004年增长45%；人均占有粮食307公斤，比2004年提高近16%；存栏各类牲畜5050头，比2004年增加3800头；全村贫困人口由2004年的1252人，减少到2009年的253人，贫困面由40%下降到8%。

八是人力资源开发有效开展。少数民族干部培养方面，2005年以来自治县先后选送毛南族领导干部6人次，到中央国家机关挂职锻炼以及到国家民委举办的人口较少民族干部培训班进行培训，还努力通过其他各种渠道对民族干部进行培养、选拔及培训，成效显著。据统计，截至2010年底，全县共有干部总数6459人，其中毛南族干部1585人，占全县干部总数的24.50%，比毛南族人口占全县人口总数的比例高8.5个百分点。基层专业技术骨干和致富能手等的培养方面，扶持政策实施五年间，自治县、乡、村三级实施科技推广及培训项目26个，先后举办了种草养牛、种桑养蚕、甘蔗种植、免耕抛秧、无公害蔬菜、民族工艺、电焊等实用技术培训班60多期，累计培训农民36000人次，印发各类资料15000多册，发放教学光盘100多张，播放教学录像50多场次。通过培训，项目区毛南族农民大多掌握1—2门实用技术，劳动者素质普遍提升，还涌现了一批技术骨干和致富能手。毛南族聚居的72个村共有桑蚕技术骨干366人，并构建了覆盖全县的蚕业技术推广服务网络，蚕农遇到问题科技人员能随叫随到、及时解决。2008年，该区域桑园面积达10.86万亩，养蚕32.5万张，产鲜茧22.75万担，养蚕产值达1.85亿元，户均养蚕收入5956

元。涌现了5个万蚕茧担乡镇、35个千担村、268户养蚕收入超5万元，8765户超万元，23670户超5000元。下南乡下南村松现屯农民谭合章外出考察回来后投资8万元建了一幢三层楼房猪舍，分层管理母猪、肉猪、猪仔，楼顶搭架栽植瓜果、蔬菜和花草，通过科学饲养、管理，年养猪收入超万元，开创了生态循环经济发展模式。毛南族农户还利用政府提供的培育技术，对本地菜牛进行品种改良，除每年出栏外，还将配种后的母牛提供给贫困户喂养，出生的小牛无偿提供给贫困户，每年能给贫困家庭带来超过2000元的收入。

## 三　“十二五”扶持人口较少民族政策的实施

2011年6月，国家五部委联合编制印发《扶持人口较少民族发展规划（2011—2015年）》，继续对包括毛南族在内的人口较少民族进行扶持。该《规划》扩大了扶持范围，提高了扶持标准，毛南族聚居区更多民众享受到了党和国家专项政策的扶持。

### （一）规划扶持项目

“十二五”期间，环江毛南族自治县根据毛南族在全县的分布情况及县域经济和社会发展的实际，重点规划道路交通建设、农村经济发展、农村安居房建设、社会事业、产业发展、农村科技推广培训项目六大类，总投资439930万元，其中基础设施建设项目数15918个，投入资金423917万元，特色产业增收项目135个，投资16013万元。

项目具体分类如下。

1. 道路交通建设项目：规划项目1083个，总投资274345万元。

2. 农村经济发展项目：规划项目1146个，总投资57616万元。

3. 农村安居房项目：规划项目13487个，总投资23383万元。

4. 社会事业项目：规划建设项目195个，总投资67543万元，包括教育项目总投资27040万元，卫生项目总投资8963万元，文化体育项目总投资11146万元，文化遗产保护项目总投资1491万元，基层政权及站所建设项目总投资5791万元，其他建设项目49个总投资8972万元。

5. 能源建设项目：规划项目7个，总投资1083万元。

6. 产业发展项目：规划建设项目45个，总投资9347万元，包括养殖项目总投资5862万元，种桑养蚕项目总投资1490万元，甘蔗种植项目总投资250万元，水果种植项目计划投入800万元，油茶种植项目总投资

100 万元，民族旅游项目总投资 595 万元。

7. 第二、三产业项目：规划项目 71 个，总投资 5010 万元。

8. 农村科技推广培训项目：规划项目 19 个，总投资 1656 万元。

### （二）发展目标

根据“十二五”规划，扶持项目的实施预期达到以下目标。

1. 交通落后状况得到大幅度改善，全县 72 个毛南族聚居村均通四级以上油路或水泥路，1496 个自然屯 90% 以上通水泥路。

2. 农田灌溉条件得到较大改善，有效灌溉面积占耕地面积比重达 80% 以上。

3. 乡、村中小学校舍和医疗卫生基础设施进一步改善，乡、村中小学建有学生住宿楼、学生食堂。

4. 加强村卫生室、乡镇卫生院、中心卫生院医疗设备配备，进一步提高乡村医疗卫生服务水平。

5. 农村住房条件有很大的改善，投入资金扶持危房、草房改造及建设，改变毛南族群众的人居条件。

6. 社会事业蓬勃发展，教育、卫生事业不断进步，民族传统艺术和民间文化艺术得到有效保护和弘扬，少数民族群众整体素质不断提高。

7. 加快产业发展步伐，在现有基础上，实现一年打基础，两年求突破，三年见成效，建设一批优质高效的种植、养殖基地。

### （三）项目实施完成情况

2011—2015 年，环江毛南族自治县根据以上项目规划对道路交通建设、农村经济发展、农村安居房建设、社会事业、产业发展、农村科技推广培训项目六大类 483 个项目实施。规划投入资金 205565.5 万元，到 2015 年 5 月，实际到位资金 25180 万元，比规划资金少 180385.5 万元，实际到位资金不足规划投入资金的 12%。四年间投入的资金及项目如下：2011 年，上级下达的扶持人口较少民族发展基础设施建设项目共 93 个，规划投入资金 30592.5 万元，实际到位资金 5335 万元，其中中央预算内资金 4536.6 万元，区本级预算内配套资金 798.4 万元。2012 年，上级下达扶持人口较少民族发展中央预算内投资项目共 118 个，规划投入资金 51776 万元，实际到位资金 6365 万元。2013 年，上级下达的扶持人口较少民族基础设施建设项目共 124 个，规划投入资金 58366 万元，实际到位资金 6259 万元，规划的 122 个项目全部开工建设，117个项目已竣工（其中，已通过县级验收项目85个），在建项目5个，累计完成总投资5958万元，占总投资任务的95.20%。2014年，上级下达的扶持人口较少民族发展中央预算内投资项目共148个，规划投入资金64831万元，实际到位资金7221万元，项目涉及城镇化建设、农村公路等基础设施建设。[①]

（四）项目建设的成效

"十二五"期间国家扶持人口较少民族发展项目的实施和投入使用，使项目区基础设施得到了明显改善、特色产业得到了快速发展，群众生活质量得到了较大提高，社会事业得到了长足发展，村容村貌有了明显改观，综合效益初步显现。

一是带动了全县经济社会的发展。"十二五"的前四年间，扶持人口较少民族基础设施建设项目资金投入每年都在5000万元以上，项目覆盖毛南族聚居的72个行政村（社区、场），通过项目的实施带动了全县经济社会的发展。2014年，全县地区生产总值、农民人均收入分别为35.87亿元和6203元，比2010年年均分别增长了4.70%和20.64%。到2015年上半年，毛南族聚居行政村中大部分已基本实现"五通十有"的目标任务，毛南族聚居地区呈现出生产发展、生活改善、民族团结、社会和谐的良好局面。

二是毛南族聚居区基础设施进一步完善。"十二五"规划实施后，毛南族聚居行政村中大部分已基本实现"五通十有"的目标任务，有效改善了民众生产生活条件。到2015年6月，聚居区内通公路的自然屯1054个，占总数的70.50%；通电的自然屯1476个，占总数的98.66%；通电话的自然屯1404个，占总数的93.85%；通邮的自然村屯1242个，占总数的83.02%；通广播电视的自然屯1446个，占总数的96.66%；通砼路51个村，占总数的72.86%；通电的村72个，占总数的100%；通广播电视的村72个，占总数的100%；通手机信号66个村，占总数的91.67%；通沼气65个村，占总数的90.28%；有安全饮用水的自然屯1090个，占总数的72.86%；有安全饮用水的村63个，占总数的87.50%；有安居房63个村，占总数的87.50%；有卫生厕所52个村，占总数的72.22%；有高产稳产农田52个村，占总数的72.22%；有学前教育53个村，占总数

① 资料来源：由环江毛南族自治县人民政府办公室提供。

的73.61%；有卫生室69个村，占总数的95.83%；有文化室71个村，占总数的98.61%；有体育健身场地27个村，占总数的37.50%；有办公场所72个村，占总数的100%；有农家小超市36个村，占总数的50%；适龄儿童入学率100%。[①]

三是有效改善了民众生产生活条件，促进当地农民脱贫致富。环江毛南族聚居区大多为石山区，环境恶劣，基础设施普遍落后。“十一五”扶持规划实施后，尚有部分边远山村受不通公路和缺水的困扰，有一部分村屯民众所需的物资全靠肩挑背扛，劳动效率极低，许多村屯饮用水要到很远的地方去挑，大片水田因无法保证灌溉而改种旱地作物。这些不利因素，严重制约了当地民众脱贫致富步伐。“十二五”期间通过实施扶持人口较少民族发展人畜饮水项目，加上水利部门实施的农村安全饮水项目，解决了项目区民众饮水难问题，农村公路项目的实施，民众行路难、农资运输难的问题得到了较好的解决，使项目区民众的生产生活条件得到了极大的改善。公共基础设施和生产生活条件的逐步改善，特别是特色优势产业项目的推广实施，进一步拓宽了少数民族群众脱贫致富的渠道，增加了家庭经济收入，群众生活水平逐步得到提高。民族村屯村庄整治和小城镇建设及其他社会事业项目的实施，逐步提高了毛南族聚居区民众的人居环境和生活质量，有效促进了新农村建设和民族地区和谐社会的构建。

**[个案1]　下南乡下南社区的变化**

下南乡下南社区位于下南乡政府所在地，是全乡政治、经济、文化的中心。社区总面积11400亩，耕地面积3315亩，其中水田2955亩，旱地360亩。截至2015年，下南社区下辖28个自然屯52个村民小组，全社区共1174户，总人口5565人（含本乡山区搬到社区内的5个移民点人口）。粮食作物以种植水稻、玉米为主。农民收入主要靠种养、运输以及劳务输出等。

2011—2015年，下南社区实施扶持人口较少民族发展项目15个，总投资1230.5万元，主要建设内容为：新建屯级水泥路10条，21.5千米，民族村屯村庄整治项目2个，小城镇建设项目1个，饮水项目2个。项目建成后，极大地改善了社区的生产条件和人居环境，有效改变了毛南族发

① 数据来源：由环江毛南族自治县人民政府办公室提供。

祥地和聚居地乡政府所在地昔日的落后面貌，促进了社区和下南乡经济社会的持续健康发展，让人口较少民族享受到了改革开放的成果，增进了民族团结及和谐社会的构建。社区种草养牛、桑蚕、水果、无公害蔬菜已经发展成为具有一定规模的产业。据 2015 年统计，全社区建有菜牛养殖示范基地 2 个，养牛示范户 52 户，存栏牛 1000 多头，年出栏 700 余头；有桑园面积 246 亩，水果 320 亩，无公害蔬菜 400 多亩。社区 90%以上农户建有楼房，适龄儿童入学率达 100%，参加合作医疗率达 90%，社区建立了“五保户”集中供养所，居民的生活质量不断提高。

**［个案 2］　思恩镇陈双村的变化**

思恩镇陈双村位于环江毛南族自治县城北部，距县城 6 千米，全村面积 47205 亩，其中水田 2665 亩，旱地 4005 亩，共有 26 个自然屯，28 个村民小组，702 户，总人口 3221 人。主要居住着毛南、壮、瑶、苗、汉等民族，少数民族人口占 95%，全村主要种植水稻、玉米、甘蔗、桑蚕等。2011—2015 年全村实施扶持人口较少民族发展项目 15 个，总投资 816 万元，其中新建屯级水泥路 12 条，19.8 千米。项目建成后，极大地改善了全村的生产生活条件，全村面貌焕然一新，促进了全村经济社会的发展。2015 年，全村甘蔗种植面积 8310 亩，桑园 2940 亩，农民人均收入 5008 元，比上年增长 29.47%，村内有两所学校，1 个诊所，1 个农村合作医疗室。

**［个案 3］　大安乡的变化**

大安乡 2014 年实施扶持人口较少民族发展项目完成投资 4848.89 万元，实施 119 个子项目，其中通屯道路 43 条，屯内道路硬化 63 个，人畜饮水工程 17 处，农网改造项目 3 个，所有项目都已竣工并投入使用。2011 年前塘房村没有一条水泥路，“十二五”期间，塘房村共建设村级和屯级路 20 条，硬化率达到 100%。2015 年，全乡通屯水泥路、屯内道路硬化覆盖率分别达到 95%以上，为群众彻底解决了行路难问题。全乡粮食播种面积 2.44 万亩，甘蔗面积 1.8 万亩，桑园面积 2.1 万亩，全乡种植核桃 1.86 万亩、红心香柚 1.16 万亩。2014 年，有 100 多亩红心香柚试挂果，产量 6 万多斤，产值 37 万元，新兴产业发展态势良好，全乡“四个万亩”支柱产业已经形成。

**［个案 4］　长美乡美洞屯的变化**

长美乡长美社区美洞屯虽然距离乡政府只有 4 千米，但交通极为不便，路面都是坑坑洼洼，过往人员晴天一身尘埃，雨天一身泥，群众怨声载道。全屯33户，170多人，主要经济来源是依靠种养及劳务输出，农户产品外销、购买家电都是靠肩挑背驮，有的人想建楼房，建筑材料也无法运进，只能望而生叹，由于受交通的影响，外出务工的女青年都远嫁他乡，大龄男青年逐渐增多。2013年实施的人口较少民族发展资金项目美洞屯通屯公路修通后，村容村貌焕然一新。2014年村里已有4户农户建起了楼房，2户正在备料，10多户购买了摩托车，2015年春节有3名男青年欢天喜地娶回了媳妇。如今的美洞屯到处都洋溢着欢声笑语。

## 第二节 发展过程中的问题与思考

“十一五”及“十二五”期间人口较少民族扶持政策的持续实施，使环江毛南族自治县经济和社会各项事业得到了前所未有的发展，群众生活有了明显的改善和提高。但是，因受历史因素和自然条件的制约，与区内外很多县市相比，经济社会发展还比较缓慢，贫困问题仍然突出，尤其是毛南族聚居的72个贫困村的文化教育、医疗卫生、人畜饮水、道路交通、通讯、供电和广电文化等方面的基础设施仍然落后。如何进一步促进这些村庄的发展，彻底消除贫困根源，与全县人民一起走向小康社会，需要进行认真的调查研究并提出切实可行的对策和建议。

### 一 发展面临的困难与问题

实施“十一五”和“十二五”规划以来，环江毛南族自治县经济社会发展面临的困难与问题主要有几点。

第一，经济基础薄弱，发展后劲明显不足。环江县域发展基础脆弱，经济总量小，发展水平不稳定，财政增长和农民增收还十分困难。主要表现：一是财源结构单一，仍然以“矿财政”为主，主体税源企业效益受市场因素影响严重，财政增长乏力；二是财政收入质量不高，地方可用财力严重不足，财政增支因素增多，收支矛盾突出；三是企业改制成本不断加大，企业负债逐步向财政转移，财政压力进一步加大。

第二，贫困面大，基础设施落后。“十二五”期间全县实施的整村推进有40个贫困村，按照农民人均纯收入2300元（2010年不变价）新的国家扶贫标准，2013年末40个贫困村尚有贫困户1.061万户，贫困人口

3.7545万人，其中五保户226户5652人，低保户1098户3706人，扶贫低保户1910户6843人。40个贫困村有19个村未通水泥、柏油路，占47.50%；40个贫困村共737个自然屯中，20户以上自然屯450个，未通屯级路105个，占22.40%；饮用入户管道自来水的屯有482个，尚有255个屯15963人饮水困难问题需要解决；2013—2015年需改造危房户2608户。这些贫困人口大部分居住在自然条件相对恶劣、促进发展的有效资源相对贫乏、信息闭塞、交通不便的大石山区、高寒山区和边远山区，脱贫致富奔小康难度很大。

第三，毛南族聚居的72个村减贫率极不平衡，农民收入增长缓慢。截至2015年底，72个毛南族聚居村中减贫率最高的村达89.75%，最低的村为-15.45%，其中减贫率在50%以上的村（达标村）有38个，50%以下的村（不达标村）有34个。多数村民人均纯收入仍然较低。2015年环江县农民人均纯收入为6203元，而72个毛南族聚居村中大部分达不到这个水平。究其原因，一是村民居住环境自然条件恶劣，产业发展难，没有支柱产业支撑，人均收入增长慢；二是村民因病、因灾、因学等返贫现象频现；三是农民综合素质不高，特别是部分村民的文化素质较低，难以掌握致富技术，脱贫步伐缓慢。尽管政府投入了不少人力、物力、财力加大了对当地农民的职业技术培训，但收效不大。如“十二五”期间，环江毛南族自治县有关部门加大力度加强对少数民族群众的科技推广与培训工作，通过组织乡村干部和农民代表外出考察、学习先进经验等多种渠道，培养农村实用科技人才和管理人才，努力使少数民族群众掌握1—2门种植、养殖或加工技术，还先后在县、乡、村三级举办了种草养牛、种桑养蚕、甘蔗种植、免耕抛秧、无公害蔬菜等实用技术培训班60多期，培训农民11200人次、印发各类资料15000多册，发放教学光盘100多张，播放教学录像50多场次。不过在短短的几年里，这些努力仍然难以达到预期的效果。

第四，基础教育及职业技术教育发展面临诸多困境。一是教育基础设施发展滞后。环江毛南族自治县“两基”工作已初见成效，并取得了一些成就，但基础教育仍明显滞后广西全区的发展水平，教育基础设施十分落后。特别是较为偏远的民族乡的许多中小学，交通不便，群众居住分散，为方便学生就近入学，校点设置比较多，布局比较分散，无法做到既方便群众又能提高规模办学效益，校点布局与规模办学效益矛盾仍十分突出。加上民族地区教学设施十分落后，有的甚至连基本的教学设施都不具备，使得民族聚居区的基础教育现有成果无法得到保证。民族聚居区基础教育始终走不出困境，并成为制约自治县教育发展的瓶颈。二是义务教育、高中教育、职业技术教育的发展仍不能满足当前经济社会发展的需要。环江毛南族自治县义务教育发展基础薄弱，巩固提高任务重。虽然已经顺利通过国家级“普九”验收，但达标水平还是比较低，债务沉重。高中阶段教育规模仍然偏小，截至 2015 年县内有三所高中（两所公办一所民办），每年初中毕业有 4000 多人，而县内三所高中仅能录取学生 1500 名左右，即每年能升入高中的学生仅有 37%左右，而毛南族聚居区的初中生升入高中的比例又远低于全县的平均水平。自治县职业教育起步晚，发展历史较短，缺乏雄厚的师资力量和基础设施，无法承担起为民族地区培养实用型人才、助推民族地区经济发展的任务。随着社会经济的进一步发展，民族职业技术教育与经济发展的不适应性愈加突出，这种滞后性严重制约了民族地区经济的发展。三是教育经费投入不足依然是困扰民族地区教育的一大顽疾。由于民族地区经济发展的滞后和环江毛南族自治县地方财政困难，农民收入不高，国家财政拨款几乎承担了自治县境内各级教育的全部经费，投资渠道单一，教育事业深受经费紧张的困扰。由于教育经费的短缺，民族地区的教育基础设施得不到完善，教学、住房条件十分简陋，教师待遇低，造成大量优秀的教师外流，导致了教师力量的短缺，影响了教师队伍整体素质的提高。由于教育经费的短缺，教育基础设施得不到完善，还导致了大量的优秀学生的流失。这些都进一步影响了教育规模的扩大和教育质量的提高，影响到民族教育进一步的发展。

第五，文化体育和民族文化发展方面存在的问题。首先文化体育场馆不足。环江毛南族自治县体育运动场馆和文化活动场馆严重缺乏，乡镇一级的文化体育基础设施更为落后，县内虽设有县级文化馆、图书馆、博物馆、文物所、艺术团 4 个文化事业单位和 12 个乡镇级文化站，但绝大多数设施简陋，有的仅有站房，缺少必要的设施。其次经费投入不足。县图书馆、文化馆、博物馆、艺术团的室内设施十分简陋，经上级多次评估，两馆一所都是等外馆所，缺乏必要的设备，但因经费缺乏无资金添置，影响了文化活动的开展，使许多优秀民族传统文化遗产无法收集、整理和传承，如毛南族传统文化的代表花竹帽编织、毛南傩戏等目前正面临失传的危险，为收集、整理、展示、抢救民族传统文化提供必要的条件，已成当务之急。最后，对民族传统文化的宣传、挖掘、传承与弘扬不够，投入资金不足。一些民族传统文化因得不到及时地抢救和保护濒临失传，需要各级有关部门给予高度重视，加大资金投入，为提高民众的民族文化自觉，为抢救民族文化、培养优秀民族文化传承人做出更多的努力。

## 二　文化传承与保护的思考

环江毛南族自治县是我国毛南族的主要聚居地，也是毛南族文化的主要发源地和聚集地。多年来，当地毛南族传统文化的传承和保护问题一直没有得到解决。虽然环江毛南族自治县各级政府为挖掘、传承、保护毛南族文化做出了不懈的努力，也组织了相关的活动，毛南族文化得到一定程度的发掘、抢救、传承和弘扬，但由于社会的变迁和外来文化的冲击，一些优秀的民族文化仍然濒临失传，应该引起政府有关部门的高度重视。

### （一）毛南族傩文化传承面临严重危机

包括“肥套”在内的毛南族傩文化融合了毛南族口头文学、民间山歌、舞蹈、音乐、戏剧、傩面具雕刻等内容，并形成相对独立的傩歌、傩舞、傩戏、傩乐和傩故事等艺术表现形式。毛南族傩文化是以毛南族还愿仪式为载体而存在的，没有文字记载，主要通过傩师的口头传授代代相传。由于传承渠道的单一和其道具制作工艺的复杂，傩文化处于濒临失传的境况。根据2015年的调查，环江毛南族地区仅有4个民间傩班，共有33人，最年长者78岁，最年轻者31岁，傩师平均年龄在60岁以上。全县资深艺精的傩师不足10人，且这些傩师大多已经年过七旬，能勉强表演全套十几种傩舞的仅有1位老傩师，能按古曲吹奏传统唢呐、会演两种瑶王角色的老傩师也仅各有1人，掌握全套傩打击乐的仅3人，能雕刻全套36个木面（傩面具）的仅2人。能承担起传承重任的民间傩师年龄已经很大，人数锐减，有兴趣学习传统傩文化的年轻人也很少，传承危机日益深重。如能雕刻全套36个木面的谭信慈、方振国两位老人已年过七旬，多年前就努力培养接班人，但由于制作傩面具工艺复杂，雕刻一个木面需要一星期的时间，刻完全套36个木面就需要252天，且难以售出获利，年轻人多不愿意学这门手艺。年近八旬的方振国老人担心雕刻工艺失传，把雕刻技术传给了自己的儿子，但其子已经外出务工多年，基本放弃了学艺。自治县文化馆的负责人也告诉课题组，木面雕刻至今没有办过培训班，原因是没有年轻人愿意学。

为了抢救性保护毛南族傩文化，环江毛南族自治县成立了傩文化保护专门机构，组织了数次毛南族傩文化保护专项调查与普查，建立了傩文化保护资料数据库，自治县财政每年拨款 20 万元作毛南族傩文化专项保护经费。但是，傩文化保护项目是一项涉及面广、工作量大，需要投入大量的人力、物力和财力。环江是国家级贫困县，财政十分困难，用于此项工作的经费有限。因此，需要相关部门给予经费上的大力支持。

### （二）花竹帽编织工艺传承面临危机

花竹帽是毛南族传统的手工艺品。系用竹子作材料手工编织，工艺复杂，取材十分讲究：必须于夏至后立秋前选取修直匀称的筋竹、墨竹作编织篾材，全手工分篾，分篾细如发丝，辅以天然染料染色，编织成帽子。花竹帽在毛南族地区历来被民众视为珍品，其工艺要诀按师承传统，通常只在直系或嫡系亲属间传承，一般不传外人。年过八旬的下南乡古周村毛南族老人谭顺美曾是环江县唯一能传授花竹帽编织工艺的工匠，也曾是唯一传人，2000 年开始收徒传艺。但谭氏门徒编帽也仅是不定时地应人求购而作，并非长年专职编帽。花竹帽编织没有任何文字记录与图片说明，仅凭老工匠口头传授与示范世代传承。初学者掌握基本技能后参照前辈工艺成品揣摩练习，须经反复实践和长期操作方能领悟工艺诀窍与技术真谛。谭顺美老人收徒传艺已有 10 余年，至今“出师”的只有毛南族妇女谭素娟，其于 2001 年开始师从谭顺美老人学习编织花竹帽，2009 年被确定为毛南族花竹帽编织技艺的第五代传承人。新的传承人的诞生在一定程度上缓解了花竹帽编织技艺的传承危机，但是这种一代只有一个传承人的“单传”，依然难以走出危机的困境。由于编帽工艺复杂，费工费时，收入不高，现在很少有年轻人靠兴趣认真学艺。这门师傅带徒弟、一代传一代的手艺后继乏人，加深了危机的程度。

为让毛南族编织技艺后继有人，2000 年开始环江毛南族自治县每年拨款数万元，用于花竹帽工艺调查、资料整理及工艺传承培训工作，每年参加培训的有 20 多人。但由于花竹帽工艺的特殊性与加工的零散性及个别性，自治县自身很难创建市场机制和强化工艺传承机制，学员们亦难以在目前零散加工模式下脱颖而出。如果缺乏外部力量的强力推动与专项政策的对应扶持，花竹帽传统工艺的保护工作也难奏实效。谭素娟如今已年届五旬，虽然她在尽力培养学员，但学员们成长为具有较高技术水平的花竹帽手工艺人，还需要更大的努力。

（三）民族语言传承危机显现

语言学家将毛南语列为“衰变语言”，其使用状态正在由稳定使用向不稳定的方向发展，语言功能持续下降并出现衰退趋势。据 2000 年人口普查资料，毛南族总人口为 71968 人。但毛南语使用人口只有 31000 人，仅占毛南族总人口的 43%左右。2006 年环江毛南族自治县文化部门曾对毛南族聚居的下南乡做了毛南语语音方面的调查，调查人员分三组分别对 10—20 岁、21—40 岁和 41—60 岁的正统土著毛南人进行问卷调查，问卷内容是 100 个常用词、句，调查结果是：老人组答对了 93. 80%，成人组答对了 76%，而青少年组只答对了 62. 80%。也就是说，毛南人使用本民族语言的能力正在逐代衰减，其抢救工作已经迫在眉睫。

（四）民族传统民居建筑破坏严重

一直以来，毛南族传统民居建筑保存相对完好的，当属毛南族的发祥地下南乡南昌屯，但近年来这些古建筑遭到了严重破坏。2003 年课题组在该屯调查时，该屯还保留有全木结构、砖木结构以及石、土（夯土）、木混合结构三种干栏建筑 60 余栋，其中石、土（夯土）、木混合结构干栏建筑有 12 栋。这 12 栋建筑山墙基础用大块料石砌成，腰部以上用规整的青砖砌成，内部为全木结构的干栏式，屋脊两端翘起呈凤凰回首状，山墙上的窗体规整，装饰精美，分立于主村道两侧，每侧各 6 幢，排列整齐对称。屯中主道铺有青石板，较完整地保留了毛南族古村落的风貌。2006 年，环江毛南族自治县文化部门对该屯进行调查时，已有 27 户拆掉了原有的传统民居，新建了火柴盒式的砖混结构建筑，而且 80%的住户是在 2005 年、2006 年拆掉的。到 2010 年底，该屯传统民居几乎被拆除殆尽，仅存一栋地处偏僻山顶的小房。南昌屯古老的青石板路，也因为车辆出入不方便，被村民铺成了水泥路。类似的情况在其他村落也频繁发生，如仪凤村下力屯原有上百间古屋，现大部分已经被拆掉，仅存四五间，这些仅存的老房也将在近期被拆掉。从旧房拆下的五六米长的石条，多已被村民砸碎建新房用。毛南族传统建筑文化正以惊人的速度消失，其抢救保护工作刻不容缓。

（五）古墓群遭盗挖严重

位于环江毛南族自治县下南乡堂八村东南凤腾山上的古墓群，是毛南族祖先的陵园，毛南族的始祖谭三孝就葬在这里。凤腾山古墓群规模宏大，有大小古墓700多座，为圆形或方形，有单体墓，也有连体墓，墓前大都有墓碑与护碑石，呈牌坊式门楼，碑顶是造型各异的石刻，雕饰各种立体图案，工艺细巧而精美。这些墓碑石雕是毛南族石匠即兴在石头上雕刻而成，是毛南族石雕的典型代表，石雕图像纷繁、内容丰富，形成风格独特的文化体系，具有深厚的文化内涵和极高的艺术价值，是毛南族传统文化的精华。2000年凤腾山古墓群被定为广西壮族自治区重点文物保护单位，2013年3月由国务院公布核定为第七批全国重点文物保护单位。近年来这些古墓遭盗挖严重，由于缺乏经费，当地文物部门对其进行的保护相当艰难。为了保护古墓群，当地政府采取了很多措施，但收效甚微。由于缺乏资金，政府拟在古墓周边建筑围墙、种植刺类植物等保护计划无法实施，只能委托村委义务看管，或聘请附近村民作为业余看护人，至今没有专人看护。加上古墓群距离村庄较远，古墓被盗挖的情况日益严重。2007年便有4座古墓遭破坏性盗掘。村民们对祖先墓葬被盗挖极为愤怒，有的村民甚至想把祖先陵墓迁出凤腾山。作为毛南族文化的典型代表，古墓群的保护应该引起有关部门的高度重视，采取有效的保护措施已经刻不容缓。

此外，毛南族历史上留下的文物古籍很多，一些散落民间的古籍也因得不到挖掘、收集整理面临消失的危机。据调查，毛南族现存古籍中，仅水源镇的上南、各旦、山洞、民权4个村和洛阳镇的普乐、洛阳、团结3个村就有275部，其中上南村50部，各旦村35部，山洞村20部，民权村22部，普洛村50部，洛阳村55部，团结村22部。这些古籍主要集中在民间道公和山歌艺人手中，至今还没有得到珍藏保护。民间道公和山歌艺人大都年事已高，在他们百年之后，这些古籍有可能就此湮灭。

总体而言，毛南族传统文化传承和保护面临危机已是不争的事实。毛南族传统文化已经接近濒危边缘，肥套、花竹帽等传统文化传承人数量和年龄结构等都令人担忧，民族语言使用人数日益衰减，古墓群、古建筑等一些珍贵文化遗产如不及时进行抢救保护，将面临消失。综观环江毛南族自治县扶持人口较少民族发展规划及实施结果，投入民族传统文化传承与保护的经费明显偏少。2006—2010年投入扶持毛南族发展的资金6亿多元，实施扶持项目2000多个，但投入到文化项目的只有29个，仅占项目总数的1.40%，总投资1576万元，仅占全部资金的2.40%，而且这些资金主要投向文化场馆、村文化室等文化基础设施建设，直接用于挖掘、传承、保护毛南族传统文化的资金微乎其微。尽管扶持人口较少民族发展规划在“十一五”期间扶持的重点以基础设施建设为主，但鉴于毛南族传统文化发展面临的危机状况，因地制宜，特事特办，及时采取措施加以抢救与保护，无疑是十分重要的。如南昌屯毛南族传统建筑遭大规模拆除是在2005年之后，如果在扶持政策实施之初就重视这些传统建筑并采取措施加以保护，这些精美的民族建筑就不会就此湮灭。

令人遗憾的是，在扶持人口较少民族“十二五”规划项目中，有关民族传统文化传承与保护的项目和资金投入仍然很少，应该引起有关部门的高度重视。只有客观面对现实，总结经验，吸取教训，才有助于我们进行理性思考，探寻相关的应对策略，制定出更符合毛南族实际情况的传承保护措施。

## 三　全面实现小康社会的展望

“十一五”及“十二五”《国家扶持人口较少民族发展规划》实施以来，国家先后投入各项扶持资金近9亿元，实施道路、人饮、电力、通讯、安居房及产业扶持等项目2550多个，扶持毛南族地区经济社会发展。《规划》的实施，使人口较少民族聚居地区生产得到发展，人民生活有了明显改善，为毛南族实现2020年全面建成小康社会的目标奠定了重要的基础。

根据国家统计局2013年制定的《全面建成小康社会统计监测指标体系》，从经济发展、民主法制、文化建设、人民生活、资源环境五个方面，通过对已掌握的相关数据进行对比分析，毛南族地区全面建成小康社会取得了显著的成效。通过评估，我们也可以看到毛南族地区如期实现全面小康社会的制约因素主要来自经济发展、民主法制、文化建设和人民生活水平四个方面，其中经济发展起着至关重要的作用。对于经济欠发达的毛南族地区而言，经济发展指标是全面实现小康社会的重要基础，经济发展水平在很大程度上决定了毛南族地区民主法制的完善、文化建设水平的提高、人民生活水平各项指标的实现以及资源环境的改善，即经济指标的实现程度对于全面建设小康社会其他四项指标的实现具有决定性作用。因此，发展经济对于毛南族全面小康社会建设具有重要的意义。

“十二五”期间，毛南族地区经济发展还存在着诸多困难和问题，而经济结构不合理，二、三产业发展缓慢，缺少产业支撑、农民收入增长缓慢等问题，严重制约了当地经济的发展。毛南族地区远离经济中心，缺乏区位优势，经济结构仍然以第一产业为主，二、三产业规模小且发展缓慢。第一产业内部结构中，菜牛、香猪养殖业，桑蚕、林果等特色农业产业规模小，技术含量低，没能形成特色优势产业；工业经济缓慢发展且面临诸多困境，2014 年的工业经济总量仅为 19.96 亿元。工业体系由林产加工、茧丝绸加工、有色金属、煤炭、电力、食品、化肥、速材八大产业构成，其中农林产品加工业生产总值占工业生产总值的 71%。由于工业经济不发达，以流通、服务为主体的第三产业规模很小，发展缓慢。毛南族地区二、三产业发展缓慢，缺少支柱产业，不仅难以提高经济增长速度、扩大县域经济规模，而且极大地制约了当地农村劳动力的非农化转移和农民收入的提高，从而对毛南族地区的经济增长、就业、第三产业的发展、恩格尔系数的降低乃至城镇化率的提高，都具有直接而深远的影响。

可喜的是，国家在制定和实施新一轮扶持人口较少民族发展规划时，重点考虑到各地的实际情况，在“十三五”中继续加大财政转移支付力度，加大少数民族发展资金投入，重点扶持毛南族聚居区改善生产生活基础条件，发展特色优势产业，创建发展生产启动基金，积极探索发展特色产业，引导农民发展规模农业，争取特色经济效益最大化，以实现提高农民收入及生活水平的目标。“十三五”规划实施以来，环江毛南族自治县的经济社会发展取得了新的进展，有望于 2020 年实现全面建成小康社会的目标。

# 第七章

# 文化建设与旅游发展

党的十六大以来，相继提出了经济建设、政治建设和文化建设“三位一体”，经济建设、政治建设、文化建设和社会建设“四位一体”，以及经济建设、政治建设、文化建设、社会建设和生态文明建设“五位一体”的理念，建设中国特色社会主义的总体布局不断完善。党的十八大报告要求：“必须更加自觉地把全面协调可持续作为深入贯彻落实科学发展观的基本要求，全面落实经济建设、政治建设、文化建设、社会建设、生态文明建设五位一体总体布局，促进现代化建设各方面相协调，促进生产关系与生产力、上层建筑与经济基础相协调，不断开拓生产发展、生活富裕、生态良好的文明发展道路。”① 文化建设是建设中国特色社会主义的重要组成部分，一直受到党和政府的高度重视，特别是党的十八大以来，各级地方政府对文化建设长抓不懈，使之能够为经济建设、政治建设、社会建设和生态文明建设提供强大的精神动力和智力支持。

旅游经济是我国小康社会建设进程中最为显著的经济现象之一。随着国家经济结构的改革和经济环境的改善，以及人民生活水平的提高，我国旅游经济规模日益扩大，旅游业在产业结构中的比重不断上升。特别是在旅游资源丰富而旅游业起步较晚的边疆少数民族地区，旅游业的从无到有乃至快速发展的表现是十分耀眼的。环江毛南族自治县的旅游经济，也是在这样的大背景下逐步发展。

---

① 胡锦涛：《坚定不移沿着中国特色社会主义道路前进 为全面建成小康社会而奋斗——在中国共产党第十八次全国代表大会上的报告》（2012 年 11 月 8 日），中国网 · 中国时政，http：//news. china. com. cn/politics/2012-11/20/content_ 27165856. htm，2012 年 11 月 20 日。

# 第一节 公共文化服务体系建设

公共文化服务体系建设是满足人民群众基本精神文化需求的主要途径，是建设社会主义文化强国的基础工程，是全面建成小康社会的重要内容。党的十八大以来，以习近平同志为总书记的党中央，将加快构建现代公共文化服务体系纳入全面深化改革全局。2015 年初，中办、国办印发《关于加快构建现代公共文化服务体系的意见》和《国家基本公共文化服务指导标准》，对构建现代公共文化服务体系做出了全面部署。在各级党政部门的领导下，环江毛南族自治县的公共文化服务体系建设进入了快速发展的时期。

## 一 公共文化服务体系建设的成就

近年来，环江毛南族自治县依托深厚的历史文化底蕴，紧紧围绕“文化活县”发展战略，深度挖掘毛南族文化，努力打造毛南族文化品牌，实施一批重大文化设施建设和重大文化事业项目，公共文化服务体系建设取得明显成效。

一是公共文化服务基础建设水平不断提高。在县城，2011—2016 年自治县政府投资 3500 多万元建成新的文化体育活动中心，其中：毛南族博物馆总面积 2000 平方米，2012 年 6 月免费开放以来至 2017 年共接待观众 20 多万人次，已被列为广西百家建设博物馆；新建成的文化馆总面积 3000 平方米，音乐、舞蹈、美术、书法、摄影辅导室、棋牌娱乐室和读书阅览室、多功能厅功能齐全；新的环江图书馆总面积 3000 平方米，馆藏图书近 10 万册，坚持向城乡居民免费开放，已被评为国家二级图书馆。投资 1400 万元的县公共体育场项目于 2013 年开工建设，2014 年 11 月底完工。2017 年，新建的民族文化广场竣工开放。2018—2019 年，占地 50000 平方米的江滨体育公园以及水上运动中心、全民健身中心、体育馆、非遗展示馆、毛南剧院等一批重大项目亦相继完工投入使用。在乡村，截至 2017 年，全县 12 个乡镇全部建成 300 平方米以上的乡镇文化站，有的站舍面积达 1000 平方米以上，并建成了 96 个村级公共服务中心、146 个农家书屋，300 多个村、屯级篮球场。全县农家书屋已实现乡村全面覆盖，文化信息资源共享工程已建立县、乡、村三级服务体系。图书馆、文化馆及乡镇文化站对外免费开放工作正常开展，每年投入资金90万元，用于文化信息资源共享工程设备的维护、人员培训和惠民活动的开展，每年完成农村公益电影放映1524场，文化惠民范围惠及全县。

二是群众文化活动丰富多彩。县相关职能部门每年都举办迎新春、闹元宵、广场文化活动周等二、三十场文艺演出。截至2017年，全县组建文化志愿者队伍25支、城乡业余文艺队196余支、业余体育队106支、农村龙狮队30余支，全县各类乡土文化骨干人才1500多人。这些文化队伍常年活跃在城镇乡村，成为活跃群众文化生活的重要力量；部分团队和个人还参加区内外乃至出国的文化交流活动。通过开展群众文化活动，形成了一些具有民族特色的影响力日益扩大的文化活动品牌。如2008年以来，自治县连续举办毛南族分龙节，每年的分龙节同时举办龙舟邀请赛，前来参赛的龙舟队有区内外及部分国家的龙舟队，在分龙节活动中，前来观看群众（观众）累计达数百万人次，进一步提升了环江的知名度和影响力。同时，大力做好图书借阅和文化资源共享工程，2011—2016年图书借阅册次约44000册次，读者借阅人数约50000人次，电子阅览室的读者达3000多人次。

三是文化精品创作和演出取得丰硕成果。自治县成立以来，县内文艺工作者坚持正确导向，创作出一大批音乐、舞蹈、戏剧文艺精品，在区内外各类专业文艺比赛中荣获大奖。如1996年创作的大型毛南戏《顶卡花》，荣获第四届广西戏剧展桂花剧目银奖。2003年创作的舞蹈《傩祭》，荣获第三届河池铜鼓山歌艺术节专业文艺比赛一等奖，全国舞蹈比赛广西选拔赛三等奖；1997年创作的小品《山风轻轻吹》、2016年创作的小品《乡路遥远》分别荣获广西文艺创作铜奖；2009年自治县艺术团A男演唱组合荣获第十四届CCTV青年歌手大奖赛河池赛区选拔赛一等奖、广西区选拔赛优秀奖；2012年创作的小品《左邻右舍》获第十六届广西“八桂群星奖”金奖；2015年创作的小品《乡路遥远》，荣获第三届广西基层文艺会演一等奖，第十七届广西“八桂群星奖”金奖，第九届广西戏剧展桂花剧目金奖；1999—2003年编排的肥套傩舞《三娘与土地》《穿针舞》等节目，出访过日本、韩国等地演出，受到当地观众的热烈欢迎和高度评价；2017年参加广西三月三丝路文化行泰国站演出，演出的舞蹈《顶卡花》《纳庭》等节目受到泰国嘉宾和当地观众的热烈欢迎。自治县还成立有作家协会、楹联学会、诗词学会、美术协会、书法家协会、摄影家协会、山歌协会七个协会，截至2017年有会员1200多人。2013年10月，环江毛南族自治县被广西书法家协会授予“广西书法之乡”；2014年12月，被广西壮欢山歌总会授予“广西山歌之乡”；2016年8月，被广西文联授予“广西特色文艺之乡（傩面舞）”。

四是体育活动蓬勃发展。为全面贯彻落实《全民健身运动纲要》，营造浓厚的全民健身氛围，打造毛南族品牌特色体育运动，相关部门组织举办多种类型的体育比赛。在县城区举办周末篮球联赛、五人足球季度联赛、气排球联赛等，在乡镇举办迎春运动会等。相关部门还与各门类的体育协会紧密配合，把各类体育运动开展细化到协会，由协会组织承办各类赛事，2011—2016年各体育协会共举办各类比赛及展示活动300场次，全县先后举办了56次富有特色的大型群众性体育活动和赛事，开展免费培训50余次，直接发动、组织投入各类体育运动的干部群众达8万多人，受益群众约30万人次，形成全县体育活动和谐发展的新局面。相关部门还精心抓好从2008年开始承办的中国·毛南族分龙节龙舟赛，规格也已于2012年升格为全国赛事，在《广西体育》上刊出专文，成为享誉广西的水上运动品牌，2014年起新引进摩托艇赛、独竹漂赛项目，2015年水上运动项目（龙舟赛、独竹漂）两次连线央视直播，受到各大媒体关注。目前，环江县龙舟运动不仅成为群众最喜爱的运动之一，每年吸引数以万计的群众参与和外界的广泛关注，还是环江体育品牌、文化品牌，也成为推进县全民健身的新引擎。

五是广播电视事业快速发展。首先，新闻宣传取得新突破。1987年自治县成立以来，先后有100多件作品获市级以上奖励，其中获中央电视台优秀节目三等奖1篇，自治区好新闻作品一等奖2篇、二等奖5篇，三等奖10篇；市级好新闻作品一等奖30多篇，二等奖60多篇。2012—2016年，自治县连续5年被市文广新体局评为河池市影视工作先进单位一等奖。2010—2016年，连续7年被自治区评为播出机构播出秩序先进单位。其次，有线电视网络实现全县联网。自治县于2006年开始启动网络整合工作，2009年实现了统一规划、统一建设、统一运营、统一管理的自治区、市、县、乡四级贯通的广播电视一张网络，率先在河池市完成了乡镇广播电视网络整合工作。2013年12月底，全县12个乡镇与县城有线电视网络联网，实现全县有线电视网络联网。最后，积极推进村村通广播电视直播卫星工程。2012年，村村通广播电视直播卫星工程覆盖全县12个乡镇，127个行政村，1520个自然屯，受益农户48245户，受益群众192980人。

六是文物和文化遗产保护工作取得进展。1986年3月至2017年6月，环江毛南族自治县人民政府先后核定公布三批县级文物保护单位共计47处。1994年7月，北宋村石牌坊核定公布为广西壮族自治区第四批文物保护单位；2013年3月，凤腾山古墓群由国务院公布核定为第七批全国重点文物保护单位。相关部门配合区文物考古所完成中缅油气管道工程过境环江线路实地文物分布情况调查，完成《河池市环江毛南族自治县第三次文物普查不可移动文物名录》及《工作报告》的编写、报送工作。2012年10月，环江毛南族自治县文化体育局核定公布不可移动文物保护名录228处。县文物所对收藏的可移动文物进行统计、拍摄、整理，推进可移动文物信息登录平台上线。2012年6月，毛南族博物馆建成正式对外免费开放，除周一闭馆外，所有节假日全天开放，全年开放时间达320天以上，每年接待参观群众约10万人次。截至2017年，毛南族博物馆征集并馆藏可移动文物700多件，其中一级文物1件，二级文物1件，三级文物62件。

七是文化遗产保护工作力度加大。据统计，环江毛南族自治县民族民间传统文化（非物质文化遗产）资源共有1242个。2011年，环江毛南族自治县非物质文化遗产展示中心在毛南族博物馆挂牌成立。2012年，环江毛南族自治县积极配合开展河池铜鼓文化生态保护区建设，河池市铜鼓生产性保护基地在驯乐苗族乡平治社区韦氏兄弟铜鼓厂挂牌，毛南族花竹帽编织技艺传习所在下南乡文化中心挂牌。2014年，成立环江毛南族自治县“非遗”领导小组办公室，配齐人员、装备，专职负责县非物质文化遗产的挖掘、整理，开创非遗工作新局面。中心成立以来，积极开展非遗保护工作，组织非物质文化遗产传承人参加各种了各类非遗展览、展演及培训活动。

## 二　公共文化服务能力建设面临的问题

21世纪以来，环江毛南族自治县在邓小平理论、“三个代表”重要思想、科学发展观和习近平新时代中国特色社会主义思想指导下，以开展“五大文明”建设为契机，围绕全县中心工作，倾力实施“文化活县”发展战略，促使全县公共文化服务体系建设取得更大成效。

首先，自治县文化管理和相关部门紧抓思想政治建设，先后开展创先争优、和谐建设在基层、千名干部驻村屯、党的群众路线教育等主题实践活动，并根据实际情况，把主题活动与“文艺下乡”“文化惠民”等特色活动相结合，努力做到学习有内容，活动有载体，实施有方案，行动有措施，创新了活动方式，丰富了活动内容。

其次，自治县文化管理和相关部门切实加强文化人才队伍建设，从党的思想建设、作风建设、组织建设及相关的业务知识着手，有计划地开展学习和培训，在提高专业技术人员业务知识的同时，也强化了相关部门的组织建设和思想作风建设。

最后，自治县文化管理和相关部门注重抓好领导能力建设，把贯彻好自治县委、县政府的各项决策部署和本系统本单位的实际结合起来，创造性地开展工作。领导班子树立大局意识、责任意识及风险意识，确保政令畅通。认真相关学习法律知识，把自己的言行举止、行政行为转到依法办事、依法行政的轨道上来，严格要求自己，提高依法行政能力。用“三严三实”来武装自身，着力提高科学决策能力、全员执行能力及服务监督能力，树立团结、廉洁、务实的示范形象。

虽然环江毛南族自治县的公共文化事业取得了长足进步，但与经济社会发展特别是经济文化强县建设要求相比，还存在一定的差距，面临着较大的困难。文化事业投入总量少，全县上下对文化体育事业的重视度与经济建设相比还是存在较大的差距，文化建设与全县经济社会建设的发展速度不相协调。

首先是文化体育事业基础设施建设步伐依然缓慢，很多应在“十二五”规划中落实的基础设施项目因资金未落实未能实施，特别是乡镇、农村两级文化阵地设施建设滞后。从乡镇来看，乡镇综合文化站是开展科技讲座、扫盲教育、法制宣传、文艺辅导、文艺汇演、游戏娱乐以及农民学习文化、学习科学的课堂，也是推广科学技术、带领农村致富的重要阵地，对建设公共文化服务体系、推进新农村建设具有重要作用。但是目前的情况是虽然大部分乡镇设立了综合文化站，可是缺少开展娱乐活动所必需的设施和场所，又不方便人民群众进行文化消费，普遍存在着利用率不高的问题；即使那些有独立场所的文化站，其设施、设备以及投入等也与综合文化站的要求相差很远。从实际效用看，相当多的基层文化设施建成后，由于管理人员、经费难到位，不能有效运行，只满足了“有”，未解决“用”的问题，以至于被群众戏称为“开关中心”，少部分还被挪作他用。农家书屋的藏书数量不少，但普遍缺乏图书更新经费，可读性不高，有的图书灰尘满布，少有人借阅。

其次是文化体育事业发展进程中人才青黄不接，没有建立起有效的人才引进机制，“十二五”期间引进的专业文艺和体育人才远远无法满足文化创新建设的需求。文艺创作与时代进步、人民群众需要之间存在较大差距，文艺创作、理论研究、舞台艺术等领域缺乏高层次人才和领军人物。体育竞技缺乏高水平教练员、各类运动项目教练配备不全，人才进出口瓶颈没有打破。特别是基层文化工作队伍薄弱，工作不专一。乡镇文化站工作人员中普遍学历偏低、专业不对口、有文艺特长的不足半数，既懂专业、又懂管理或经营的复合型人才更是十分稀缺，而且仅有的这些人中兼职过多，不够稳定。不少乡镇的文化站人员，不仅要从事文化事业，而且兼任乡镇党政办、社会事业办、驻村指导员、会计、出纳等超出业务所及的工作。由于兼职过多，文化工作只能应付而已。

最后是投资主体单一，主要依靠政府投入。目前，环江毛南族自治县基层文化项目建设资金的投入，主要是依靠国家、省补助资金和政府的有限投入，社会力量投资还处于空白，多元、稳定的投入机制还未形成。一条腿走路的现象致使文化保护和非物质文化遗产项目建设资金缺口较大。

## 三 加强公共文化服务的思考

环江毛南族自治县“十三五”规划提出，到2020年基本完成规划中制定的文化体育建设各项目标任务。文化体育事业经费投入不断加大，文化体育基础设施建设较大改善，优秀文艺作品、文艺人才、体育竞技人才、文化产业经纪人才不断涌现，文化遗产得到有效保护，对外文化体育交流进一步拓展，文化产业发展加快，文化产品日益丰富，城乡之间文化体育事业共同发展，文化体育的影响力和竞争力不断提高。基本构建结构合理、发展平衡、网络健全、运营有效、惠及百姓的较为完善的城乡公共文化体育服务体系。基本形成一支适应新形势发展需要的门类齐全、结构合理、业务较强的文化体育人才队伍。基本形成以公有制为主体、多种所有制共同发展的富有地域特色的文化产业体系。到“十三五”末，全县文化体育事业水平达到全市中等偏上水平。“分龙节”文化品牌、广场文化周品牌、“飘香环江”山歌台品牌的文化主体形象基本形成并得到明显提升。

为了达到上述目标，需要从多方面入手，加快公共文化体育基础设施建设，保障重大项目顺利实施，提高公共文化体育服务能力，满足人民群众日益增长的精神文化需求。提升文艺作品创作与生产能力，繁荣文艺事业。加强文化遗产保护，提高文化遗产的合理利用率，推进文化市场繁荣发展。为此提出如下建议。

第一，设立文化体育事业发展专项基金，用于繁荣文艺创作与理论研究、艺术教育培训、文化遗产保护、体育竞技人才的培养、全民健身、老年体育重大节庆中文体活动的举办等。文化体育事业发展专项基金的来源主要从政府各级财政按不低于同级财政年度总支出的一定比例提取，确保逐年增长。另外考虑引进民间资本和社会捐赠。公共文化体育基础设施建设以财政投入为主，加大文化体育基础设施建设投入力度，多渠道筹措建设所需资金，有计划、有步骤、循序渐进的方式进行分级、分批建设，对已竣工的建设项目，追加一定的启动资金，配置相应的内部设备设施，使其尽快投入使用。

第二，完善文化体育事业发展政策，建立健全有利于促进全县文化艺术、体育竞技繁荣发展的激励机制，提高专业人才待遇，维护人才队伍的稳定。设立各级各类奖项奖励和激励文艺创作与生产。落实有利于文化产业发展的优惠政策，对招商引资工作中引进的重大文化体育项目在用地、税收、金融、信贷、投资等方面给予一定的优惠政策，吸引项目落地建设。采取贴息、补助等方式，支持文化产业园区和社会效益高、市场前景好的文化产业项目发展壮大。建立多元的文化产业投融资体系，落实有关文化产业扶持政策，营造良好的文化产业发展环境。

第三，充分发挥和调动新闻媒体、工会、共青团、妇联、文联等社会各界的重要作用，紧紧依靠群众、充分发挥和正确引导群众的积极性和创造性。鼓励、引导民营企业参与文化体育建设，广泛吸纳民间资金投入文化体育项目建设，鼓励社会捐赠，大力招商引资，在全社会营造一个有利于文化体育事业发展的良好氛围，推动全县文化体育事业在“十三五”期间跃上一个更高更新的台阶。

## 第二节　非物质文化遗产的保护和传承

环江毛南族自治县是全国毛南族集中聚居的地方，也是毛南族和壮族、汉族、苗族、瑶族等多民族杂居的地方，民族民间传统文化资源丰富。21 世纪以来，特别是 2011 年和 2014 年环江毛南族自治县非物质文化遗产展示中心和非物质文化遗产领导小组办公室分别成立后，自治县的非物质文化遗产的保护和传承工作得到进一步开展。在前面的章节中我们对环江毛南族自治县非物质文化遗产的保护和传承状况有所论及，在此将作进一步的叙述和分析。

## 一 非物质文化遗产的基本概念和相关政策

文化遗产包括物质文化遗产和非物质文化遗产。物质文化遗产是具有历史、艺术和科学价值的文物，包括古遗址、古墓葬、古建筑、石窟寺、石刻、壁画、近代现代重要史迹及代表性建筑等不可移动文物，和历史上各时代的重要实物、艺术品、文献、手稿、图书资料等可移动文物；以及在建筑式样、分布均匀或与环境景色结合方面具有突出普遍价值的历史文化名城（街区、村镇）。非物质文化遗产是指各种以非物质形态存在的与群众生活密切相关、世代相承的传统文化表现形式，包括口头传统、传统表演艺术、民俗活动和礼仪与节庆、有关自然界和宇宙的民间传统知识和实践、传统手工艺技能等以及与上述传统文化表现形式相关的文化空间。

我国文化遗产蕴含着中华民族特有的精神价值、思维方式、想象力，体现着中华民族的生命力和创造力，是各民族智慧的结晶，也是全人类文明的瑰宝。保护文化遗产，保持民族文化的传承，是联结民族情感纽带、增进民族团结和维护国家统一及社会稳定的重要文化基础，也是维护世界文化多样性和创造性，促进人类共同发展的前提。加强文化遗产保护，是建设社会主义先进文化，贯彻落实科学发展观和构建社会主义和谐社会的必然要求。由于过度开发和不合理利用，许多重要文化遗产消亡或失传。在文化遗存相对丰富的少数民族聚居地区，由于人们生活环境和条件的变迁，民族或区域文化特色消失加快。因此，加强文化遗产保护，特别是非物质文化遗产保护刻不容缓。

《国务院关于加强文化遗产保护的通知》提出，开展非物质文化遗产普查工作，制定非物质文化遗产保护规划，抢救珍贵非物质文化遗产，建立非物质文化遗产名录体系等工作内容，特别是强调加强少数民族文化遗产和文化生态区的保护。重点扶持少数民族地区的非物质文化遗产保护工作。对文化遗产丰富且传统文化生态保持较完整的区域，要有计划地进行动态的整体性保护。对确属濒危的少数民族文化遗产和文化生态区，要尽快列入保护名录，落实保护措施，抓紧进行抢救和保护。

## 二 非物质文化遗产的基本情况

环江毛南族自治县于1986年11月经国务院批准成立，是毛南族世居发祥地。截至2015年，全县有毛南、壮、汉、苗、瑶、侗、水、布依、仫佬等12个民族，总人口40.58万人，其中少数民族人口37.8万人，占总人口的92.19%。环江是一个多民族聚居的山区县，民族文化积淀丰厚，各民族传统文化各具特色又相互渗透，形成极具地域特征的独特文化元素。为认真贯彻落实《广西壮族自治区民族民间传统文化保护条例》，按照《国务院关于加强文化遗产保护的通知》和《广西壮族自治区人民政府关于加强我区非物质文化遗产保护工作的意见》的精神及“保护为主、抢救第一、合理利用、传承发展”的工作方针，环江毛南族自治县委、县人民政府高度重视，积极采取有力措施，切实做好非物质文化遗产的保护、管理和合理利用工作。文化行政主管部门具体抓好工作的落实，在县域内非物质文化遗产的保护和传承工作取得了一定的成效。

通过为期二年多全面普查工作，环江毛南族自治县初步掌握了全县非物质文化遗产资源共计1242个。截至2017年，全县已申请获得县级非遗保护名录143项，市级非遗保护名录19项，自治区非遗保护名录6项，国家级非遗保护名录2项，是河池市拥有省区级非遗保护名录以上项目最多的县份；成功申报国家级传承人1人，自治区级传承人11人，市级非遗项目传承人17人，公布县级非遗传承人120人，具体见表7-1。

**表7-1 环江毛南族自治县非物质文化遗产资源统计**

| 类别 | 数量 | 代表内容 |
|---|---|---|
| 民间文学 | 727 | 毛南族民间故事 |
| 民间音乐 | 153 | 《盘古歌》 |
| 民间舞蹈 | 15 | 《顶花卡》 |
| 传统戏剧 | 3 | 毛南族木面舞 |
| 传统体育、游艺与杂技 | 25 | 同顶 |
| 传统手工艺 | 57 | 花竹帽编织技艺 |
| 民间美术 | 6 | 毛南族绘画 |
| 传统医药 | 182 | 毛南医偏方 |

续表

| 类别 | 数量 | 代表内容 |
| --- | --- | --- |
| 民俗 | 74 | 毛南族分龙节 |

## 三　非物质文化遗产保护与传承的措施

环江毛南族自治县政府将非物质文化遗产保护工作纳入国民经济和社会发展总体规划，经费列入县级财政预算，并在人力、物力、财力和政策等方面给予了支持和倾斜，为非物质文化遗产发展提供了保障。

相关部门完善工作机制，成立了县级非物质文化遗产保护工作领导小组，具体组织实施保护发展工作。制定出台了《环江毛南族自治县十二五时期文化建设发展规划》《环江毛南族自治县非物质文化遗产保护实施方案》《毛南族肥套保护工作十年规划》《环江毛南族自治县铜鼓文化生态保护区建设方案》等文件，为开展非物质文化遗产普查和抢救保护工作，明确了任务，建立了制度。设立了专门的非物质文化遗产保护传承中心，落实人员编制，专门从事环江非物质文化遗产保护的挖掘、研究、保护和发展工作。建立非物质文化遗产保护理论研究体系。组织各级文化单位、科研机构，并邀请和广泛吸纳学术研究机构、大专院校、企事业单位、社会团体等各方面力量，参与非物质文化遗产保护工作。共同开展非物质文化遗产的认定、保存、传播、保护和利用等领域的研究，为保护工作提供技术支撑。

政府部门保障经费投入，加强基础建设。投资5000万元建设县城区新的文化体育活动中心，其中新的文化馆馆舍面积3000平方米，达到国家一级馆的建设标准。新的毛南族博物馆馆舍面积2000平方米，已于2012年6月正式对外免费开放。新的图书馆馆舍面积3000平方米，已被评定为国家二级图书馆。县政府投资400多万元建成全县12个乡镇综合文化站，站舍面积全部达到350平方米以上，投资1400多万元，按照“五个一”（即1个多功能活动室、1个文体广场、1套全民健身路径器材、1套简易音响、1套应急广播系统）的标准，建成了73个村级综合文化服务中心。环江县将文化事业经费全部纳入年度财政预算，对县非遗中心、图书馆、博物馆、文化馆、乡镇综合文化站等公益性事业单位实现人员经费全额拨款，公用经费和项目、业务经费全面保障并逐年递增。

建立县级名录体系和代表性传承人保护制度。建立名录保护体系是非物质文化遗产保护工作的重要手段和措施。根据国务院和文化厅的有关通知精神，环江毛南族自治县政府相关部门布置了名录申报任务，2005年推荐《毛南族肥套》申报国家级非物质文化遗产保护名录项目。截至2017年，全县已申请获得县级非遗保护名录143项，市级非遗保护名录19项，自治区非遗保护名录6项，国家级非遗保护名录2项（分别是“毛南族肥套”“毛南族花竹帽编织技艺”）。与此同时，建立传承人保护制度，重视传承人认定、申报工作。已成功申报国家级传承人1人，自治区级传承人11人，市级非遗项目传承人17人，公布县级非遗传承人120人。相关部门为申报成功的民间艺人举行隆重的颁证仪式，实行非遗传承人动态管理制度，定期了解传承人开展传承工作情况，推荐有代表性的传承人参加各级培训，组织传承人开展传承工作，参加各项展演比赛。

为了让全社会了解、认识环江的非物质文化遗产，自治县相关职能部门积极开展宣传工作，提高全民保护意识。以保护非物质文化遗产为主题，以广场文化活动周、全国文化遗产日、科技活动周等为载体，加大对《条例》《通知》《意见》和自治县“非遗”保护所取得的成果的宣传。近年来，自治县政府先后多次组织宣传部、文化体育局、民族局、科技局、教育局等联合开展民族民间文化保护成果图片展、山歌会等。从2008年起自治县每年举办环江广场文化活动周非物质文化遗产展演，收到了较好的社会宣传效果。县相关职能部门还利用各级媒体，加大对全县非物质文化遗产保护工作的宣传力度。先后拍摄制作了“精彩环江”“毛南傩戏”“美丽的顶卡花”“毛南族分龙节”“环江民间铜鼓铸造工艺”等专题片，通过环江电视台、河池电视台、广西卫视等进行播放宣传，传播环江丰富的民族、民间文化。环江毛南族自治县在互联网上登记注册并开通了“中国毛南族网”（网址：http：//www. zgmnzw. cn/），网站开设有民族概况、民族时讯、民族风情、民族文化、民族教育、民族政策、民族经济、民族特产、民族旅游9个栏目近200个页面，全面展示毛南族的风土人情和灿烂文化。

自治县政府采取“走出去，请进来”的办法，让全世界了解环江毛南族自治县非物质文化遗产。近年来，自治县毛南族“肥套”应邀到日本、韩国以及我国台湾等地区开展文化交流。毛南族傩戏班接待了北京电视台和中国台湾东森电视台等国内外近40家媒体采访。东兴镇瑶族文艺绝技、舞蹈《顶卡花》、肥套片段《放长生鸡》等节目，在河池市铜鼓山歌艺术节上大放异彩。2009 年“环江民歌”进京参加中央电视台音乐频道“民歌·中国”节目现场拍摄录播，向国人世人展现了毛南族民歌的无穷魅力。2012 年毛南族花竹帽编织技艺获得在安徽黄山举办的第二届中国非物质文化遗产博览会参展奖。2013 年毛南族分龙节参加“中国优秀民族节庆评选”活动，入选“中国最具特色的民族节庆”。2015 年毛南族分龙节活动获中央电视台多次连线直播和报道，毛南族傩戏受邀参加在上海举办的世界面具艺术高峰论坛，获得好评。2016 年 5 月环江毛南族自治县参加第十二届中国（深圳）文化产业博览交易会，展出花竹帽编织、肥套片段等节目，获本届文博会最佳文化创意奖。

资源普查是非物质文化遗产保护、传承、开发和利用的前提和基础。为摸清家底，全面了解和掌握环江各民族非物质文化遗产资源的种类、数量、分布状况、生存环境和存在问题。2008 年环江毛南族自治县人民政府下发了《关于加强环江县非物质文化遗产保护工作的意见》，开展非遗资源普查工作，通过召开专项会议、举办各级培训班、邀请专家辅导、召开阶段工作分析会、总结会，组织数据库的建立等，基本摸清全县非遗资源，在此基础上，进一步深入发掘各项名录的历史、社会内容，搜集文字、图片资料，并逐一建立档案。

相关部门利用先进的科技手段，将自治县濒危而面临失传的民间手工技艺制作成影像图文资料，永久保存。对仅有毛南花竹帽编织技艺、傩面雕刻工艺、“肥套”表演艺术、铜鼓铸造技艺等拍成集图、文、音为一体的永久性保存资料，防止再次丢失。举办专题培训班，邀请民间老艺人传授技艺。截至 2016 年，自治县民族局、文化广播新闻体育局先后联合举办了傩戏艺人、傩面雕刻艺人和花竹帽编织艺人培训班共 20 期，培训艺徒 120 人，学员 300 余人。开展民族文化进校园活动，把毛南族历史沿革、歌、舞、戏、体育竞技列入毛南族中小学校乡土教材和课外活动内容，“从娃娃抓起”，让毛南族学生在上中、小学校时就受到民族文化的熏陶，认知毛南族文化。截至 2016 年，全县已建立乡土文化进校园的长效机制和以县第二小学、下南乡小学两个“非遗”教育实验基地的传承教育机制。

自治县人民政府制定出台了《环江毛南族自治县民族民间文化保护办法》，鼓励广大干部群众挖掘发现、参与普查登记、参与维护、参与传承、积极捐献实物文物等，对保护有功者予以奖励，对破坏者给予惩罚。为珍贵文化遗产提供生存空间，构筑展示平台，为使各级前来考察毛南族文化的专家学者和全县广大干部群众直观了解毛南族文化，营造保护的良好氛围。在县城区利用现有的条件，设立了“非遗”保护传承基地，开设三个展厅，通过文字说明、图片展览、实物展示，介绍“毛南族肥套”“毛南族花竹帽”等珍贵的民族文化，展示毛南族文化的精彩和魅力。自治县相关职能部门还在毛南族的发祥地下南乡，设立展览室、建设传习馆，不定期开展培训和专题讲习，向年轻一代传授民族文化技艺。

## 四 非物质文化遗产保护与传承的成效及面临的困难

总的来看，环江非物质文化遗产保护工作取得了明显的成效。《毛南族肥套》《花竹帽编织工艺》已被列入国家级非物质文化遗产保护名录，争取到国家级保护资金 200 多万。毛南族傩文化被列为自治区民族民间保护试点项目。《毛南族分龙节》《环江壮族铜鼓铸造工艺》《毛南族木面雕刻》《毛南族石刻》等已被列为自治区级保护名录。成功申报市级非物质文化遗产保护名录 4 个，公布县级非遗名录 141 个。完成了“毛南花竹帽”的商标注册，完成了铜鼓铸造模具的实用专利申请。落实了毛南族“肥套”傩师、铜鼓铸造技艺工艺两类、两代传承人的自治区级认定工作，共成功申报国家级传承人 1 人，自治区级传承人 11 人，市级非遗项目传承人 17 人，公布县级非遗传承人 120 人，花竹帽传承人谭素娟成功申报广西工艺美术大师。先后出版了《毛南族文学史》《毛南族舞蹈》《毛南族研究》《毛南族民歌》（古籍版）、《毛南族故事精选》等 17 部“非遗”类专著，其中《毛南族文学史》获广西社科二等奖，《毛南族民歌》（古籍版）荣获自治区文化成果最高奖——广西铜鼓奖。毛南族民间传统体育《同顶》《抢花竹帽》《运石锁》《马革球》《退途道》等项目分别在区民运会和全国民运会上夺得 2 个全国二等奖、1 个三等奖和 1 个省区级 2 等奖、2 个三等奖。环江下南乡已被文化部命名为中国毛南族木面舞之乡。以传承保护毛南族肥套为目的，与河池学院联合用毛南语录制微电影《傩缘》专题片。

在取得成绩的同时，环江毛南族自治县的非物质文化遗产保护工作也面临一些困难和问题。由于环江长期属于自治区级和国家级贫困县，年财税收入不高，无法拿出更多的资金，全面开展民间文化研究、抢救、保护和传承工作，致使一些因民间活动开展越来越少、有些文化工作者或传承人因年岁已高，无继承人而他们所掌握的许多民间文化内容和形式濒临灭绝。

要开展非物质文化遗产的抢救保护工作，首先是要对本地区民间文化深入了解、全面掌握和广泛认同，因此，具有非物质文化遗产基础的专业队伍是开展好保护工作的基础和前提。目前，环江毛南族自治县能真正投入非物质文化遗产调查研究、保护和传承的人数相当有限，培养、壮大非物质文化遗产工作队伍并提高其业务水平迫在眉睫。毛南族文化的研究没有专门的机构，缺乏专家的指导，缺少人才支撑，缺乏系统性研究和开发。

濒危品种保护和传承人培养的问题有待解决。由于目前的传承处于自觉自愿状态，以及民间文化尤其是民间工艺特有的制作周期长、费工费力等，致使参与者不多，传承人匮乏，尤其是年轻一代，更是鲜有问津者。另外，一些落后的观念、做法和生产方式限制了其自身的发展。如自治县重大的民间文化保护内容“花竹帽编织工艺”第一代传承人已经去世，第二代传承人只有 1 名且已年近 50 岁。“壮族民间铜鼓铸造工艺”能整体掌握技术、全流程作业的也只有韦启初、韦启参两兄弟。《毛南族肥套》傩戏表演所用的傩面具雕刻技艺，目前全县也只有寥寥几人掌握，其中的两个传承人都已过古稀之年。还有许多民间歌谣、民间舞蹈、民族习俗等，因受现代文化意识、文化形式的冲击，逐步被淡忘消失，濒临灭绝。

要解决以上的困难和问题，必须加大投入经费，持续地加强培训，使一些技艺特别是手工艺后继有人。通过持续组织开展民俗文化活动，如“毛南族分龙节”，让广大年轻一代，在参与民俗活动中，认知、认同、掌握、珍爱这些民间文化的内容、形式和深刻的文化内涵。

环江毛南族自治县民族民间传统文化保护专业人才严重缺乏，一些对县内非遗文化深有研究的民间专家，有能力也有热情开展非遗工作，通过个人的钻研也积累了一些成果，但由于学历、年龄等因素不符合机关、事业单位选拔人才条件，不能正式进入非遗文化保护队伍，而通过公招考试招聘到的人才往往对非遗工作不够了解，在工作中无法深入发掘非物质文化的内涵，应建立非遗工作人才培养选拔机制，结合非遗工作实际选用人才。对已列入各项名录的非物质文化遗产，应该明确其概念和内容，特别是某些民俗、民间文学等，应对其关键性内容作出法律认定，厘清保护和开发之间的关系。对随意以“开发”为口号改变、歪曲非遗名录关键性内容的机构都应追究其法律责任。

## 第三节　旅游资源与旅游发展

环江毛南族自治县的旅游资源十分丰富。历史上，由于自然地理环境及交通运输条件的影响，人民之间的来往受到很大的限制，县域旅游长期处于待开发状态。近年来，随着产业结构的调整和人民生活水平的提高，环江毛南族自治县将旅游业作为振兴经济的重要手段，大力培育和发展旅游市场，县域旅游业进入了快速发展的阶段，对推动地方经济社会发展的作用日益凸显。

### 一　旅游资源

所谓旅游资源，是指自然界和人类社会凡能对旅游者产生吸引力，可以为旅游业开发利用，并可产生经济效益、社会效益和环境效益的各种事物和现象。根据中华人民共和国国家质量监督检验检疫总局发布的《旅游资源分类、调查与评价》（GB/T18972-2017），旅游资源可分为地文景观、水域景观、生物景观、天象与气候景观、建筑与设施、历史遗址、旅游购品、人文活动八大主类，23 亚类，110 基本类型。① 环江毛南族自治县的旅游资源较为丰富，基本包括了八大主类的内容，具有很高的开发价值。截至目前，已经发现的旅游资源可以归纳为两大类型。

第一大类是地文景观、水域景观、生物景观相结合的旅游资源。

环江毛南族自治县地处云贵高原东南向桂西丘陵地带过渡地区，既有峰丛、峰林、洼地、谷地、洞穴密布，喀斯特岩溶地貌发育非常典型的石山地区，也有坡地连绵不绝、河流蜿蜒曲折的丘陵谷地，动植物和矿产种类丰富珍稀，地文景观、水域景观和生物景观相互结合，形成了非常奇妙的生态旅游资源。

县境北部明伦镇的牛角寨瀑布群，分布在峰丛、峡谷、溪流、深潭交错的山涧，上下高差数百米，水流从山顶倾泻而下，形成十多级瀑布，每

① 《旅游资源分类、调查与评价标准》（GB/T 18972—2017）可从安全管理网下载，网址 http：//www. safehoo. com/Item/1510969. aspx.

级瀑布落差达 100 多米，似一条白练飞舞摇曳，落到涧底则汇成一条清澈透明的小溪，白茫茫的水珠汇聚成团团雾气，恰如仙境一般，炎炎夏季到此一游，无不感到心旷神怡！近年来通过开发建设，牛角寨的基础设施和旅游服务已经较为完善，吸引了县内外大批游客前来观光游览，成为县境内著名的旅游景点。

县境中部洛阳镇的文雅天坑群是中国第二大天坑群，以岩溶天坑群、天窗群和穿洞群为特色，兼育有岩溶地下河、岩溶泉、岩溶峡谷、坡立谷、岩溶峰众、石林、石牙，以及地表古地下河卵砾石堆积、地表古洞穴钟乳石等自然地质遗迹。在文雅天坑群中有 4 个大型天坑，其中“哥爱”天坑是最大的一个天坑。天坑群的坑底是一片高大的原始森林，植被繁茂，物种丰富，有国家重点保护的珍稀濒危洞穴生物和洞穴生物新物种，还有世界唯一性的、罕见的野生兰花群落。多数天坑的底部经洞穴相连构成奇特的地下长廊，地表河流和地下暗河交替出现，水流湍急；暗河的水温奇特，其中两条河水一温一冷，目前仍是未解之谜。文雅天坑不仅能满足科学考察人员对洞穴学、喀斯特学和喀斯特水文地质学等许多相关学科的研究需要，也能满足普通旅游者在探险、登山、徒步、挑战极限中增长见识、领略各种惊险与刺激的感官享受。①

县境西北部的木论国家级自然保护区，有着世界上现存面积最大、保存最完好的喀斯特原始森林，保护区内地形地貌奇特，森林密布溪流交织，动植物资源非常丰富，其中包括国家重点保护的野生动物豹、蟒、穿山甲、黑熊等，和国家重点保护的珍稀濒危植物和富贵植物，如单性木兰、伞花木、掌叶木、红豆杉和短叶黄杉等。保护区往东、往北则是位于东兴镇的杨梅坳，杨梅坳地处九万大山腹地，平均海拔 1200—1400 米，主峰无名峰海拔 1689 米，高山植被丰富，野生动物种类繁多，四季景色变幻多彩，尤其是冬季常常大雪飘扬，吸引了众多游人前来观光，也是科学工作者考察调研的理想场域。

县境东部长美乡的中洲河风景旖旎秀丽，古时即有文人雅士前往游览，明代黄庭坚流寓宜州时曾在中州河边的崖壁上，刻下了“山高水长”几个大字，至今石刻保存完好。中州河水文生态良好，河水清澈，水流湍急，两岸风光优美宜人，不仅是观光的好去处，还可进行漂流。县境西北

① 廖树群：《广西环江喀斯特科普旅游资源保护性开发研究》，《合作经济与科技》2017 年第 6 期。

部木论保护区内社村河段的古宾河发源于贵州省，所处地区是典型的喀斯特地貌，因此造就了古宾河滩长、弯多、水急、狭窄的特点，两岸山高林密，汹涌的河水被林立的怪石阻隔成59道急流险滩，很适合开展徒步、登山、涉水、漂流等户外运动。县境西部与南丹县交界的打狗河，因修建干捞电站和下桥电站水位上涨，在下南乡的景阳村形成了美丽无比的景阳湾。过去因交通困难，景阳湾不为外界所知，2016年开始动工修建公路以后，到此游览的人数日益增多，景阳湾逐渐成为县域知名的旅游景点。环绕县城的大环江河，通过近年来的生态建设和环境改造，也成为一处优美的水域景观游览地。

第二大类是建筑与设施、历史遗址、人文活动相结合的旅游资源。

建筑方面以毛南族传统民居最有特点。毛南族村庄大多依山而立，村背的石山上留有一大片护村林，以防石头滚落，又美化村景，其林不允许随意砍伐。传统居室为干栏式样，干栏内外山墙全是以木、石为构架，结实稳当。干栏一般为两层，上面住人，下面圈畜，门外有晒台，采光适宜而又可以防潮，是中国南方民族民居的杰作。干栏多数是泥墙上瓦，少数砖墙盖瓦，楼柱是石柱，楼内的台阶是石条，房基和山墙也大部分是由石块制成，连门槛、晒台、牛栏、桌子、凳子、水缸、水盆等也由石料垒砌或雕琢，这些石制用品上雕刻的花鸟鱼虫更是美不胜收。毛南族传统民居建筑最为著名的是下南乡中南村南昌屯，在毛南族的传说中，南昌屯是其世居发祥地。该屯有90多户300多人，截至2005年以前，全屯保存有60多幢全木结构、砖木结构以及石、土（夯土）、木混合结构的干栏建筑，其中石、土（夯土）、木混合结构干栏建筑有12栋。这12栋建筑山墙基础用大块料石砌成，腰部以上用规整的青砖砌成，内部为全木结构的干栏式，屋脊两端翘起呈凤凰回首状，山墙上的窗体规整，装饰精美，分立于主村道两侧，每侧各六幢，排列整齐对称。屯中主道铺有青石板，较完整地保留了毛南族古村落的风貌。遗憾的是，在现代风气影响下，该屯村民为了提高居住质量，大多拆掉了原有的传统建筑，改建起钢筋水泥材料的楼房，村庄的青石板路也被扩建铺设成水泥路。2014年，南昌屯成功入选首批“中国少数民族特色村寨”，为了抢救毛南族宝贵的建筑文化遗产，在有关部门的组织领导下，南昌屯新建的居民住房在外观上都按照统一设计的毛南族建筑风格进行改造，重新赋予其毛南族的传统民居建筑特色。如今，南昌屯作为毛南族世居发祥地和中国少数民族特色村寨，每年都吸引着大批的游人前往考察游览。

毛南族的古墓群位于下南乡凤腾山，是全国重点文物保护单位。凤腾山高约二、三百米，因为形似展翅欲飞的凤凰而得名，被毛南族视为圣山，山上700多座古墓，安葬着毛南族谭姓始祖谭三孝及其他先人。数百年来，毛南族群众对凤腾山十分敬畏，庞大的古墓群隐没在山上，一直到20世纪90年代初期才逐渐为外人所知。后经勘察，发现部分古墓已遭盗掘和损坏，估计古墓群原来的规模超过上千座。这些古墓均以大块大理石砌成，形制或圆或方，或单或双，大多由墓体、墓碑和护碑石组成，呈牌坊式门楼，碑顶是造型各异的石刻，雕饰各种立体图案，工艺细巧而精美，集中反映了毛南族石雕艺术的高超水平。由于毛南族只有语言没有民族文字，清代才开始出现私塾学习汉文，故而清代以前的古墓碑均为无字碑，清乾隆以后的墓碑不仅雕有精美的立体图案还刻有文字，是了解毛南族历史发展的重要史料。

县境北部明伦镇北宋村的北宋牌坊，既是建筑与设施景观又是历史遗址。该牌坊是北宋村人卢式慎为纪念清代同治年间抵御流民而在战斗中殉难的家族人口而建。咸丰、同治年间，贵州发生苗民大起义，遭到清军镇压后，一批苗民于同治七年（1868）从贵州南下进入环江县域北部的明伦（当时属于宜北县）一带，与当地居民发生冲突。北宋村的卢氏家族抵抗尤为激烈，在战斗中有9人殉难，唯有幼子卢式慎躲在石槽之下而逃过一劫。后来，卢式慎科举入仕，官至云南省布库大使，后托人将家人抗暴殉难之事上报朝廷。光绪二十年（1894），光绪皇帝钦赐卢式慎在北宋村建牌坊，以表彰其家族事迹。北宋牌坊全部用青石条、石板、石柱叠砌而成，主体分为两座，由相距15米的三连门组成。主体西北面20余米是由4块石碑组成的附体，碑文有光绪皇帝批准建坊的圣旨以及记述卢式“一门九烈”“御寇”战斗过程等方面的内容，两坊各有一副对联，碑文用汉、满两种文字记录。1994年7月，北宋牌坊被定为广西壮族自治区重点文物保护单位。

环江毛南族自治县境内现存最古老的历史遗迹，应为黔桂古道，又称环江古道。该古道位于自治县北部的木论国家级自然保护区内，东起环江川山镇社村的下峒坪，西至贵州荔波县的黎明关，全长25千米，贯穿保护区内的整个原始森林。古道始建于汉代，路面以石灰岩砌成，宽处1.5米，窄处1米，至今保存完好。据民间口述，古道上原有9道关口，其遗址至今依稀可见。其中保存最好的是洞平关，关门仍在；其次是黎明关，黎明关是环江古道上九关中的最后一道关隘，是贵州进入广西的第一道关口，地势险要，原来是三层雕楼，高墙铁门，两旁城壕护防，如今只有城墙仍在，其他遗址已毁。环江古道自汉代至民国年间都是黔桂交通要道，据传汉代名将马援、清代太平天国将领石达开曾转战于这一地区，故此在古道旁留下了“汉伏波将军寓此”的碑刻，在民间也有相关传说。第二次国内革命战争时期，邓小平、张云逸、李明瑞等于1930年4月率红七军主力到达河池、庆远、思恩等地。然后，张云逸带领第三纵队，沿古道向贵州进发，攻占了黎明关，李明瑞带领第二纵队经今环江明伦、驯乐向贵州荔波进发，在板寨屯与张云逸率领的部队会师，随即攻打贵州军阀王家烈的家乡榕江县城并获得胜利，为红七军的北上奠定了基础。20世纪90年代环江古道被重新发现并引起震动，开发古道的呼声一直不绝。①

人文活动资源方面，包括县域各民族的生产生活、风俗习惯、历史文化，等等。例如苗族的服饰、刺绣工艺、稻田、建筑、节日、歌舞，都独具自己的特色。环江苗族人口不多，主要聚居在县境北部的驯乐乡，其祖先据传由湖南迁移而来。苗族擅于稻作，因其大多居住在海拔五、六百米至一千多米的高寒山区，所开垦的稻田盘山而上层层叠叠，形成气势磅礴的梯田。该乡长北、镇北、山岗三个村的梯田连成一片，面积达2200多亩，春耕一片葱绿，秋收一片金黄，景色非常壮观、迷人。驯乐乡苗族的节日如过苗年，仪式感很强，载歌载舞，充满欢乐喜庆的气氛，近年来吸引着县内外大批游客参与其中。像这样的极具地方特色和民族特色的人文活动资源，在环江各民族聚居的村寨都很丰富。特别指出的是，作为全国唯一的毛南族自治县，环江毛南族的传统节日“分龙节”已经发展成为广西十大节庆品牌之一，受到县内外各族群众的广泛喜爱和积极参与，极大地促进了县域旅游业的发展。②

历史名人也是人文活动资源的组成部分。环江在近代曾经出现过一个非常著名的历史人物——卢焘。卢焘是著名爱国民主人士，早年加入中国同盟会追随孙中山革命，曾任黔军旅长、司令和贵州省省长等职。他于1882年出生于宜北县明伦乡九伦村（今环江毛南族自治县明伦镇明伦村）一个壮族贫苦农民家庭，青少年时期很长一段时间在环江生活并逐步成长，最后走上革命道路，走向全国。为纪念卢焘将军，1987年广西壮族

① 谢铭：《环江古道及其周边旅游资源开发》，《河池学院学报》2006年第1期。

② 关于分龙节及其与旅游发展的关系，详见本章第四节内容。

自治区政府拨款在环江县城的望峰山上建起了卢焘将军石雕像，2007 年通过政府拨款和社会集资方式，在卢焘出生地明伦镇的龙潭峰上修建了卢焘公园，内有卢焘纪念亭和卢焘半身雕像纪念碑各一座。此外，先后出版了《布衣将军卢焘》等数部相关著作和文集。①

## 二　旅游发展及其远景规划

环江毛南族自治县的旅游经济从 21 世纪初期开始起步。据 2005 年统计，全县旅游总人数 10.77 万，旅游总收入仅 0.56 亿元。经过十余年的努力，县域旅游经济有了很大的发展，2016 年全县接待中外游客 84.14 万人，旅游总收入 8.54 亿元。截至 2017 年 6 月底，全县接待游客 54.74 万人次，同比增长 22.55%；旅游总消费 5.64 亿元，同比增长 27.79%。2018 年 1—9 月，全县接待游客 110.4 万人次，同比增长 38.96%；旅游总收入 11.34 亿元，同比增长 38.97%。累计完成固定资产投资 8070 万元。旅游业的发展表现在以下几个方面。

首先，旅游品牌建设取得新突破。一是成功申报“环江喀斯特世界自然遗产地”世界级名片。2014 年 6 月 23 日，环江毛南族自治县等地申报的“中国南方喀斯特”第二期世界自然遗产项目通过大会表决，正式列入《世界遗产名录》，环江与桂林同时成为广西第一个世界自然遗产地，极大提高了环江在国内外的知名度，环江就此迎来提质发展新一级的世遗时代。二是喜获“中国最美文化生态旅游名县”。2014 年 12 月 9 日，在北京召开的“美丽中国·2014 第二届全国特色生态旅游城市发展论坛”上，环江毛南族自治县荣膺“中国最美文化生态旅游名县”称号。三是多举措强推品牌宣传成效显著。近年来，环江毛南族自治县以“世界遗产，大美环江”为主题，在区内高速公路沿线设置旅游宣传广告牌；以“生态环境良好、民族风情浓郁、特色文化彰显”为切入点，先后与中央电视台第二频道“消费主张”栏目、第四频道“远方的家”栏目以及国家旅游卫视等国家主流媒体合作，拍摄了环江毛南族自治县旅游专题片；以“打造环江山歌文化品牌”为主线，成功申报“广西山歌之乡”，成为河池市第一个山歌之乡；以“毛南族分龙节”“驯乐苗族乡庆”为主打，彰显民族文化特色旅游。随着旅游宣传的深入推进，环江毛南族自治县的

① 江日青：《广西环江卢焘将军名人资源旅游开发初探》，《河池学院学报》2016 年第 3 期。

知名度在不断提升，市场客源不断拓展。

其次，项目规划和政策制定取得新突破。一是注重旅游规划，着眼长远发展。申遗成功后，为了更好地发展旅游产业，自治县聘请北京巅峰智业旅游文化创意股份有限公司重新编制《环江毛南族自治县旅游业发展总体规划》，积极推进《广西木论国家级自然保护区生态旅游规划》《牛角寨瀑布群景区旅游开发规划》《文雅天坑群景区总体规划》的修编工作，长美中洲河、杨梅坳度假山庄等景区的发展规划正在实施当中。二是出台系列政策，为发展提供保障。制定了《关于加快旅游业跨越发展的决定》，配套出台了《自治县领导联系推进旅游项目责任制工作方案》《环江毛南族自治县发展旅游产业优惠政策及奖励办法》等一系列政策措施，从财税、投融资、用地、产业融合、富民增收、生态补偿、项目推进、企业扶持、人力资源、国民休闲等方面制定了一整套扶持办法。建立旅游业发展专项基金，列入年度财政预算，并对符合国家支持服务业、中小企业、扶贫开发、节能减排等专项资金的旅游企业和项目纳入支持范围。

再次，城市建设如火如荼，区位优势凸显。自治县启动了“一桥一路连成线，三横六纵形成网”的县城发展新举措，决心用3—5年的时间打造一个环江新城区。“一桥”即环江三桥，已于2017年底竣工；“一路”即环江至东江的二级公路，已于2017年底建成通车。该路建成后将环江至金城江的路程缩短为20千米，环江在河池的区位优势更加凸显。

最后，招商引资和项目建设取得新成果。一是招商引资力度加大。基于世界自然遗产地品牌的影响力，环江已成为商家投资创业的热土。房地产商、旅游开发公司、信息科技行业等国内知名企业，或来电咨询，或实地考察，意向置业环江。二是积极谋划重点旅游项目建设，加快推进旅游资源开发。主要引进伟业旅游公司投资39亿开发建设木论国家级自然保护区世界自然遗产生态旅游项目，引进广西常青百里画廊旅游资源开发有限公司投资24.5亿开发建设文雅天坑群旅游项目。目前，木论喀斯特景区一期工程，已完成起点漂、中间漂、终点漂游客服务中心、休息长廊、码头的建设；河道整治；绿化工程、游览步道、景观台、中间漂地灾防护坡、地灾阻挡墙的建设；终点漂凉亭、步道栏杆的建设。目前正在建设景区入口服务区、毛南风情民宿、风雨桥、人行步道、河道景观等。文雅天坑群景区地下暗河漂流项目完成河道清理5.1千米，完成总量31%；明河道护堤1000米；景区伐道完成2千米，完成工程16.60%；地下暗河铺设灯光 2 千米，完成工程 15%；20000 立方米暗河爆破拓宽。

截至 2018 年底，环江毛南族自治县在创建旅游经济方面重点开展了如下工作。一是全力推进环江全域旅游创建工作，成功列入自治区级全域旅游示范区创建单位。二是组织牛角寨景区、木论喀斯特景区创建自治区 4A 景区，琼园山庄、陈双毛苗瑶新村创建 4 星乡村旅游区，毛南民族酒店创建 4 星旅游饭店工作，2018 年 11 月迎接自治区验收。三是完成下南毛南族发祥地旅游区总体规划和江色峡谷旅游区总体规划编制。四是下卜游客集散中心花海园及毛南古镇 PPP 项目推进顺利，已完成工程招标，于 2018 年 10 月份开工建设。五是成功举办环江毛南族自治县（深圳）项目招商暨旅游宣传推介会，在推介会上与十余家深圳旅游社洽谈、对接，《深圳晚报》《深圳都市报》《香港文汇报》等媒体对推介会进行了报道。六是在 2018 年 6 月新华网主办的“2018 休闲旅游发展与品质峰会”上，环江毛南族自治县凭借独特的民族文化和旅游资源在峰会上荣获首批国民休闲旅游胜地称号。

当然，由于环江旅游业起步晚，起点低，短短的十几年还难以形成产业，与区内、国内旅游发达地区相比，仍存在很大的差距，面临诸多的困难和问题。其中最为突出的表现在两大方面。

第一，基础设施薄弱，旅游接待能力欠缺。一是交通瓶颈制约突出。环江地处桂西北地区，山多地偏，经济落后，交通体系很不完善。目前县境没有高速公路和铁路，境内通往景区的公路等级低、路况差。部分景区之间没有修通公路，环线交通尚未形成。二是景区内的服务基础设施比较简陋，停车场、公厕、观光道路、食住等基础设施不完善，不具备规模接待能力。同时由于受交通状况影响，当地旅行社还没有开拓本地旅游路线，许多旅游资源无法形成产业链，游客以自驾游或骑行者为主，一些路段和景点对于他们来说具有相当的危险性，在人身和财务安全方面存在较大隐患，在食宿及卫生方面也无法得到保证。

第二，旅游开发资金严重不足，旅游产品单一、档次不高、旅游专业人才缺乏。全县景区建设主要是项目业主自筹资金，受各方面因素约束，业主在景区建设资金投入不均衡，影响项目建设进度。同时县域经济基础薄弱，财政困难，在资金扶持旅游发展方面非常有限。在投入不足的情况下，很难形成高品质和多样性的旅游产品，既无法持续吸引到一定数量的游客，也无法吸引到高级的旅游专业人才。实际上，目前全县从事旅游业的专业人员和服务人员不仅数量少，专业素质也相对低，还需要大力培养和引进旅游专业人员，同时亟须对旅游服务人员展开培训和教育。

近年来，环江毛南族自治县对旅游经济的发展给予了极大的重视，紧紧抓住自治区打造桂林国际旅游胜地、北部湾国际旅游度假区、巴马长寿养生国际旅游区的有利契机，努力整合全县资源，咬定“一个”目标（建设生态宜居休闲养生文化独特的国际旅游目的地）；唱响“两个”品牌（世界自然遗产品牌、神秘毛南文化品牌）；实施旅游基础设施攻坚战，加强构建县内中部旅游圈，努力把环江打造为广西新的旅游目的地。加强构建县内中部旅游圈，是指将木论喀斯特生态旅游区、文雅天坑群、牛角寨瀑布群等核心景区串联起来，着力构建中部旅游圈的发展规划。环江旅游资源种类多，分布广，县域中部聚集了生态养生、科普地质探险、山水奇观、民族风情等结合性强的旅游资源，是全县的旅游核心区域。为此，自治县政府决定加强对中部核心区的建设，加大核心景区的投入力度，完善景区开发和基础设施建设，着重打通景区间的道路，将核心景区串联成旅游环线，推动全县旅游业跨越发展。

2018 年，环江毛南族自治县制定了《环江毛南族自治县加快县域经济发展实施方案》，其中提出旅游经济的发展目标和任务是：到 2020 年，县域旅游综合实力明显增强，旅游发展质量全面提升，以创建自治区级全域旅游示范县为重要抓手，在全县形成示范带动效应，促进县域特色旅游跨越式发展。具体目标为：（1）县域旅游支柱产业地位进一步提升。到 2020 年，旅游总消费突破 15 亿元，旅游总人数突破 150 万。努力把旅游业培育成为县域国民经济的战略性支柱产业和人民群众更加满意的现代服务业。（2）县域旅游发展实现提质增效。到 2020 年，旅游景区品质全面升级，文雅天坑群景区、牛角寨瀑布群景区、木论喀斯特景区争取创建国家 4A 级景区；创建自治区级乡村旅游区 2 家，星级农家乐 4 家，创建 1 个旅游型特色小镇，力争成功创建自治区级全域旅游示范区。（3）县域旅游服务水平全面提高。到 2020 年，全县的四星级以上酒店达 1 家以上，旅行社总数超 5 个，在全县建成 4 个以上旅游咨询服务中心和服务点，A 级旅游厕所数量超过 10 座，星级汽车旅游营地 2 个；成功打造 3 个智慧旅游景区，[①] 我们期待，在自治县政府和人民的共同努力下，在上级部门

① 环江毛南族自治县发展改革局：《环江毛南族自治县加快县域经济发展实施方案》，广西环江毛南族自治县政府网（http：//www. hjzf. gov. cn），2018 年 4 月 5 日。

的支持和帮助下，环江的旅游经济一定能够跃上新的台阶，获得更大的发展。

## 第四节 文旅融合中的分龙节

2016年6月本课题组在环江毛南族自治县进行集体调研期间，恰逢毛南族传统节庆“分龙节”活动正在举行。通过阅读资料、访谈和亲身体验，课题组发现，环江毛南族自治县有效借助分龙节的契机，把公共文化服务体系建设与民族文化的保护工作结合起来，通过文化服务体系建设提供硬件和人力上的保障，发展和弘扬民族文化作为内容充实这个服务体系，形成了相互促进、相互支持的良好局面，最终形成促进文化发展、民族团结和经济产业结构转型的重要抓手。

### 一 分龙节的文化内涵

毛南族的节日有春节、清明节、端午节、中元节（即敬宗节）、中秋节和分龙节，其中分龙节是毛南族最悠久、最重要的传统节日。因毛南山乡易旱易涝，五谷收获常无保障。人们根据某种宗教意识，认为每年夏至后的头一个时辰（龙）日是水龙分开之日，水龙分开就难得风调雨顺，所以要在分龙这一天祭神保禾苗，相沿而成为传统的农业祭祀节，称为“分龙节”。20世纪初叶之前，每年过节都先聚众于庙堂内外活动，故又称为“庙节”，毛南语称为“肥庙”。“肥”在毛南语中表示“做、干、吃”等动作，“肥庙”就是过庙节、赶庙会的意思。民国《思恩县志·社会篇》记云：“毛难夏作庙，祈雨祈福，椎牛大享，亲眷咸集，馈遗甚丰。”“分龙节”一般在农历夏至后的第一个辰日前后举行，以祭祀三界公爷与毛南族祖先、祈雨祷福为主要内容。分龙节既是毛南族的宗教仪式节庆，反映该民族多神信仰和祖先崇拜，也是展现民族文学、舞蹈、音乐、手工艺和竞技体育的场合。通过分龙节仪式毛南族人强化内部的认同，传承民族的文化。分龙节已经成为广西壮族自治区非物质文化遗产和广西民族节庆文化十大品牌之一。

环江毛南族主要聚居在“三南”地区（即上南、中南和下南，今分属下南乡和水源镇），以铁坳为界，把“三南”地区分为上团和下团，上南和中南是上团，下南是下团，上团和下团过分龙节的时间有差异。按地支顺序推算，下团的分龙节从夏至之日起到第一个辰日举行，上团的分龙节则要提前5天，即从辰日起倒数至亥日举行，因此当地有“上团吃亥日，下团吃辰日”的说法。庙节的特点是：（1）以自然村屯为单位，自筹资金买牛，然后请师公到三界庙前举行“椎牛仪式”，以牛血祭奠三界公，祈求风调雨顺，禾苗丰收，人畜安康；（2）各家都蒸五色糯饭和粉蒸肉赠送亲戚朋友，出嫁的妇女回娘家与父母兄弟姐妹吃团圆饭，然后村上开展各类娱乐活动，男女青年多走坡对歌。自民国以后，“椎牛仪式”已基本被弃，余外的活动内容侧重于娱乐方面。

上团和下团的分龙节庆都是三天。头两天是为“庙祭”，进行“纳牛”仪式敬神，是村屯的集体庆典，以屯为单位祭祀玉帝及三界公。法师在三界庙主持“分龙”仪式，道师身穿法衣，戴各神傩面具，腰背陶制羊皮鼓，手持简笏，吟诵经文，唱乐神歌，跳乐神舞。全村男女老少都来观看，场面十分热闹。第二天同时进行“纳牛”仪式，它展示了毛南族古老文化最神秘的一面，寄托着人们对风调雨顺、五谷丰登的美好祈愿。所谓“纳牛”就是把牛献给三界公和各路神仙，仪式分为“选牛”“定牛”和“椎牛”等三个部分。首先选择一块“净地”，场地四周扎上彩旗，在中央立起5根柱子，分别代表东西南北中的方位。准备就绪后，点香敬酒请三界公和各路神仙到场，将水牯牛牵至庙前，牛头上挂满了纸做的金银锭。法师身穿道袍，戴着傩面具，口念祈福经文，绕牛而舞，请三界公和各路神仙接纳黄牛，用铁耙钉对准牛的天庭，由一位壮汉用锤子猛击耙钉，击入牛的天庭，将牛绊倒后，用刀给牛放血，大卸八块后用牛尾、头、血及四肢向玉帝及三界公献祭。祭祀结束后，各村屯就开始庆祝活动，男女老幼皆盛装出行，呈现出一派欢乐的节日气氛。人们举行“同填”“同背”“同拼”“同顶”① 等毛南族传统竞技活动，还唱山歌、讲故事，单身男女则趁这个机会寻找自己的意中人。分龙节第三天以家庭

① 同填、同背、同拼、同顶是毛南族传统体育活动项目，均属于竞技类，对抗性强，趣味性浓，不受场地限制，在民间十分流行。“同填”人数不限，可两人竞赛，也可多人分两组比拼。方法是在地上划圈，比赛双方在圈内用肩膀进行碰撞，将对方撞出圈外为胜。“同背”由两人组合为一队，前后站立，后者将双臂伸直，搭在前面队友肩上，两队或对队进行竞跑，先到终点者为胜，途中若将手臂弯曲或是从队友肩上滑落，即为犯规。“同拼”也是以两人为一组，用一根两米左右长度的木棍进行竞赛，双方各持木棍的一头互相角力，一方进行扭动，另一方阻止扭动，如果木棍被扭动了，即扭动方为赢，反之亦然。“同顶”与“同拼”类似，亦是两人用一根木棍进行竞技，不同之处在于将棍子置于双方的腹部，互相角力，将对方顶出比赛场地范围即为获胜。

为单位拜祭神灵，称为“家祭”。村屯各家各户蒸制五色糯米饭和粉蒸肉，在自家的堂屋里拜祭三界公和家族的祖先。人们把五色糯米饭粘在柳枝或竹枝上，其形状类似挂满的果实，名为“丰收树”，还从田间拿来禾苗摆放在一起，寓意这一年五谷丰登。毛南族将牛看作人类忠实的朋友，为感谢牛一年的辛苦劳作，人们往往会用五色糯米饭和粉蒸肉喂牛。这一天也是出嫁的女儿回娘家的日子，她们穿上节日盛装，带着儿女回父母家吃“团圆饭”。平时因为路途遥远无法相见的亲朋也会在这一天聚在一起欢度佳节。

## 二　分龙节与民族互动

环江毛南族自治县是毛南族的主要聚居区，但全县共有壮、毛南、汉、苗、瑶、仫佬、水、侗、回等30多个民族杂居，组成了和睦共处的民族大家庭。其中世居民族有壮、毛南、汉、苗、瑶五个民族。根据2018年的统计数字，县内壮族261485人，占比68.87%；毛南族64994人，占比为17.12%；汉族21240人，占比为5.59%；瑶族20279人，占比为5.34%；苗族5181人，占比为1.36%；仫佬族1555人，占比为0.41%；水族1621人，占比为0.42%；布依族2487人，占比为0.66%。壮族是环江毛南族自治县人口最多、分布最广的民族，除下南乡壮族人口较少之外，其余的乡镇都以壮族为主，其中明伦、东兴、大安、大才等乡镇壮族人口占90%以上。毛南族主要聚居地为下南、川山、洛阳、水源、思恩等乡镇。苗族主要分布在驯乐苗族乡的长北、山岗、镇北、康宁、福寿、全安等村。瑶族主要分布在东兴的茶山、平安和龙岩的朝阁、黄种等村。汉族主要分布在思恩、川山、东兴、龙岩、洛阳、驯乐等乡镇。在长期的历史发展进程中，县域各民族互相交往、交流和交融，形成了团结友爱和谐共生的社会主义民族关系。

毛南族分龙节期间，老人讲述民间故事和传说也是一项重要的活动，其中有不少反映毛南族的多族群起源以及与其他民族交往的历史记忆。如“三孝公的故事”说的是毛南族的始祖谭三孝，传说他是湖南常德府武陵县的汉人，曾中进士当过地方官，后因亏空税银被罢官。为了避祸他带领族人逃亡，经过艰苦的跋涉辗转，最后来到了“毛难土苗地方”，就是现在的环江毛南族自治县下南乡。谭三孝定居下来后，与当地水族女子结成婚姻，生男育女繁衍后代，逐渐发展成现在的毛南族，下南乡也成为毛南族的发源之地。英雄传说《毛人》说的是毛南族大力士“毛人”的故事。他力大无比，浑身长满黑毛，所以被称作“毛人”。他与当地的财主作对，被官府抓了起来，地方官派他去双龙山征服魔王，企图借此将毛人杀害。毛人却与壮、苗、瑶等族的大力士们一起杀死了魔王，为当地各族人民除了害。

环江县境内多山地，县域北部更是被崇山峻岭阻隔，历史上由于交通不便，毛南族和其他民族的交流并不频繁，只有在分龙节的时候，人们才得空带上节庆礼品，翻山越岭走亲戚、看朋友。20 世纪 80 年代以来，毛南族与外界的接触交流增多，许多青年人外出经商、打工、求学，但在分龙节的时候，大多会想法回家与家人团聚、与亲朋好友见面交流，重温血浓于水的骨肉亲情，强化族群的认同感。

对环江毛南族自治县内的其他民族来说，分龙节也成为共同欢乐的日子。此时的毛南族村屯向外人敞开，经过的路人都会被热情的毛南人请到家中喝酒吃饭。这种传统已经延续了上百年，潜移默化地把居住在这片土地上的各族人民的情感凝聚到了一起。特别是 2009 年环江毛南族自治县开始举办“中国毛南族分龙节”活动以来，分龙节不仅成为全县各族人民共同欢庆的节日，也吸引了成千上万来自全国（包括台湾）乃至海外游客的热情参与，为促进不同地区、不同民族人民之间的交往、交流和交融搭建了一个良好的平台。

## 三 分龙节的品牌打造

环江毛南族自治县是中国唯一的毛南族自治县，是领略和体会毛南族风情的最佳场域。分龙节是毛南族民族文化的重要载体和表现方式，通过这个节庆活动展现整个民族的历史、文化和风俗，还融合了毛南族的宗教仪式、神话传说和民间习俗，有强烈的地域性和民族性，蕴含了巨大的文化旅游资源潜力。

20 世纪 60 年代中期，分龙节受时代影响被迫中断，“庙祭”停止举办，“家祭”仪式也逐渐简化。1986 年，环江县人民政府在县城思恩镇举行了分龙节庆祝活动，这是改革开放以后地方政府首次出面组织毛南族传统节庆活动。进入 21 世纪以后，环江毛南族自治县面临产业结构转型的任务，自治县政府加强了对分龙节文化传统的保护和发展，并与发展县域的旅游经济结合起来。2009 年，环江毛南族自治县提出依托环江毛南民俗文化，发挥多民族文化及丰富的生态旅游资源优势，大力发展民俗特色生态旅游业，以节庆旅游营销为抓手，着力打造毛南族分龙节旅游品牌。当年县政府牵头举办了首届“中国毛南族分龙节”活动，规模达到上万人，此后每年6月环江县都举办盛大的分龙节活动。得益于节日庆典的拉动，环江县域的旅游业发展迅速，游客数量和旅游收入逐年增长。2014年环江喀斯特成功入选世界自然遗产地名录后，自治县政府借助“申遗”成功的东风，将分龙节与“世界自然遗产地”结合起来，于2015年举办“广西环江·毛南族分龙节暨第一届世界自然遗产文化旅游节”，以提升“世界自然遗产和神秘毛南文化”两大旅游文化品牌的国际影响力，促进当地“生态宜居、休闲养生、文化绚丽的区域性国际旅游目的地”的建设。

2016年环江毛南族自治县通过文化搭台、经济合作的方式，把这年的分龙节活动办成了集旅游、文化、民俗和招商为一体的盛会。本届分龙节文化旅游节全称是“2016年广西环江毛南族分龙节暨第二届世界自然遗产文化旅游节”，以“世遗环江·神秘毛南”为主题，开展形式各异、主题鲜明的活动，立体展示环江的自然风光和文化风俗。6月17日下午在县城区二桥头举行了纳牛仪式，拉开了2016年分龙节文化旅游节活动的序幕。6月18日上午，国际龙舟邀请赛在水上运动中心隆重开幕，广西壮族自治区、河池市和环江毛南族自治县相关领导出席。本届国际龙舟邀请赛有来自澳大利亚、伊朗、新加坡、中国香港、中国澳门等国家和地区的9支专业队伍，与环江本地28支代表队同台竞技。6月19日“喀斯特原生态优质特色农产品展销会”在自治县民族文化广场开幕，参展商品均是产自环江县内的有机绿色产品、食材类产品、特色酒类以及名特优农产品，如石崖茶、五香食品、环江香酒、蚕丝被等，受到外地游客的青睐，台湾经贸交流团也受邀参观了展会。6月25日，“中国南狮狮王英雄会”在环江的牛角寨景区举行。比赛中各参赛队在高桩上翻腾起舞，场面惊险刺激，游客在饱览牛角寨景区壮美的瀑布群景观的同时，还欣赏到了技艺高超的舞狮技艺。6月26日县政府举行招商引资项目签约仪式，与相关企业举行项目意向合作签约仪式。本次签约的有八面自驾车营地度假中心开发项目、毛南舞台剧《毛南大戏》等6个项目，涉及新能源、文化、旅游和食品加工等领域，意向投资额达8亿元。据统计，2016年广西环江毛南族分龙节暨第二届世界自然遗产文化旅游节期间，全县接待游客近20万人次，拉动消费近5000万元，各级媒体发布宣传报道500余条次，环江毛南族自治县的知名度进一步得到提升。

自2009年以来，环江毛南族自治县举办的毛南族分龙节活动越来越红火，相继获得“中国品牌节庆示范基地”“中国最具特色的民族节庆”称号，成为广西十大节庆品牌之一，为传承和发扬毛南族民族文化，促进环江县域产业转型和旅游发展作出了巨大贡献，也是民族地区文旅融合的一个典型范例。

# 第八章

# 医疗卫生与学校教育

医疗卫生及学校教育是一个国家社会事业的核心，也是关乎民生大计的重要内容之一。新中国成立以来，十分重视各项社会事业的进步和发展。在医疗卫生方面，从“预防为主”到健康融入所有政策，逐步形成“以基层为重点，以改革创新为动力，预防为主，中西医并重，将健康融入所有政策，人民共建共享”卫生工作方针，覆盖城乡的医疗卫生服务体系基本形成，疾病防治和医疗保障能力不断增强，人民健康水平明显提高。在学校教育方面，坚持教育为社会主义现代化建设服务，建立了一套涵盖学前教育、基础教育、职业教育、高等教育、继续教育、特殊教育的比较完整的现代教育体系，把立德树人作为教育的根本任务，大力实施素质教育，不断深化教育改革，培养德智体美劳全面发展的社会主义建设者和接班人，努力办好人民满意的教育。在党和政府的领导下，环江毛南族自治县的医疗卫生及学校教育同样经历了逐步发展的过程，取得了显著的成就。

## 第一节　医疗卫生服务体系建设

我国医疗卫生体系主要由医院、基层医疗卫生机构、专业公共卫生机构等组成，目前已经覆盖全国城乡。医疗卫生服务体系建设关系到人民的身体健康和生活幸福，是推进基本公共卫生服务均等化、实现人人享有基本医疗卫生服务的根本保证。环江毛南族自治县是一个以农业为支柱产业的地区，经过长期的发展，已经逐步建立起较为完善的以县级医疗卫生机构为龙头，以乡镇卫生院为主体，村卫生室为基础的农村三级卫生服务体系。

## 一　医疗卫生事业的发展及其成就

民国末期，今环江县域开始出现现代医疗机构。根据地方史志记载，民国二十四年（1935）思恩县和宜北县各有1个医务所，共有3名医务人员。民国三十四年（1945），思恩和宜北二县各有一所卫生院，有医务人员6人。下辖5个医务所，每所各有1个医务人员。卫生院和医务所的医疗条件十分简陋，无法满足广大群众的要求。1951年8月，思恩县和宜北县合并为环江县，成立了中共环江县委员会、环江县人民政府。同时，原思恩县和宜北县的卫生院合并为环江县卫生院。1952年，县人民政府设立卫生科，医疗卫生作为民生大计纳入政府的日常工作。1956年，县卫生院改称环江县人民医院，分设内科、外科、妇产科、中医科、化验室、注射室、针灸室、药房、门诊部、住院部等，下设7个区卫生所。全县医务人员50人，病床20张，医疗设备逐步增加。1956年，外科首次施行1例阑尾炎手术成功；妇科开展一些新法接生和一般难产处理；化验室可做三大常规及一般化验检查。1958年，透视室开展胸透。相比20世纪50年代以前，医疗卫生条件有了一定程度改善。20世纪60—70年代，环江县的医疗卫生事业经历了曲折发展的历程，卫生防疫、妇幼保健和医疗技术的发展十分缓慢，改革开放以后才逐步走上正轨。截至1987年，全县共有医疗单位4个，乡镇医疗单位15个，县直厂、矿、场的医疗单位7个，建筑面积21000平方米，病床216张，医务人员343人，其中医生217人（不含村级卫生室、个体诊所），平均每1316人有1名医生。①

1987年环江毛南族自治县成立后，全县医疗卫生事业建设进一步加强。2001年，县人民医院获得“二甲”医院称号，创等级医院11个，创爱婴医院13个。通过实施区域卫生规划与管理，优化整合卫生资源，严格医疗机构准入，着力推进农村卫生、公共卫生体系建设，医疗卫生服务体系不断健全和完善，基本满足了广大人民群众不同层次的医疗卫生服务需求。30年来，环江毛南族自治县医疗卫生事业发展成就主要体现在以下几个方面。

① 参见环江毛南族自治县地方志编纂委员会编《环江毛南族自治县志》，广西人民出版社2002年版，第862—868页；黄荣彪、黄炳峰主编《广西民族区域自治集成·环江毛南族自治县卷》，广西民族出版社2017年版，第182页。

（一）服务体系进一步完善

首先，医疗卫生服务体系更加完善。通过实施区域卫生规划与管理，优化整合卫生资源，严格医疗机构准入，着力推进农村卫生、公共卫生体系建设，全县医疗卫生服务体系不断健全和完善，基本满足了广大人民群众不同层次的医疗卫生服务需求。截至 2016 年 12 月，全县共有各级各类卫生机构 161 个，其中县直医疗卫生单位 4 家，乡镇卫生院 12 个，村卫生室 132 个，个人诊所 13 家。全县卫生技术人员由 1986 年的 217 人增加到 2016 年的 924 人（不含民营医院、村卫生室），平均每千人口有卫生技术人员 2.4 人，其中副高级以上职称 39 人，中级 179 人，初级 528 人。村级卫生人员 191 人。开放床位由 1986 年的 165 张发展到 2017 年的 798 张，每千人拥有床位 2.1 张。其次，食品药品服务体系基本建成。成立了自治县食品药品监督管理局、食品安全委员会办公室、食品药品监督所。2013 年设立 12 个乡镇食品药品监督管理所，148 个行政村设置食品药品安全监管点，县乡食品药品监督初步形成。

（二）基础设施建设步伐明显加快，就医环境不断改善

自治县成立 30 年来，通过自筹和争取项目资金 3.9 亿元，新建了县人民医院门诊、住院大楼和急救中心楼、县妇幼保健院综合业务楼和公共卫生服务楼、县疾控中心综合业务楼、县卫生监督所办公楼及水源、洛阳、川山等 11 个乡镇卫生院业务用房和 132 个村卫生室。全县卫生系统建筑面积由 1986 年的 20961 平方米增加到 2017 年的 83086 平方米，业务用房由 1986 年的 14213 平方米增加到 2017 年的 52814 平方米。卫生基础设施和就医环境得到前所未有的加强和改善，人民群众就医条件得到明显改善。2016 年规划建设自治县民族医院，该项目规划用地 56886.95 平方米，总建设面积 42024.39 平方米，项目投资 2 亿元（含设备购置）。项目于 2019 年建成竣工，投入使用后将成为具有以医疗、康复、养老为一体的复合型二级甲等医疗机构。

（三）设备更加精良，服务水平不断提升

医疗卫生设备方面，自治县成立初期大多为“老三件”（即体温计、血压计、听诊器），截至 2017 年医疗卫生设备已经大为改善和完备。其中，县级医院装备有 24 排 16 层螺旋 CT 机、DR、彩色 B 超、电子胃镜、血液透析机、肠镜、腹腔镜、全自动模块式血液体液仪、全自动心电图

机、白球计数仪和血气分析仪、数字眼底造影检查仪、眼底AB超（眼科超声诊断仪）、动脉硬化检测装置、耳声发射测试仪等。12个乡镇卫生院均装备有DR、彩色B超、全自动生化分析仪、全自动血球计数仪等较大型医疗设备和救护车。医疗服务水平不断提升，广大人民群众的身体健康得到有力保障。执法监督装备方面，按照国务院“四有两责”（四有：有责任，有岗位，有人员，有手段。两责：日常监督、日常抽验责任）精神，坚持党政同责，政府负总责，构建“上下统一，责任明晰，运行高效，保障有力，无缝衔接，全程监管，符合实情、科学合理”的监管格局。加大执法装备的投入，拥有执法车辆5辆，局机关各股（室）、县食品药品监督所及12个乡（镇）监管所除按照“十个一”标准，配备了办公桌椅、电脑、复印机、打印机、电话机、照相机、饮水机、文件柜、执法服装、执法包、执法摩托车等办公、执法设备，同时还配备执法记录仪、平板电脑实现电子监管。

### （四）卫生改革与发展不断深化

自2010年启动医药卫生体制改革工作以来，环江毛南族自治县紧紧围绕“保基本、强基层、建机制”的目标，扎实推进公立医院综合改革。一是深化人事制度改革，制定用人新机制。全面推行聘用制度和岗位设置管理制度，坚持按需设岗、竞聘上岗、按岗聘用、合同管理，人员逐步由固定用人向合同用人转变，变身份管理为岗位管理，建立“定编定岗不定人”的用人新机制。二是探索薪酬制度，确保医护人员合理收入。完善基层医疗卫生机构绩效工资分配制度，建立科学的绩效考核机制，合理拉开收入差距，执行“托低不限高”的绩效工资政策，充分调动医务人员积极性。三是完善医疗保险支付方式改革和新农合和城镇医保机构改革，实现大病医疗保险全覆盖。四是全面实施基本药物制度。截至2016年底，全县所有政府办的医疗机构全部严格按照国家基本药物制度要求实行网上采购，并全部实行药品零差率销售。五是建立健全分级诊疗制度。六是扎实开展家庭医生签约服务。七是积极推进县乡医疗一体化管理及乡村医疗一体化管理工作，提高整体医疗服务能力。

### （五）卫生计生惠民工程扎实推进

一是全面实施新型农村合作医疗制度。环江毛南族自治县“新农合”工作于2006年启动实施以来，始终坚持“巩固、完善、规范、发展”的工作思路，从抓宣传、抓筹资、抓监管、抓制度建设等方面入手，通过加强领导、精心组织、规范运作，适时调整和完善补偿方案，全县“新农合”制度稳步推进，发展态势良好，取得了农民群众得实惠、党委政府得民心、卫生事业得发展的良好成效。全县参合人数从2006年196819人提高到2016年的323982人，参合率从2006年的61.07%提高到2016年的99.87%。

二是深入实施国家基本公共卫生服务项目。实施国家基本公共卫生服务项目是促进基本公共卫生服务逐步均等化的重要内容，通过对城乡居民健康问题进行干预，减少主要健康危险因素，有利于预防和控制传染病及慢性病的蔓延，有利于提高居民对公共卫生服务的可及性，逐步缩小城乡、地区和人群之间的差距。截至2016年底，全县居民健康档案完成规范化电子建档人数244175人，建档率达88.09%。老年人年内体检人数16489人，高血压规范管理13451人、糖尿病规范管理3175人、重性精神病患者规范管理化905人。

三是全面实施农村计划生育家庭关爱政策。包括：（1）全面实施农村计划生育奖励扶助政策。以提高计生家庭发展能力为重点，不断加大对计生家庭的帮扶力度，使计生家庭享受到更多、更全面的政策支持。通过严格执行奖励扶助制度的基本原则、资格确认的基本程序、运行机制和责任追究制。截至2016年底，累计兑现国家农村部分计划生育家庭奖励扶助5600人次，扶助资金610.44万元；国家计划生育家庭特别扶助165人次，兑现扶助资金90.14万元；广西农村部分计划生育家庭奖励扶助1004人次，兑现奖励扶助资金72.28万元；广西农村计划生育家庭奖励扶助11.74万人次，兑现奖励扶（救）助资金1354.9万元；广西城镇居民独生子女父母年老奖励18人次，兑现奖励扶（救）助资金1.7万元；兑现独生子女保健费388万元；兑现计划生育特殊困难家庭扶（救）助助金35人5.14万元。（2）扎实开展计生爱心保险。2011—2016年，自治区直接拨付爱心保险专项资金58.434万元，截至2016年10月31日，共完成投保户数19068户，投保金额69.116万元，共出险户数257户，完成理赔户数254户，理赔金额101.192861万元，赔付率为145.11%。（3）落实计生家庭小额贷款贴息工作。2012—2016年，自治县共完成计生小额贴息贷款939户，贷款金额1772.5万元。贷款到期并完成贴息735户，贴息资金99.3万元。

### （六）预防保健事业不断巩固和加强，人民健康水平进一步提高

一是有效控制了危害广大人民群众健康的重大传染病。始终坚持“预防为主、防治结合”的方针，紧紧围绕均等化服务项目内容，认真落实国家免疫规划工作，严格疫情监测、分析和报告管理，重点加强人感染H7N9禽流感、艾滋病、结核病、麻风病、手足口病等重大传染病防治工作，加强健康教育宣传工作，全面落实各项防治措施，自治县成立30年来，医疗卫生单位法定传染病报告率达100%，报告及时率99.73%，无甲类传染病发生，确保了全县无重特大疫情发生。儿童免疫规划疫苗种类从5种增加到12种，2016年各疫苗接种率达99.10%以上。

二是妇幼健康服务事业的持续健康发展。坚持“一法两纲”为主线，精确实施农村住院分娩补助、婚检医学检查、孕妇产前检查、新生儿疾病筛查、孕前优生健康检查、地中海贫血防控、农村妇女“两癌”免费筛查等妇幼健康服务项目，妇女儿童健康水平不断提高。2016年全县住院分娩率达99.95%，无新生儿破伤风和孕产妇死亡发生，5岁以下儿童死亡率3.63‰，婴儿死亡率3.17‰，产妇系统管理率97.23%，产前检查率99.18%，产后访视率99.14%，高危产妇管理率100%，高危住院分娩率100%；婚检率99.86%，各项指标任务均达到或超过全市平均水平。

### （七）食品药品监管工作成效显著

一是建立健全食品药品安全监管机制。全县12个乡镇政府增挂了食品药品安全办牌子，148个行政村（社区）均设立（挂牌）了食品药品安全监管点，健全了食品药品“一专三员”制度，明确了食品药品安全联络员、信息员、协管员的工作职责，促使各项制度、措施得到有效落实，同时落实协管员奖励制度。

二是乡镇规范化建设成效显著。全县12个乡（镇）所均设有办公用房，建立了乡（镇）政府食品安全协调机构，148个行政村均聘任了一名食品安全协管员并落实报酬。各乡镇所全部做到“七规范”即：建立健全了监管制度和联动机制；内务做到办公标识统一，监管标识统一，监管对象基础信息档案统一，快检实验室配备了配套设施；日常监管做到全面推行落实网格化监管责任制，实施“一票通”和索证索票的食品安全监管追溯制度；行政执法做到纪律、程序、文书规范化。各乡（镇）所全部设立了功能相对齐全的培训教室，布置直观实物展示厅，主要设有食品生产加工经营、餐饮服务布局图，假劣药品、保健品展示区，食品生产、

餐饮服务器具设备区，药品医疗器械、餐饮服务、食品生产流通分类的制度区，标准化生产经营工作服务区等，并全面启动对全县食品药品经营者现场培训指导工作。通过不断的努力深入推进，2015 年全县 12 个乡镇监管所实现了“审批标准化、监管信息化、服务均等化”的乡镇规范化建设，并于 2015 年被河池市食品药品监督管理局列为乡镇食品药品监督管理所规范化建设示范点，被广西壮族自治区食品药品监督管理局列为乡镇依法行政规范化示范点，大安乡食品药品监督管理所被评为“全国食品药品监督管理系统先进集体”称号。

三是日常监管保持全覆盖。紧紧围绕“保障公众食品药品安全”主线，扎实抓好日常监管。实现全县食品药品监管“六个百分之百”［即监管对象台账管理 100%，入户（店）监管 100%，监管留痕 100%，提出整改意见 100%，整改复查率 100%，监督抽验率 100%］；监管覆盖率达 100%，保持了食品药品日常监管全覆盖的目标。

四是推行餐饮服务单位“明厨亮灶”和分级管理。指导餐饮服务单位按照“明厨亮灶”的要求，优化场所布局，做到“三防”封到顶、墙面有瓷砖、门窗有窗纱、原料有货架、消毒有设施，达到清洁、明亮、干净、安全的要求。将餐饮服务单位“明厨亮灶”作为量化分级动态评定的重要内容，对餐饮服务单位进行动态等级评定，鼓励餐饮服务单位积极实施“明厨亮灶”工程。全县完成“明厨亮灶”厨房改造工作普通餐饮 482 家，学校食堂 165 家。

五是食品药品示范创建工作效果显著。通过创建示范，实现示范带动整体。完成示范小作坊创建 8 家，2 家正在创建中，完成获证示范食品生产企业 2 家，3 家正在整改中；已创建星级示范学校食堂 6 家，星级示范餐饮单位 6 家，1 家星级示范学校食堂及 1 家星级示范餐饮单位正在创建中；保健食品示范店已创建 14 家，化妆品质量安全示范店已创建 12 家；已经取得药品模范诚信企业 3 家，2 家药品模范诚信企业正在创建中。

六是推行行政审批“一体化”建设。（1）实行流程标准化。严格执行一次性告知制、首问负责制、限时办结制、责任追究制、否定报备制等工作制度，耐心解答申请人的咨询、诉求疑难问题。（2）整合资源，充分授权乡镇所。整合各乡镇食品药品监督所执法资源，充分授权，制订印发《关于向乡（镇）所授权受理行政审批事项的通知》，将部分食品流通许可证核发（变更、延续、注销）审批、餐饮服务许可证核发（变更、延续、注销）审批事项的受理初审、现场核查、许可证送达等环节授权乡镇所办理，方便了群众，提高了农村餐饮、食品流通许可审批工作效率。(3）依托网上审批平台，构建“一体化”行政审批机制。推行标准化项目、标准化流程、行政审批信息共享。所有行政审批工作通过自治区食品药品综合监管平台来完成，许可申请网上申报，现场审查、整改材料网上上传，业务股室网上审核，形成了“审批标准化、监管信息化、服务均等化”市、县、乡三级一体化的行政审批工作模式。

总之，环江毛南族自治县成立30年来，全县医疗卫生工作以提高人民健康水平、促进人口均衡发展为目标，始终坚持“以农村为重点，中西医并重，依靠科技与教育，动员全社会参与，为人民健康服务，为社会主义现代化建设服务”的新时期卫生工作方针，不断深化医药卫生体制改革与发展，立足县情，抓住机遇，大胆探索，开拓创新，逐步走出了一条符合环江县卫生事业发展特色的新路子，取得了显著的工作成效，为保障人民群众身体健康和构建和谐新环江作出了积极的贡献。

## 二 民族医药状况

早在民国年间，环江县境内即开设有中草药诊所，据民国三十二年(1943）的统计，全县共有4所个人中草药诊所。1954年，环江贯彻中央“团结新老中西医药卫生人员”的指示，把个体开业的中西医人员组织起来，有的被吸收到公办医疗单位，有的根据“个人投资，自由结合，民主管理，政府领导”的原则，全县组织有6个中西医联合诊所。1969年，中西医联合诊所、个体诊所开始纳入合作医疗。1981年恢复个体诊所。1987年全县中草药从业人员34人。2005年，个体中草药医疗机构157家。农村的这些中草药医生（俗称“土医”）已成为基层医疗队伍的不可缺少的补助力量。

在药品经营方面，民国八年（1919）至1951年，思恩县城有3家药店，较大的有西圩街“济苍堂”药铺，经营中草药150种。1956年8月，设环江县药材公司，1957年6月撤销，药品划归工业品站经营。1961年上半年恢复县药材公司，医药、药材归其统一经管。1963年上半年撤销，药品交百货公司经营。1976年1月，恢复县药材公司，并将土产公司经营的药材、百货公司经营的中西药品、医疗器械全移交县药材公司。经卫生部门审许，1986年乡镇供销社门市部和食品站兼营药品9个，私人药店16个。县药材公司经营品种2520多个，其中中成药360种，中药材700多种，成方率平均95%以上。

结合中草药医疗的开展，药材种植、采集和加工也得到发展。据《思恩县志》和《宜北县志》记载，民国时期环江境内有100多种主要药材。1976年第一次药源普查，发现有700多种；1985年第二次药源普查，发现有634种。其中植物类有616种，动物药类有15种；矿物药类有3种。其中，人工种植较为普遍的药材有绿豆、猫豆、鱼腥草（俗名马蹄香）、生姜等种植，但都以食、菜、配料为主，未作药材栽培生产。1962年，从桂林地区首次引进罗汉果种子，在城关、川山、东兴等地试种。1963—1984年引进的中药材品种有田七、杜仲、黄檗、生地、厚朴、灵香草、半夏、淮山、茯苓等，在翠山、百祥、茶山、达科、三乐、西南、妙石、大安等地试种，均获得成功。从1956年开始，县药材公司开展收购野生的植物和动物类药材工作，品种不过30种。1957年以后，由县供销公司经营部收购，上调柳州药材公司。1963—1975年土产公司收购药材。1976—1987年县药材公司收购，药材111种，共88.7万公斤。县人民医院在院内设制药厂，前身为药剂科，是1962年为防治“新四病”而筹办附设的药厂，当时主要是生产大型输药液。“文化大革命”初期中断。1973年恢复，并与县办的“六·二六”制药厂合并。先后生产的主要药品有葡萄糖、5%葡萄糖氯化钠、0.5%—2%普鲁卡因、2%苯甲醇、鱼腥草、穿心莲、柴胡注射液，还有黄藤片、240胃病片、复方肝炎片、黄连素片、穿心莲衣片、止咳糖浆等。另外，还加工国营医药部门奇缺的品种，年产值3万多元。药品生产，制定严格技术操作和质量检验制度。生产的药品，多年用于临床，未发生过不良反立。一些乡镇卫生院和一些村卫生室，充分利用本地中草药防病治病，自采、自育、自制中药丸、散、液、粉、片等10多种，临床应用，有很好的疗效。

除了中草药以外，环江民间还流行毛南族、壮族、瑶族、苗族等少数民族医药。毛南族居住在山区，在生产活动中容易摔倒跌伤，因此其医药具有善于治疗跌打损伤的特点。清朝道光年间（1821—1850年），下南高川村的谭清修研究中医，使用中草药医疗。一些毛南族民间医生，被请到河池、南丹、柳州等地行医治病。中华人民共和国成立后，卫生部门挖掘、整理民族医药遗产，在毛南山乡收集到民族草药140多种，验方、秘方80多条，其中有8条验方、秘方被选入《广西民族医药简编》一书中。原下南卫生院院长谭恩广，结合自己的日常工作经验，收集、整理和汇编《毛南族民间医药》一书，系毛南族民间医药之集大成。壮族是环江人口最多的民族，在全县12个乡镇均有分布。壮族人民在生产、生活以及同疾病斗争实践中，逐步形成了有壮民族特点的诊病理论基础和专病专方、专病专药、单味鲜品，外用为多，简便应验的用药特点，成为中国传统医学的重要组成部分，具有明显的民族性、地域性和传统性。环江壮医经过世代传承，民间掌握和使用上百种壮药，运用针、挑、钳、刮、薰、洗、敷、佩挂、拔罐、点灸、药物内服等10多种疗法，形成体系。现代和当代，中医壮医互相渗透，壮医使用的品种和范围更加扩大。由于历史的原因，壮医大多以口耳相传的形式流传于民间，对中暑、感冒、皮肤病、风湿、跌打损伤、肝炎、肾炎、小儿疳积等常见病，有明显疗效。壮药有植物药、动物药，也有矿物药，用药有单方、验方、秘方。居住在环江的瑶族，2009年人口有1.8万余人，占全县总人口的4.97%，主要聚居在县境北部东兴镇的平安、标山、茶山村，龙岩乡的安山、达科、黄种、达洞、城皇等村，驯乐乡的长北村的部分自然屯。瑶族在科学知识方面，最具有代表性的是医药，即瑶医。瑶医用的药，绝大多数是在深山老林中自采的草药，药源丰富，品种繁多。有的是随采随用，有的是加工焙制，分为汤、膏、丸、散。施治有内服、外用（含浴疗），还有按摩、针灸、拔罐。瑶医有男医师，也有女医师，都是岁教大有经验的长辈主持，如平安村汝沦屯的邓朝仁是瑶医妙手之一。瑶医中最典型的是“王缸药浴”。传说古代有个瑶王身患多种疾病，他命族人用木板做了一个大缸，上山采来108种药物，用水煮煎数小时，取汁倒入木缸内，待汤温降到40℃，脱衣进缸浸泡擦洗，结果痼疾不治而愈，因此而得名“王缸药浴”。王缸药浴是瑶族的祖传秘方，也是瑶族群众家家户户盛行的一种健身方式。它是用山产的百种草药按量配伍，并通过规定的时间煮煎而成，用药水浸浴，让药力浸入肌肤而对风湿、类风湿、轻度偏瘫及皮肤病等症具有独特的防治效果。身体健康者洗浴，能消除疲劳，精神焕发，增进食欲，防病强身。患病者洗浴可消除病痛，恢复健康。产后坐月子的妇女，在坐月子期间洗3—5次，能迅速恢复体力，保持青春健美，丰姿如故。在环江县，凡是到瑶村作客，都为得洗王缸药浴而津津乐道。近年来，“王缸药浴”作为休闲养生项目对外开放，由瑶医在东兴镇平安村国防公路过境的杨梅坳旅游景点设点开展防疗业务。东兴街、环江县城也有多家

“王缸药浴”。凡是到环江作客，都以得洗瑶族王缸药浴为最大快事。

## 三　医疗卫生事业面临的问题及建议

由于长期的历史因素和自然条件的影响，环江毛南族自治县的医疗卫生事业依然存在不少的问题，与人民群众的现实需求还有一定的距离。主要表现在如下方面。

一是计划生育基层队伍配备不到位，计划生育基层基础工作有所松懈。环江毛南族自治县12个乡镇计生服务所计生专干均存在不同程度的缺编现象，有些乡镇未按“所辖村数配齐同等数量的卫生计生工作人员”。基层人口计生队伍对机构改革和计划生育工作新常态认识不足，工作消极，导致计生基层基础工作松懈，服务能力低、出生人口性别比偏高遏制难、长效避孕节育措施落实难、全员人口（流动）数据库建设质量不高、出生符合政策率有所下降、政策外多孩出生率高等问题。

二是医改推进中存在的问题有待解决。（1）全县医改各成员单位对医改工作主观意识不强，协作不够密切，医改配套政策不到位，提取的绩效增量工资比例少，特别是县级公立医院绩效工作尚未落实。（2）长期以来环江属于国家级贫困县，财政困难，县级公立医院改革配套资金难以落实。（3）全县医疗卫生单位人员总量严重不足，特别是中高级人才、中医（民族医）技术人才和公共卫生人员严重匮乏，人才流失过快（2015年人才流失占公招人数的29.09%）；乡村医生青黄不接，60岁以上的村医占15%，村医年龄结构老化，严重影响了网络信息化工作和基本公共卫生工作的正常开展。（4）全县艾滋病形势较为严峻，防控任务艰巨。目标人群流动性大，外出务工及外来流动人员不断增加，隐蔽性较强，难以规范管理和干预。（5）卫生服务体系建设项目配套资金和建设用地难以落实。如环江毛南族自治县妇幼保健院公共卫生业务综合楼建设项目，因县财政困难县级配套资金迟迟不能到位，影响了项目竣工及投入使用。（6）乡镇卫生院的医疗设备比较陈旧、落后，相对先进的设备紧缺。

针对环江医疗卫生工作存在的问题，以及相关部门领导的意见，我们认为可从几个方面进行努力。

首先，加强队伍建设，筑牢医疗卫生事业发展基础。一是建立可持续的医疗卫生人员补充机制。针对基层医改单位人员严重不足、影响工作正常运行，根据基层医疗卫生机构实际需要，拓宽人才引进渠道，灵活多样地引进人才和及时补充人才。二是创新人事编制管理机构。为稳定基层人员队伍，使新招入来人员安心工作，建议自治县制定落实优惠政策，留住人才，如出台自治政策，允许在县内流动，让他们工作有盼头，安心在基层服务，使基层医疗卫生人才队伍的稳定发展具有可能性。三是完善人才引进机制。鼓励高校医学毕业生到基层医疗机构工作，在招考、工资待遇、养老保险及职称评定等给予倾斜，筑牢网底工程。四是加大培训和继续教育工作力度。建立健全乡村医生教育培训机制，加大医疗卫生技术资源整合力度，定期对基层医护人员开展医疗卫生业务知识、医疗技能、职业道德和卫生、药品等相关知识的教育培训，全面提高基层医疗卫生队伍和乡村医生队伍的素质。

其次，加大投入力度，确保医改工作稳步推进。一是建立和完善补偿机制。针对基层医疗卫生机构工作特点和实际需要科学核定收支，完善绩效工作补偿办法，并及时足额补偿到位。二是建立和完善政府对基层医疗卫生机构的投入机制，落实基本建设经费、设备购置经费和人员经费等的投入，保障设备设施的正常运行。

## 第二节 学校教育的改革与发展

教育是一个国家和民族振兴发展及走向现代化的最根本的事业。由于历史、文化和自然等多方面的原因，我国少数民族地区的学校教育长期以来处于比较落后的状态，改革开放以后特别是进入 21 世纪以来，随着《国家西部地区“两基”攻坚计划（2004—2007）》的推行，民族地区的教育事业进入了跨越式发展的新时期，为民族地区实现全面小康社会目标奠定了更加坚实的基础。

### 一 学校教育的成就

环江毛南族自治县的学校教育在清末以前以私塾为主，光绪三十二年（1906）开始公办学堂，是为思恩县官立两等小学堂；宣统元年（1909），又在宜北县设立官立两等小学堂。教师由县劝学所提名聘。进入民国以后，设教育局管理地方教育事业，民国二十二年（1933）广西省政府公布《广西普及国民基础教育六年计划大纲》，规定 8—12 岁儿童必须接受两年基础教育，13—18 岁的少年接受 1 年基础教育，教育体系从小学教育逐步扩展到学前教育、中等教育和师资教育，但是学校数量不多，只能接收一部分学生入学，广大人民不能尽享受教育的权利。

中华人民共和国成立后，环江地区的学校教育进一步发展，小学、中学、幼儿班（园）等各级教育机构逐步建立，其间也经历了时代变革所引起的沉浮曲折。改革开放以来，特别是进入 21 世纪以后，国家下大力气狠抓基础教育，开展了实现西部地区基本普及九年义务教育、基本扫除青壮年文盲目标的攻坚计划，少数民族地区的教育事业跃上新的台阶，环江毛南族自治县的教育事业也取得了显著成就。截至 2016 年 5 月，全县共有小学 127 所（其中完小 63 所），教学点 31 个，小学在校生 25863 人，848 个教学班，寄宿生 7122 人。初级中学 12 所，九年一贯制学校 2 所，初中在校生 10919 人，寄宿生 10378 人。普通高级中学 2 所（环江高级中学和环江第二高级中学），高中在校生 4887 人；中等职业技术学校 1 所，在校生 142 人。特殊教育学校 1 所，在校生 82 人。全县共有幼儿园 96 所，在园幼儿 11587 人，其中公办幼儿园 5 所，在园幼儿 784 人；民办幼儿园 91 所，在园幼儿 10404 人；小学附设幼儿班幼儿 399 人。全县专任教师 3058 人，其中幼儿教师 433 人（含民办），小学教师 1561 人，初中教师 773 人，高中（含中职）教师 268 人，特殊学校教师 23 人。环江毛南族自治县教育事业的成就主要包括以下几个方面。

### （一）教育指标全面提升

2016 年，全县学前教育三年毛入园率达 83. 99%、义务教育巩固率达 92. 50%、高中阶段毛入学率达 85%，各项指标完成率排在河池市前列。

### （二）学前教育快速发展

全县幼儿园从 1988 年的 1 所，发展到 2017 年的 96 所（其中公办性质幼儿园 76 所，民办幼儿园 23 所），适龄儿童入园率达 83. 99%，实现了乡镇公办中心幼儿园全覆盖，缓解了适龄幼儿“入园难”问题。特别是“十二五”期间，大力实施学前教育三年行动计划，投入 2220 万元建设五所乡镇公办中心园；投入 650 万元新建环江第二幼儿园；利用闲置校舍改扩建幼儿园 65 所，共投入 2837 万元。2016 年环江毛南族自治县被教育部确认为全国学前教育改革发展实验区，是广西壮族自治区唯一县份。

### （三）义务教育均衡发展

自治县政府制定了义务教育经费保障机制，优先保证教育经费投入，确保“三个增长”，顺利通过了自治区“两基”“普九”“普实”验收。合理有序调整中小学校布局，优化教育教学资源，1987—2017 年，全县共撤并小学 105 所，教学点 386 个，初级中学 9 所。加快中小学校标准化建设，全部消除危房校舍，村校均建有教学楼，乡镇中心校、县直学校均建有白板教室、多媒体教室，寄宿制学校建有学生宿舍楼及学生食堂。抓好控辍保学工作，义务教育巩固率达 92.50%。积极推进义务教育均衡优质发展，2017 年政府贷款 1.33 亿元，用于推进全县义务教育均衡发展项目建设。

（四）高中教育突破发展

加强高中基础设施建设，改善学校办学条件，扩大普通高中办学规模，不断提升高中办学水平。环江高级中学 2005 年被评为自治区示范性普通高中，2015 年自治县政府征地 93 亩扩建环江高中，扩建项目总投资 1.2 亿元，项目占地面积 62065 平方米，规划总建筑面积 43219 平方米。2015 年起，环江高级中学与中央民族大学附属高中结成教育合作共建单位，通过开展合作交流活动，努力提高教育教学质量和科研水平。环江第二中学高中部 2014 年从洛阳镇搬迁到县城办学，与职业学校联合创建“普实融通”特色学校，投资 3000 万元建设环江第二中学高中部教学楼、综合楼、实验楼、学生宿舍楼等校舍建筑面积 14620 平方米，运动场 10000 平方米，高中办学规模进一步扩大。1988—2016 年，全县高中招收新生数从 388 人增加到 1808 人，在校生从 1028 人增加到 5155 人，教职工从 109 人增加到 296 人，高中毛入学率从 14%提高到 85%。2017 年环江高级中学考上一本 278 人，上本科线 1185 人，本科上线率为 82.80%。2005—2017 年，环江高级中学共有 12 名学生考上清华大学，10 名学生考上北京大学，更有一大批学生考上复旦大学、浙江大学等国内顶尖名校，环江高级中学已经成为全市乃至全区的教育品牌。

（五）职业教育特色发展

2009 年以来，通过整合县教师进修学校、职业技术学校及环江二中等学校，创建“普实融通”综合性特色高中，深入实施教学改革，做大做强精品骨干专业，努力拓宽毕业生就业渠道。2011—2016 年，县职业技术学校共招收学生 8801 人，其中全日制学生 2042 人，非全日制学生 6759 人；向县外中等职业学校（含技工学校）输送学生 5562 人；毕业生一次性就业率达 95%以上。

（六）特殊教育稳步发展

1999 年成立县特殊教育学校以来，政府加大资金投入，不断完善学校基础设施和办学条件，按照标准比例配备专业教师。学校以实现“医教结合、康复训练”为目标，强化各项管理，立足残障学生的发展，转变观念，优化课堂教学，注重学生个性特长的培养，为学生适应社会、自强自立创造有利条件。1999—2016 年，残疾少年儿童入学率从 35.40%提升至 80%，师生在全市全区各类比赛中多次获奖。

（七）教师队伍增量提质

1988—2014 年，全县在职民办教师、代课教师已全部通过考试考核转为公办教师，教师通过在职函授、进修或自学考试提高学历层次，高中、初中、小学专任教师学历合格率从 1988 年的 36%、41.98%、49.90%都提高到现在的 100%。2011 年以来，通过特岗教师招聘、中小学教师公开招聘、小学全科教师培养等及时有效充实教师队伍。每年通过“国培”“区培”“县培”计划培训教师 3500 人次以上，不断提高教师队伍整体素质。2015 年起，实行乡村教师生活补贴及乡镇工作补贴，对稳定边远地区教师队伍起到了积极作用。

（八）素质教育深入实施

坚持以人为本，立德树人，大力实施素质教育，先后开展了 24 期爱国主义读书教育活动及社会主义荣辱观、社会主义核心价值观等教育实践活动，青少年学生文明素质和思想道德水平不断提升。加强基础教育课程改革，各中小学开设了科学、艺术、综合实践活动等综合性课程，学生的动手、实践能力和创新精神得到增强。全面实施《学生体质健康标准》，广泛开展“阳光”体育运动，学生身体素质进一步提高。2011 年以来，坚持举办校园文化艺术节、中小学生体育运动会以及全县教职工运动会，极大丰富了校园体育文化艺术活动，推动了素质教育的健康发展。

（九）民族教育持续开展

截至 2017 年全县有民族中小学 3 所，即：环江毛南族自治县民族中学、下南中心小学、驯乐中心小学。三所学校均招收一定数量的民族生，设立民族生班，开设民族教育课程，享受民族生补助政策，促进了少数民族人才的培养。全县共有 3 所“壮汉双语”教学试点学校（即思恩镇清潭小学、人和小学和西南小学），在校学生数共 371 人（含学前 127 人），教职工36人，其中专任壮文教师18人。在全县的中小学中深入开展校本课程教育：一是按照要求开设民族教育课程。在小学三、四年级开设“中华大家庭”课程，在小学五、六年级开设“民族常识”课程，在初中一、二年级开设“民族政策常识”课程，在普通高中一、二年级开设《民族理论常识》课程，在中等职业学校开设“民族理论常识实践教育”课程，并按规定的课时安排教学。自治县多部门联合编写了《风情毛南·香美环江》《毛南族民间故事选读》等乡土教材，分发到各学校，作为学生课外辅助读物。二是充分发挥文体活动的德育载体功能，积极开展“五个一”活动（“会说一句民族语言，会画一幅民族题材画，会唱一首民族歌曲，会跳一个民族舞蹈，会讲一个民族故事”等“五个一”活动）。三是走特色文化之路。多年来，各学校以发展毛南族特色文化为目标，把毛南故事、毛南民歌、毛南傩面绘画、民族传统体育、棋艺等引进学校，融入课堂，让师生共同感受毛南族文化的精髓，自觉弘扬民族优秀品质，促进各民族共同团结进步。

（十）惠民政策落到实处

2005年，全县各学校开始落实“两免一补”政策，有效保证了贫困家庭子女受教育的权利。2011年，实现了幼儿入园补助、义务教育阶段家庭经济困难寄宿生生活补助、高中阶段（包括中等职业学校）学生免学费、贫困高中生、贫困大学新生资助等教育资助全覆盖。2012年起，全县实施了农村义务教育学生营养改善计划，覆盖全县所有农村义务教育学校。城区学校认真落实教育惠民政策，切实解决留守儿童、进城务工、随迁子女的“入学难”问题。

（十一）办学条件明显改善

通过实施第一、二期学前教育三年行动计划，新建城区幼儿园、乡镇中心幼儿园15所，改扩建村级学校附属幼儿园67所。实施中小学校舍安全工程、农村义务教育薄弱学校改造计划专项工程、普通高中基础能力建设等项目，多渠道筹措资金，加大学校基础设施建设，全面改善学校教学用房、学生宿舍、食堂、厕所等建设，基本消除“大通铺”“大班额”现象。完善学校图书室、计算机室、运动场等设施建设，全县中小学校课桌椅、图书、仪器装备配齐率均达100%，乡镇中学、中心校以及县直学校拥有网络多媒体教室达100%。2016年县政府拨专项资金640万元，建设了全县中小学教育资源公共服务平台，中小学校信息化建设进一步提升。

（十二）教研工作成绩斐然

加强学校常规管理，完善教学教研工作制度，推进教学改革，提高教学质量，促进内涵发展。严格落实课程标准和教学计划，探索与实践“自主学习+合作探究+信息技术应用”新课堂教学模式，提高教师课堂教学效率，减轻学生课业负担。开展课堂教学技能评比活动，提高教师课堂教学水平，选派代表参加国家、自治区、市级教学大赛多次获奖。积极开展课题研究，近年来共承担了10项自治区、市级实验课题，其中8项已经结题，广西课改A类课题“新理念下少数民族地区小学语文教学模式、策略及方式的研究”荣获自治区“优秀科研成果”二等奖。加强教育教学质量监控，完善教学督导评价制度，近年来中考、高考教学质量一直稳居河池市前列。

## 二　学校教育面临的问题及建议

近年来，环江毛南族自治县教育取得显著成就的同时，也面临着一系列的困难和问题，主要表现在如下几个方面。

首先，教师队伍建设面临较大的困难和问题。由于历史的原因，我国农牧区教育长期由民办教师和代课教师支撑，实施“两基”攻坚计划以后，为了解决民办教师和代课教师的转正问题，许多地区的教师编制十分紧张，环江毛南族自治县也是如此，很难补充新生力量。由于农村生活艰苦，尤其是山区条件简陋，相当一部分教师特别是年轻教师不愿意前去任教，近年来农村教师招聘工作遇到了很大的困难，很难招收到优秀的符合要求的报考者。这些问题的存在，导致教师队伍年龄结构老化和知识老化较为严重，专任教师紧缺。此外，义务教育阶段的教师编制比例偏小，加之农村小学或教学点比较分散，学生数量不多，无法安排足够的专任教师，不少农村学校或教学点教师需要担任多门学科的教学工作，一些学校的某些学科无法开设课程，严重影响了学生的全面发展。随着学前教育的发展，学前教育师资不足的状况更加突出，公办优质学前教育资源紧缺，截至2016年6月只在县城建有一所公办幼儿园，乡镇公办幼儿园正处于发展初期，急需学前教师数百人，但因编制所限无法解决，只能暂时使用社会聘请人员，教师专业性、稳定性较差，幼儿园办学条件及保教水平有待进一步提高。

其次，义务教育与优质均衡发展还有较大距离，城区学校办学条件较好，生源爆满，“大班额”现象依然存在，而农村学校特别是村级小学、教学点办学规模越来越小，农村教育薄弱状况仍未得到根本改变。许多农村家庭为了获得更加优质的教育资源，从学前班或幼儿园阶段就尽力送子女到乡镇乃至县城就读，因学生年龄太小，往往又需要父母在城镇租房照顾，给家庭带来了较为沉重的经济负担，也在一定程度上影响到农业生产和外出务工。

最后，高中教育阶段发展不能满足现实需要。截至 2017 年，全县只有环江高级中学、环江第二中学两所公办普通高中，其中环江高级中学年招生量仅为 1000 人左右，环江第二中学高中部年招生量只有 500 人左右。而全县每年的初中毕业生有 3500 多人，高中阶段的发展现状远远不能满足初中毕业生升学的需求，致使多数初中毕业生升学无门，深造受阻。职业教育发展规模小，县职业技术学校年招生量不足 100 人。这些状况阻碍了环江毛南族自治县教育的进一步发展，阻碍了全县劳动者素质的有效提高。

环江毛南族自治县学校教育面临的上述困难和问题，在我国农牧区是普遍存在的现象。这是长期历史过程中遗留下来的问题，也与民族地区经济社会发展中的限制因素息息相关。我们认为，要解决这些困难和问题，主要从几个方面进行思考和努力。

第一，坚持教育优先的发展战略，不断加大财政对教育的投入，同时，积极争取上级项目资金，以及对口支援单位及社会组织的支持。实施义务教育学校标准化建设，重点改善乡村学校的办学条件，使义务教育达到优质均衡发展。

第二，加强教师队伍建设，努力优化教师队伍结构。重点改善农村学校教师的工作和生活条件，通过公招教师、招聘特岗教师、安排全科教师补充教师队伍，同时加大教师培训力度，解决教师队伍数量不足、有编不补、结构不优、素质不高等问题。

第三，重点解决学前教育问题，改善幼儿园办学条件，落实乡镇公办幼儿园教师编制，尽快建立稳定合格的幼儿园教师队伍。采取多样化办园形式，通过政府补贴等方式，促使农村的学前教育尽快建立起来，缩小和消除城乡之间的差别。

第四，突破普通高中和职业教育规模偏小瓶颈，从基础设施、办学条件和教师队伍等各个方面，推进普通高中教育和职业技术教育的发展，以满足人民群众的迫切要求。重点加强对环江高级中学和环江第二中学的扩建，提高其办学能力，同时，加强对县内其他中学的建设，条件具备的情况下，以公办或民办或共建的方式，创办新的中学和职业技术学校。

# 第九章

# 生态建设与环境保护

县域自然生态环境和资源状况不仅是决定县域经济结构的重要因素，还深刻地影响着其交通、通信等基础设施的建设以及县域各族群众的可持续发展。环江毛南族自治县地处桂西北，是云贵高原与桂中岩溶平原过渡地带，县境环境特征为有山、有水，山地披绿，缺少耕地，发展传统种植业的自然条件并未十分优越，发展林业、养殖业则优势比较突出。此外，县域还蕴藏较为丰富的矿产资源。如何充分利用自然环境特征，发挥优势，突破短板，加强环境治理，在生态环境保障和经济发展中获得双赢，形成县域经济发展与环境生态建设的良性互动，是环江县域生态建设需要解决的核心问题。党的十八大之前，县域资源环境关系处置已经考虑到资源保护并采取了相应的行动和措施，但是受到观念、决策、认知等方面条件的约束，在如何解决经济社会发展与资源环境保护之间的矛盾方面依然存在严重的矛盾与冲突。党的十八大以后，我国的生态建设行为上升至具有约束力的发展理念高度来认识和行动，在这样的大背景之下环江毛南族自治县的生态建设同样进入了一个新的发展时期。

## 第一节　自然环境资源构成

环江毛南族自治县地处桂西北云贵高原与桂中岩溶平原过渡的斜坡地带，背靠九万大山，大小环江流域覆盖县域大部分地区，滔滔江水滋养着这里的山林和土地。全县地势北高南低，四周山岭绵延，中部偏南为丘陵，略呈盆地形态；西与西北部多为石山；东北部多为土山。北与东北部属侵蚀的中低山地貌，是苗岭山脉九万大山的一部分，山体庞大，沟谷纵横，全县森林资源主要分布在此区域；中北部为低山峰丛地貌；中南部为中高丘侵蚀地貌区；西南部为喀斯特地貌区。这里的山山水水赋予了其自然资源的独特性，环江县域自然资源从大类来说主要由土地、动植物、水和矿产等构成。

## 一　土地资源及其特征

环江毛南族自治县土地资源丰富。根据2016年全县林地和森林资源变更调查结果显示，环江土地总面积683.35万亩，其中：林地面积507.21万亩，占土地总面积的74.22%；水域面积163.5万亩，占土地总面积的23.92%；耕地面积34万亩，占土地总面积的4.96%，属“七山二水半分田”的地貌。从行政面积来看，环江毛南族自治县排广西壮族自治区县域第三名。

环江毛南族自治县是广西林业大县。全县有林总面积从1987年的116.23万亩，增加到2017年的507.21万亩，增长336.38%；森林覆盖率由1987年的17.02%，增长到2017年的68.88%，增长304.70%。这主要基于环江林业30年长期发展，主要围绕营造林发展壮大，不断提升森林资源总量及森林覆盖率，强化生态建设及保护等中心工作，特别是在2002年实施林板一体化及速丰林合作造林工程以来，营造林发展迅猛，森林资源总量及森林覆盖率大幅提高。有林面积中，全县区划为自治区级以上重点生态公益林面积253.12万亩。商品林区中，松、杉92万亩，天然阔叶林26万亩，桉树速生丰产林49万亩，全县活立木蓄积量1426.5万立方米。目前，环江境内拥有木论和九万山两个国家级自然保护区，先后荣获国家级生态示范区、全国绿化模范县及中国兰花之乡等荣誉。

因地处云贵高原东南边缘向广西低山丘陵过渡的地带，环江境内岩溶地貌发育良好，喀斯特总面积达173385亩，与荔波喀斯特世界自然遗产地天然连成一体，峰丛、峰林、洼地、谷地、洞穴等类型的喀斯特景观密布，完整地展现了塔状喀斯特、剑状喀斯特、锥状喀斯特等最具代表性的喀斯特地貌，反映了一个完整而独特的喀斯特演化过程，具有不可估量的美学价值、科学价值。2014年6月23日，由广西桂林、贵州施秉、重庆金佛山、广西环江（贵州荔波的拓展地）四地组成的“中国南方喀斯特”第二期，在卡塔尔多哈举行的第38届世界遗产大会上经审议成功列入《世界遗产名录》，环江由此成为世界自然遗产地的组成部分。

然而从耕地资源来看，全县宜林宜果宜牧的山地资源比较缺乏。全县耕地面积为36.99万余亩，其中，水田23.64万亩，占耕地面积的63.89%，旱地13.35万余亩，占耕地总面积的36.11%；水田在一般年景可正常灌溉，用于种植水生农作物的耕地，包括灌溉的水旱轮作地。水田是毛南族自治县耕地的主要类型，灌溉水田面积达86400亩，占土地总面积的3.46%。这类耕地分布在沿河两岸的冲积平原、丘陵谷地、山前冲积扇、峰丛峰林谷地等，光、温、水、热条件较好，地势较平坦、土层深厚、土壤障碍因素少，极少受侵蚀或无侵蚀，广泛适于农、林、牧业生产。但是，旱地无灌溉设施，靠天然降水种植耐旱作物，或是引洪淤灌。旱地面积133590亩，占土地总面积的1.96%。这类耕地主要分布在丘陵缓坡、山前平谷、冲积平原等地。

环江毛南族自治县为河池市的农业大县和国家商品粮基地之一，历年粮食播种面积基本在60万—70万亩左右。20世纪90年代中后期，实施了一系列改善农田基础设施建设的重大项目，特别是“三田”（即吨粮田、吨糖田、万元田）建设等，加之农业技术新成果的普遍推广，推动了农业经济的发展。据统计，2018年环江毛南族自治县全年实现农林牧渔业总产值30.56亿元，比2014年的27.13亿元，增长了12.64%。全县农林牧副渔业生产情况呈现如下一些变化：（1）耕地播种面积有所减少。其中，农作物播种面积由2014年的671265亩，减少到2018年的612585亩，下降了9.5%。其中，粮食种植面积由2014年的351900亩公顷，减少到2018年的325230亩，下降了8.2%；经济作物播种面积由2014年的164865亩，减少到2018年的120915亩，下降了36.34%。经济作物播种面积减少的主要原因是甘蔗的种植大为减少。（2）农林牧渔业总产值有所增长。其中，农业产值由2014年的11.12亿元，增加到2018年的11.70亿元，增长5.20%；林业产值由2014年的3.10亿元，增加到2018年的3.61亿元，增长了16.45%；牧业产值由2014年的12.07亿元，增加到2018年的14.41亿元，增长了19.38%；渔业产值由2014年的0.39亿元，减少到2018年的0.34亿元，下降了14.70%；农林牧渔业服务业产值由2014年的0.43亿元，增加到2018年的0.48亿元，增长了11.62%；农林牧渔业增加值由2014年的16.25亿元，增加到2018年的18.17亿元，增长了11.81%。除了渔业以外，农林牧各业产值都有所增长。

全县土地资源构成和分布状况对县域人口的生活有着直接的影响。从各乡镇的分布来看，洛阳、川山、大安、思恩、大才、东兴、龙岩等乡镇处于土坡丘陵地带，土地肥沃，土层深厚，水源良好，人均占有耕地、林地和牧草地也较多，生产生活条件良好，而下南、上南、木论、长美等乡则多石山区，林地资源相对丰富，但是生产生活条件受到严重约束。县域耕地稀缺，人均耕地面积少，据 2014 年统计，全县总人口 37.08 万人，其中城镇人口 7.95 万人，全县农业人口人均耕地不足 0.9 亩，人地矛盾日益突出。

## 二　水资源及动植物资源构成

环江毛南族自治县有大小河溪 130 多条，地表水年均径流 767 毫米，水能理论蕴藏量 10 余万千瓦，可开发量 3.694 万千瓦，占水能理论蕴藏量的 36.38%。20 世纪 60 年代末县境开始发展小水电，40 多年间先后修建了 10 多座装机 100 千瓦以上的水电站以及一批微型水电站，目前在建及扩建的水电项目亦有数个。源于贵州省境的大环江、小环江和古宾河较大，大小环江流域面积占全县总面积的 80%。三河分别流经驯乐、上朝、洛阳、大安、思恩、龙岩、东兴、长美和川山等乡镇，大小河溪为全县境内耕地提供了灌溉水源，从水资源的地理分布格局来看，县域大部分地区水源条件良好；从水资源季节性分布来看，其往往处于失衡的状态，丰水期和枯水期流量悬殊，常常造成洪涝灾害。

从动物资源来看，传统上存在的国家一、二、三类保护动物，如华南虎、熊类和云豹等都曾在县内山区广泛分布，自 20 世纪 70 年代后则绝迹。20 世纪 80 年代初的一项调查显示，县域范围有野生动物 107 种，分属 19 个目，45 科。这些野生动物中，属于国家保护珍贵动物 26 种，其中国家一类保护动物 3 种、二类保护动物 23 种。近年来，中科院长沙农业生态研究所、广西植物研究所、广西大学、广西师范大学、华南农业大学等科研团队，对环江木论自然保护区的动植物资源开展了野外调查与科研考察活动。截至 2019 年，在保护区内已知有陆生脊椎野生动物 360 种，属国家一级保护 3 种（金钱豹、蟒蛇、林麝）、二级保护 31 种；新发现 60 种鸟类。①

① 廖庆凌、覃饰：《神秘面纱揭开，环江世遗地新发现 100 多种动植物》，《南国早报》2019 年 7 月 10 日。南国早报网，http://www.ngzb.com.cn/news/53313.html。

从植物资源构成来看，全县境内森林植被丰富，物种繁多。根据20世纪80年代的调查，这些植物组成种类有100个科，235个属，318种。主要植物有双子叶、单子叶、蕨类和裸子植物等科。丘陵地区植物以人工林为主，天然林次之，常见乔木树种有杉木、马尾松、椎木、樟木、香椿、菜豆树、荷木、水青岗、青岗栎、栲树、大叶栎、楠木、枫香、槭树。草坡植被以斑茅、五节芒、白茅等禾本科植物占优势，其中夹有旱生灌木，有3种国家二类保护植物，即伞花木、掌叶木和香木莲，有6种国家三类保护植物，即黄枝油杉、广东松、翠柏、八角莲、任豆、麻疯桐等。近年来通过中科院长沙农业生态研究所、广西植物研究所、广西大学、广西师范大学、华南农业大学等科研团队对环江木论自然保护区的动植物资源开展调查，对环江的植物资源也有了新的发现。据统计，目前县域有维管束植物207科707属1502种，属国家一级保护5种（单性木兰、掌叶木、南方红豆杉、云南穗花杉、单座苣苔）、二级保护14种，兰科植物分布有122种。统计显示，在木论保护区首次发现且为当地特有新植物共17种（分别是木论木兰、单花小檗等）。所发现的单性木兰林面积达18.7公顷，为目前国内连片面积最大、群落结构最稳定的单性木兰群落；所发现的越南黄金柏，在国内已发现的46株成熟个体中有31株在环江。①

基于特定的自然地理环境，环江出品有不少独具特色的土产和特产，被誉为“一个飘香的地方”。其土特产中的香猪、香牛、香米、香鸭、香菇被誉为“五香”，名冠广西壮族自治区内外，环江更是闻名遐迩的“毛南菜牛”之乡。

## 三　矿产资源及开发状况

环江县域矿产资源丰富，煤、褐铁、黄铁、铜、铅锌、磷、石膏、石棉、滑石、白云石、水晶、锰、雄黄、锡、银、铀、硫、瓷土、方解石、大理石、冰洲石、汞等28种矿藏构成其矿业资源的主要部分，其中，铅锌矿储量大、品位高，居广西之首；煤是其最重要的能源资源，储量达68亿吨，是广西唯一无烟煤基地，一度为广西重要的能源基地，煤炭资源主要分布于驯乐、上朝、明伦、川山、洛阳、龙岩等乡镇。有色金属中

① 廖庆凌、覃铮：《神秘面纱揭开，环江世遗地新发现100多种动植物》，《南国早报》2019年7月10日。南国早报网，http：//www.ngzb.com.cn/news/53313.html。

铅锌矿储量较大，约为2000万吨，并有重要的经济价值，铅锌矿主要分布在上朝、驯乐、川山、龙岩等乡镇。矿业经济一度成为全县主要经济支柱之一。

20世纪80年代，环江境内有县办水泥厂、北山铁矿有限公司（广西最大的铅锌硫铁矿）、都川冶金化工股份有限公司、雅脉钢铁厂、化达铅锌矿业公司和广西红茂矿务局（年产能力达80万吨）等工矿企业，1997年全县工业企业总产值达9.26亿元。“十五”规划期间，全县重组、改造一些工矿企业，如红山矿区的三个煤矿，锌源、新发公司以及宝成钢铁公司和蓝天锰业公司。“十一五”则提出加强和壮大矿产业，尤其是有色金属矿产业仍然为县域工业的骨干产业，有色金属重在拓展深加工，延长产业链，提高产品附加值和企业经济效益，目标为培育4个以上年销售收入超亿元企业。黑色金属方面，要着重发展钢铁、电解锰等产品，培植3个年销售收入超亿元企业。煤炭业方面，主要以红山和雅京重组企业为主体，进一步扩大生产规模；要创造条件，规划开采明伦、龙岩、川山境内的煤炭资源，实现行业年销售收入超2亿元。同时，开发环江硅矿资源，建设一个年销售收入亿元以上的金属硅生产企业。然而，2012年1月广西龙江发生镉污染事件，河池市有色金属和黑色冶金行业企业全部停产整治，环江境内的25家涉重企业被关闭了13家，环江的矿业经济在遭受重大打击的情况下，努力整合重组升级，但是，工矿企业产量并未如期得到提升，能矿资源的开发受到市场和环境生态建设约束而不能完成地方政府最初的预期收益，也深刻影响了县域经济能力建设。如2014年全县能矿产量仍呈下降趋势，参见表9-1。

**表9-1　2014年环江毛南族自治县能矿产量统计表**　单位：吨；%

| 产品名称 | 计量单位 | 产量 | 比上年增减% |
|---|---|---|---|
| 铅金属含量 | 吨 | 781 | -34.60 |
| 锌金属含量 | 吨 | 12690 | -9.50 |
| 硫铁矿石（折含硫35%） | 吨 | 131610 | -9.60 |

2016年以后，随着锌等金属产品价格逐渐上涨，环江的能矿产量迅速提高，2018年全县有色金属矿采选业工业总产值增速在30%以上，对工业生产总值的贡献率显著增长，矿业经济在县域经济结构中的地位重新加强。

## 第二节　生态建设成就及问题

县域生态建设不仅受到县域自然环境和行政管理建设等多方面的影响，也直接受到国家环境生态建设大政方针的直接影响。环江毛南族自治县的生态建设可以说紧随政策，努力前行，取得了一定的成效。

### 一　探索生态建设的政策环境

中国生态建设最初以环境保护为工作目标，即20世纪70年代末开始的“三同时”（即建设项目中防污染的设施必须与主体工程同时设计、同时施工、同时投产使用）和环境影响评价、排污收费等工作。20世纪80年代初生态建设以生态平衡概念由农业生产领域首先提出。1980年，中国科协筹备召开全国亚热带热带丘陵山地建设与生态平衡学术讨论会，此后，农业生态平衡、矿山建设与生态平衡、水利建设与生态平衡、电站建设与生态环境关系等议题不断提出并加以讨论，到1983年许涤新等人在中央媒体发文提出生态经济学为四化建设服务等观念。及至20世纪80年代中期，合理利用自然资源，恢复和保持良好的生态环境和控制人口增长被视为发展中国现代化农业的前提条件。各地依据生态学的基本原理，开始设计建设各种类型的生态农业基地，“生态村”“生态乡”“生态县”等设想已提出，广西壮族自治区也进行了生态农业试点工作。

1996年，国务院发布《关于进一步加强环境保护工作的决定》，提出治理污染与保护生态并重，环境保护从源头遏制污染，资源节约综合利用等要求，同时，将生态保护与生态建设纳入环境保护。广西壮族自治区党委、政府依据国家战略安排和自身环境状况，做出了相应的决策和部署，将自然生态保护提上重要的议事日程，明确任务、职责、分工协调等工作机制，提出加强自然生态保护为重点，恢复、维持生态功能，严格控制不合理的资源开发活动，优先保护天然植被和各种类典型生态系统，重视自然恢复；加强重要生态功能保护区和自然保护区的建设，提升管理水平，保护生物多样性和生态系统的整体功能；加大退化生态系统修复力度，巩固和发展退耕还林成果，推进珠江流域中上游防护林体系、沿海防护林体系、水土保持、石漠化治理、矿区生态恢复重建、重点流域水生态保护与修复等生态工程建设。当然，由于经济实力等方面的原因，全区环境保护工作仍然以基础污染治理为中心，良好的生态系统保护与生态安全等重大议题仍未被纳入地方经济社会发展全局决策。1999年广西壮族自治区政府印发《关于加强我区矿山生态环境保护与恢复工作的通知》后，环江毛南族自治县北山矿区进行了生态恢复工作；2000年，环江被列为国家级生态示范区建设试点；2004年，环江成为全国生态建设示范区。

2000年底，国务院发布《全国生态保护纲要》，以期推动可持续发展，生态建设力度不断加强。党的十六大提出全面建设小康社会的宏伟蓝图，将“可持续发展能力不断增强，生态环境得到改善，资源利用效率显著提高，促进人与自然和谐，推动整个社会走上生产发展、生活富裕、生态良好的文明发展道路”作为全面建设小康社会的主要目标，提出了树立和落实科学发展观、构建社会主义和谐社会的重大战略思想，强调以科学发展观统领经济社会发展全局，以人为本并转变发展观念，创新发展模式，提高发展质量，落实“五个统筹”，经济社会发展转入全面协调可持续发展轨道。2006年，国家从发展战略高度，提出“转变经济发展方式，建设资源节约型、环境友好型社会”，国家环境生态建设战略发生历史性的重大转变，经济增长与环境保护间的关系调整提上日程，环境保护与经济增长并重，环境保护与经济发展同步，保护环境方式转变为综合运用法律、经济、技术和必要的行政办法解决环境问题。各地方政府在顶层制度设计驱动下，积极落实科学发展观和可持续发展战略，推进经济结构调整和增长方式转变，以造林灭荒、封山育林、防护林体系建设、自然保护区建设、退耕还林、水土保持、石漠化治理、农村能源建设、生态农业建设、工业污染防治、重点流域和城市环境综合整治等为依托的环境保护和生态建设全面展开。

广西壮族自治区党委、政府按照党和国家的战略部署，积极实施可持续发展战略，实行环境与发展综合施策，加快推进经济结构调整和增长方式转变，落实国家提出的节能减排战略性措施，有效促进了国民经济持续快速健康发展和社会全面进步。2005年，广西壮族自治区党委、政府审时度势，在深入分析国际国内形势和广西区情的基础上，作出建设生态广西的重大战略决策，提出生态广西的建设目标，这是广西全面落实科学发展观和构建社会主义和谐社会的客观要求，也是其经济社会发展的迫切需要，更是人们期待充分发挥后发优势、增强广西综合实力和竞争力的必然选择。2007年，广西壮族自治区发布《生态广西建设规划纲要（2006—

2025）》，提出将建设以循环经济为主导的生态经济体系，建设可持续利用的资源保障体系，建设山川秀美的生态环境体系，建设人与自然和谐的人居环境体系，建设体现现代文明的生态文化体系，建设科学、高效、稳定的能力保障体系六大体系作为建设生态广西的主要任务，并以全区生态功能区划研究成果为依据，将全区划分为8个生态区。根据各生态区的区位特征、自然生态特点、主导生态功能及主要生态问题、资源环境承载力、开发现状及发展潜力等，明确其产业发展方向和生态保护与建设重点。①

按照广西壮族自治区人民政府发布的《生态广西建设规划纲要（2006—2025）》，环江毛南族自治县地处桂中北岩溶山地生态区，属于土壤侵蚀敏感性和石漠化敏感性极高的区域，所面临的主要生态问题为不合理的土地利用、毁林开垦、过度放牧造成的自然植被严重破坏，森林覆盖率较低，生态系统服务功能退化，水土流失、石漠化严重，坡耕地面积比重大，土地生产力低；岩溶洼地易旱易涝；矿业开发造成局部区域环境污染和生态破坏严重，有色冶炼业大气污染问题较突出。规划该区域重点发展桑蚕、中药材、草食动物、香猪等特色农林牧业以及延长其产业链的加工业；发展有色金属深加工业及矿业废物的综合利用，改造提升冶炼加工业，合理开发水电资源。严格限制发展污染物排放强度大的产业。生态保护和建设的重点是：全面实施石漠化综合治理，通过封山育林、退耕还林还草、小流域治理、农村生态能源建设以及改变耕作方式和草食动物饲养方式等措施，恢复自然植被，提高水源涵养和水土保持能力建设，开展有色矿业及冶炼业的废物综合利用，推进矿区生态恢复与重建，治理矿区环境污染。此后，环江毛南族自治县的生态建设步入了科学与法制化发展的轨道。

## 二　生态建设进程及主要成效

1996年环江毛南族自治县成为全国生态示范建设试点县以来，自治县以特色产业为主攻方向，以出产生态型产品为目标，制定使环保与经济效益双赢的经济发展思路。主要采取抓好封山育林、人工造林、退耕还林、建设自然保护区和生态能源建设等项工作，在农村环境建设中采取

---

① 广西壮族自治区人民政府：《关于印发〈生态广西建设规划纲要〉的通知》，桂政发〔2007〕34号，2007年9月10日。

“政府拨小量，农民投大头”的办法进行“改水、改路、改灶、改厕、改集”工程，利用水柜、沼气、村道硬化、卫生厕所、农贸市场建设等项目，不断探索农村环境改善的路径。在广西壮族自治区日益强化生态建设规划和建设任务大环境驱动下，环江毛南族自治县不断推进生态建设，依据县域生态环境状况，提出明确的县域生态建设目标，特别在“十一五”期间确立“富裕环江、文化环江、生态环江、平安环江”的建设目标，使“生态环江”成为环江总体规划的重要组成部分。

“生态环江”就是以发展循环经济为目标，提高生态环境质量，促进经济发展与人口、资源、环境协调，造就既有较发达生产力，又保持山川秀美的生态县。换言之，“生态环江”就是将“生态立县”作为县域建设的重要目标。在“生态环江”思想指导下，环江毛南族自治县的生态建设不断取得成就。县域环境保护工作机制不断推进，1992年成立了自治县环境保护局并不断完善其机构设置，至2015年局内共设有行政审批办公室、生态项目办公室、环境监察大队、环境监测站及环境应急和固体废物管理中心五个机构。自治县环境保护局共保留行政权力事项92项，其中行政许可8项、行政处罚56项、行政强制4项、行政征收2项、行政检查1项、其他行政权力21项。随着自治县环境保护工作的开展，县境环境生态建设成就显著，荣誉不断，条件日益优化。2006年7月，环江申报的全球首例生物碳化造林项目获得批准，开创了利用世行碳化基金造林的先河，同年荣获“广西绿化模范县”称号。2007年，荣获“全国绿化模范县”称号，环江是河池地区唯一获得此殊荣的县。2014年6月，环江木论喀斯特成功入列世界自然遗产地，全县保护森林植被和生物多样性的努力赢得世界级荣誉。

具体而言，环江毛南族自治县生态建设的成就主要表现在如下几个方面。

### （一）县域生态环境保护效果显著

#### 1. 生态环境保持优良状态

通过植树造林、退耕还林、调整林业产业结构、实行森林采伐限额管理等措施，致力林业发展，使全县生态环境不断优化的同时，创造了良好的经济和社会效益。环江毛南族自治县林业发展始于1952年，至20世纪80年代初，累计造林面积达176万亩，1984—1993年是环江林业全面发展时期，人工造林面积达60多万亩，全县造林面积236万亩。2001—

2002年，环江继续开展以公路、铁路、河流两旁造林为主的绿色通道造林工程。2002年自治区林业部门将环江列为河池特色林业区划中的速丰林建设为重点的县级之一，2002—2007年，全县速丰林平均每年新增5万亩，桉树速丰林由2002年不足0.3万亩增加到2007年的28.8万亩，全县桉树速丰林年均生长量超过50万立方米，成为广西速丰林大县之一。2013—2015年，全县核桃累计种植面积达16万亩，2011—2016年，实施封山育林，开展石漠化治理工作。2016年，环江的森林面积达479.1万亩，比1950年以前的57.16万亩增长738.20%；森林覆盖率达到74.48%，比1950年以前的8.37%增长789.80%；全县林业总产值达25.3亿元，占全县地区生产总值45.4亿元的55.72%，雄居各产业产值之首，占据全县地区生产总值的半壁江山。

在环江毛南族自治县林业发展的过程中，退耕还林政策的实施起到了非常重要的作用，实现了生态增强、产业增效、农民增收的目标。据统计，2002—2012年，环江毛南族自治县共实施退耕还林32.6万亩，退耕还林工程涉及12个乡镇128个村，造林作业地块37353个，受益群众13542户67710人。森林覆盖率提高15.59个百分点，40多万亩跑土、跑水、跑肥的坡耕地退耕还林后，水土流失状况得到了有效遏制，全县水土流失面积较2002年有了大幅度下降，土壤侵蚀量明显减少。在此期间完成土壤改良36539亩，改善和增加灌溉面积6780亩，补造39008.48亩，用材林建设2100亩。十年退耕还林工程使该县森林活立木总蓄积量增长率达172.27%，使一些生态区位重要，但粮食产量低而不稳的坡耕地得到了有效治理，提升了土地利用价值，农业产业结构得到调整，农业生产方式开始转变，用特色农业置换传统农业的步伐大大加快。退耕还林的优惠政策还吸引了社会各界对林业的关注、支持和参与。十年间全县共发展私有林业大户40多户，面积达到28万亩，其中百亩以上的非公有林业大户19户，承包荒山荒坡造林近30万亩，投入资金近600多万元，有效带动了全县非公有林业的蓬勃发展，实现由部门办林业向社会办林业的转变，为加快林业发展和生态环境建设奠定了社会基础。

另外，自治县重点对龙岩野马河、东兴标山河流域进行综合治理，取得了显著的成效，标志着环江小河流流域治理和水土保持工作顺利推进。自治县还借助实施生物和工程措施，大力发展种桑养蚕，发展核桃、油茶、茶树等产业，有效遏制了县域水土流失状况，县域生态环境明显好转。

2. 县域保护区建设成果突出

保护区建设是县域生态建设的重要项目和建设方式。1991 年，环江毛南族自治县成立木论县级保护区，1996 年升级为省（区）级保护区，由环江县林业局管理，1998 年又将木论升级为国家级自然保护区（108.299 平方千米）。此间，环江县还先后建成九万山国家级自然保护区（环江县部分 49.916 平方千米）、文雅天坑（县级自然保护区，35.333 平方千米）等保护区，总面积为 193.548 平方千米，占总全县总面积（4552.72 平方千米）的 4.25%。2014 年，环江毛南族自治县木论喀斯特景区申报世界遗产成功，使环江县域生态环境保护进入新的工作阶段。

3. 县城区及各乡镇的水源地划分和保护取得成效

多年来，环江毛南族自治县城镇空气质量达到国家二级标准；县城区饮用水源水质达到国家地表水环境质量Ⅱ类标准，大环江、小环江河地表水保持Ⅲ类水质标准，县城区环境噪声得到控制，城镇大气环境质量总体状况良好。县城良伞饮用水水源保护区面积 19.36 平方千米，县域 11 个乡镇饮用水水源保护区面积 294.208 平方千米，共计 313.568 平方千米，占全县总面积的 6.88%。自然保护区和饮用水水源保护区总面积为 507.116 平方千米，占全县总面积的 11.14%。2005 年环江毛南族自治县获得“国家级生态示范区”称号。为确保各类生态红线区域得到有效保护，相关部门强化环境监管执法力度，加大触动红线行为惩处力度。至 2016 年，县域城镇生活污水处理量总计 1.93 万吨/日；水源、东兴、川山、明伦四个乡镇的生活污水处理站项目均已开工建设；各乡镇生活垃圾均能无害化处理。

### （二）县域污染防治取得重大成就

环江毛南族自治县政府积极推进环境治理，清理环境安全隐患，严厉查处企业擅自拆除、停运、闲置或不正常使用污染防治设施及不正当排污的环境违法行为，督促工业企业完成环保设施建设。2011 年，明确 6 家企业为化学需氧量减排单位，4 家企业及所有砖厂为二氧化硫减排单位，关停了 6 家重金属污染项目。实施工业技术改造 75 项，规模以上工业企业万元增加值能耗下降 6.30%。加强对矿区重金属污染企业的整治，加强环境监察、项目环保审批和重点污染源监督管理。2011 年实现化学需氧量减排 322 吨，氨氮减排 39.6 吨，分别为上级下达任务的 335%和

198%，全县环境质量继续排在全市前列。

县域有色金属采、选、冶企业，制糖，茧丝，煤炭，砖厂等重点排污企业均完成污染防治设施建设，主要污染物达标排放。重金属污染防治工作效果突出。2010—2015 年，环江共获得重金属污染防治专项资金项目 9 个，已竣工 7 个，在建 2 个，总投资 11112.51 万元，其中上级专项资金 6540 万元。项目完成后，治理受污染农田 1280 亩、废水处理工程 4 处和历史遗留场地及尾砂处理工程 5 处，有效保障了环江县“米袋子”和“菜篮子”质量安全。

（三）县域治污设施建设明显提速

治污设施建设一方面重点推进县城及乡镇生活污水处理设施建设。先后完成了县城区、洛阳镇、大安乡、长美乡四个生活污水处理工程。县城污水处理厂一期工程 2010 年开始运行，洛阳镇污水处理厂于 2015 年 12 月投入运行，长美社区污水处理站于 2016 年 3 月投入运行，城镇生活污水处理量总计 1.93 万吨/日；水源、东兴、川山、明伦四个乡镇的生活污水处理站项目均已开工建设；各乡镇生活垃圾无害化处理能力提升。另一方面，重点工业企业的环保设施建设明显增强，制糖、茧丝、有色金属、煤炭等工业企业均完成环保设施标准化建设，8 家重点国控企业完成在线监控系统并联网，工业废水、废气基本达标排放，达标率达 95%以上，工业固体废弃物处理率达到 85%。2012 年发生龙江河污染事件后，环江毛南族自治县实施大排查大整治涉重铅锌企业措施，经过整顿，全面淘汰 19 家落后产能的涉重金属企业，仅留 10 家重金属企业，其中，采矿 6 家、选矿厂 2 家，冶炼厂 2 家，重金属企业生产实现全部规范化，污染物达标排放。

（四）县域石漠化治理工程不断取得进展

2008 年，环江毛南族自治县先后被列入自治区石漠化治理示范县和水土保持工作重点县行列，此后三年，国家投入第一期石漠化治理工程经费 3000 万元，小流域治理经费 3000 万元，此两项工作均已完成。2008 年 12 月，县域石漠化综合治理工程在下南乡古周村和水源镇的三才村正式启动，此后，全县紧紧围绕“山、水、田、林、路”实施项目工程。

环江毛南族自治县在生态环境建设中，加强与中国科学院亚热带农业生态研究所、中国地质科学院岩溶地质所、中国林科院热林中心、广西师范学院、广西林业勘测设计院、广西林业科学研究院六个科研院所的合作，积极寻求石漠化治理科技支撑。2013 年以中国科学院亚热带农业生态研究所环江喀斯特生态系统观测研究站为依托单位组建“广西石漠化治理工程技术研究中心”，该中心完成了石漠化综合防控与治理工程技术、水土二元流失阻控技术、土壤养分迁移过程与阻控技术、小流域水文调节技术和喀斯特生态建设工程效应评估技术的研发等任务。依托环江喀斯特站的科技支撑，环江县获得多项相关建设项目，比如：国家发展改革委员会西南石漠化综合治理试点工程、国家水利部坡耕地水土流失综合治理试点工程、环保部土壤重金属污染修复工程、国家林业局森林碳汇补偿试点工程等项目，这些项目的实施促进了喀斯特石漠化综合治理工程目标的实现，对西南喀斯特区域技术进步和结构调整发挥了带动作用，受到广西壮族自治区政府和国家有关部门的高度评价。环江毛南族自治县也充分利用环江喀斯特生态系统观测研究站及广西环江水土保持科技示范园的科研成果，坚持开展石山造林、退耕还林和封山育林，使石漠化山区植被逐步得到恢复；科技支持使自治县积极探索石漠化治理新技术、新模式，采取综合措施，推进生态扶贫工作进度；此外，在推广农村沼气池建设中解决农村能源问题。

总之，为推进环江毛南族自治县生态建设，“十二五”期间环江生态环保重点工作主要依托大环江生态景观建设、生态乡村综合治理、植树造林、生态工程、秸秆、木屑、生物质颗粒燃料设备环保综合利用、坡耕地水土流失综合治理、县城及水源地水源保护、生态公园、生态旅游景区绿色治污与生态保护、小环河支流板架河口段防洪护岸、大小环江河水生态建设等工程项目全面开展。至“十二五”结束时，全县生态建设得到强化并取得突出成绩，已基本建成环江县域特色的生态经济体系。环江县域能源资源开发利用效率不断提高，节能减排降碳完成自治区、市下达的目标任务。森林覆盖率、城乡空气质量、主要江河流域水质、土壤环境质量明显提高，城乡饮用水源得到有效保护。城镇污水和生活垃圾处理能力进一步提升，农业面源污染得到有效控制。环江毛南族自治县生态建设成果最为突出的是石漠化治理、退耕还林、防护林等生态工程加快推进，完成造林 288300 亩，治理石漠化面积 269175 亩，建设农村沼气池 3051 座。积极推进农村环境保护和生态示范创建，“美丽环江清洁乡村”活动深入推进，农村环境综合整治成效突出，城镇空气质量全部达到国家二级标准以上，森林覆盖率超过 70%。扎实推进节能减排，污染综合整治进一步强化，实施7个重金属治理项目，“十二五”期间累计减排化学需氧量1550多吨，二氧化硫减排5300多吨，各项重金属完成减排15%的目标，重金属污染得到有效控制，“十二五”节能减排任务全面完成。

当然，环江毛南族自治县的生态建设和环境保护也面临着一些问题。从环江县域生态建设面临的问题产生的原因角度来看，一方面是自然生态本身及其由此引起的一些问题，如石漠化、山区不适于农业种植业或水源缺乏等问题，以及因自然条件所导致的农田基本建设成本较高，特别是水利工程的修建和维护存在较大困难。林业发展存在的不足之处，如林分质量不高，林种结构不合理，品种单一，亩产出量低等，也可归纳为自然生态本身延伸而来的问题。另一方面则是在谋求发展进程中遇到或引发的问题，主要是生产污染问题。除了各地普遍存在的农业污染，包括化肥和农药的科学使用、农村生活垃圾的存放与处理、河湖水域污染的治理等问题外，环江还面临着严重的金属污染的难题。环江素有“中国有色金属之乡”之称，也是河池市所辖范围内有色金属资源极为丰富的地区之一，有色产业成为环江县的主要支柱产业，与此同时，有色金属矿业引起的金属污染一直成为影响县域环境保护与生态建设的重要因素。2001年，环江县域发生特大洪灾，导致上游矿区大量尾砂和硫铁粉冲入大环江流域的农田，致使近1万亩的良田遭受严重酸化和重金属污染，并威胁沿江居民的身体健康，严重制约当地经济社会的和谐发展。10余年后的一项研究显示这种影响持续存在，这项研究对大环江两岸一千米以内的土壤进行了调查，调查结果证明两岸一千米内农田重金属污染比较严重，其中镉和锌污染最为严重，调查认为镉污染基本遍布整个流域的农田。截至2017年，矿山重金属污染场地还有大部分尚未完成治理，全县尚有未治理的废弃选厂及尾矿堆场22个，占地面积25.85万平方米，这些遗留场地对河流环境存在较大的污染隐患，今后的重金属污染防治任务还十分繁重。

可见，环江毛南族自治县在生态建设中，不仅要从本区域自然环境特点出发选择经济增长和生态环境改善双赢之路，还需要充分克服自然资源开发过程中的建设性破坏，比如污染、生态失衡等问题。

## 第三节 生态建设着力点与未来

环江毛南族自治县的生态建设与经济社会发展日益产生密切联系，推动生态建设也更加强调民生改善、社会进步、生态效益。县政府在发展中把重点培育、发展生态产业和生态经济作为重要任务来抓，不断加大对重点生态经济、生态保护和生物多样性保护等方面财政扶持的力度，“十二五”期间，全县主体功能区布局基本形成，在全县4553平方千米，规划了城镇、农业和生态三类空间。不同空间类型其生态建设着力点和内容也有一定的差别，不同空间面临的基础或对建设目标实现的技术等条件下相应有所差别。

## 一　生态建设现实状况

环江毛南族自治县的生态建设，主要分为城镇、农村和生态功能区的生态建设三大类。

在县域经济社会发展中，城镇日益成为核心驱动的空间。环江城镇空间面积446.19平方千米，占县域的9.80%，也是县域经济的核心空间，这一空间主要发展二、三产业，包括思恩镇、洛阳镇、大才乡的三个乡镇行政区域，以及水源、川山、东兴、明伦等乡镇政府所在地的部分行政区域。各单元间有各自不同的比较优势，思恩镇作为县政府所在地具有县域核心发展区特征，也是县域南北交通干线的联结带，南北双向延伸，东兴、洛阳、明伦等镇则作为沿线的重要节点，由各镇产业园区为产业发展主要载体构成“一轴两翼”空间发展格局。在发展思路上，形成了“一轴”即以县城思恩镇为中心城镇，打造以思恩镇和洛阳镇为主要发展极核，向河池市城东延伸的城镇发展主轴，以期主动接受河池—宜州的发展带动和辐射，加快建设高铁经济产业园区，融入黔桂经济走廊城镇带。“两翼”即“东翼”以东兴镇为重点城镇，包括东兴、明伦、龙岩、长美四个乡镇的一组发展单元；“西翼”为以川山镇为重点城镇，包括川山、水源、下南三个乡镇一组发展单元。各乡镇错位发展，构建各具特色的城镇风格，既相对独立，又有机联结、优势互补、相互促进。各镇产业园区加快形成主导产业，发展成为产业集聚特色鲜明竞争力强的产业园区。推进以人为核心的城镇化，实现中心城镇和小城镇协调发展、产业和城镇融合发展，最终促进县域城镇化和新农村建设协调推进。

尽管近年来环江人口的城镇化率不断提高，有统计称环江毛南族自治县城镇化率达到40%，农业人口仍然占环江县域人口的大多数，因而农业空间及发展状况关系到县域绝大多数人的生存和发展水平。自治县农业发展空间面积约591.89平方千米，占全县行政总面积的13%，主要包括川山、洛阳、水源、大安等乡镇行政区域和其他乡镇适宜现代农业开发的区域，这些区域具有承担可持续的农业发展的功能，可以提供特色优质农（林牧）产品的生产。在洛阳、思恩、水源、川山和大才等乡镇是布局优质商品粮、优质桑蚕、有机水果、有机蔬菜、糖料蔗等作物基地，驯乐苗族乡、东兴、明伦、龙岩、长美、下南等乡镇则重点发展特色养殖业、有机茶叶、中药材、核桃等。

生态空间承载着县域生态保护、生态修复、生物多样性保护、水源涵养和生态安全屏障等主要功能，往往同时兼及特色生态农业、森林生态旅游发展等。环江毛南族自治县主要生态空间分布在驯乐苗族乡、东兴、明伦、龙岩、长美、下南、洛阳等乡镇大部分区域，总面积在3514.92平方千米，占全县政区总面积的77.2%。在这样的空间里，需要积极做好生态空间区划范围内各乡镇的生态保护任务，其中包括承担水源涵养林、山地、丘陵、湿地等生态环境保护。重点有石上森林的世界自然遗产地——广西木论国家级自然保护区和九万山国家级自然保护区，以及文雅天坑、牛角寨等均需要有效的保护措施，这里有丰富的自然、文化旅游资源以及大小环江河流域水源涵养林保护区、水库水源涵养林，因而要加强环境保护和修复，增强水源涵养、水土保持和生物多样性维护功能。因地制宜发展资源环境可承载的生态产业、森林旅游等生态经济，引导人口逐步转出生态功能区、自然保护区。在生态保护过程中实施的主要措施必须严守生态保护红线，划定林地和森林、湿地、物种等生态保护红线。在重要生态地区实施严格的生态保护和管控，实现生态环境休养生息的目标。

目前，保护区建设面临特殊困难，主要是保护区内社区人口增长、经济开发压力越来越大，保护区与社区在资源保护与资源利用的矛盾日益显露。木论自然保护区涉及木论乡的下荣、木论、乐衣，以及川山镇的白丹、社村、何顿6个村，28个自然屯，713户农户，人口达3237人。自然保护区分布的区域为当地经济发展滞后、生活贫困的偏远山区，社区自我发展能力差，自然保护区的建设客观上限制了当地经济的发展，社区空间和资源利用受到约束。保护区内社区经济发展冲动与生态保护间的紧张关系缓解困难。保护区建设措施仍需要有针对性的协调好人地关系和保护与开发的利益分配关系。

## 二　生态建设的对策分析

就民族地区的县域比较而言，环江毛南族自治县较早确立了绿色发展意识，在强化生态建设和环境综合治理方面有所行动，积极创建国家生态文明示范县，在节能减排、推动清洁生产方式和绿色消费模式等方面都进行了积极的探索。在全面建设小康社会进程中，环江毛南族自治县生态建设要紧紧围绕绿色发展目标进行生态建设，还需要不断强化各方面工作广度、力度和深度，其中最为关键的包括如下几个方面。

第一，合理安排生产空间和技术投入，加强环境监测和综合治理。在推进县域工业发展过程中，要重视节能减排，强化产业园区污水、废气、废渣处理设施建设，大幅减少“三废”排放量。在大力推广节能技术中淘汰高能耗、高污染设备和产品，重点在煤炭、建材、农林产品加工等企业实施清洁生产技术改造工程和清洁生产，加大制糖、淀粉、茧丝等产业的污染治理力度，合理控制有色金属采选冶炼、化工等重污染产业的发展，有效地减少化学需氧量等有机污染物的排放量。

第二，强化重金属污染及环境污染治理。环江毛南族自治县是全国138个重点金属污染防控区之一，截至2017年全县尚有未治理的废弃选厂及尾矿堆场22个，占地面积25.85万平方米，这些遗留场地使河流环境存在较大的污染隐患。为此要加强大环江河流域上游北山矿区、雅脉选矿区、都川矿区3个矿山区域历史遗留重金属污染治理工作，从源头根治大环江河水体环境重金属污染问题。县域水、大气、固体废弃物、农村环境污染综合整治也是发展中需要强化治理的问题，饮用水源地保护区的建设和保护更是关系千家万户的重要工程。乡村振兴中同样要重视建立与生产生活需要相适应的污水处理、垃圾处理设施，加快乡村污水处理厂、垃圾处理厂建设，努力实现污水达标排放，垃圾集中无害化处理。在环境污染治理中，一方面要完善制度规范，提高认识和依靠各类社会主体的自觉行动；另一方面，还要加强监察执法监管力度，确保工业污染源排放达标和环境质量达标，积极争取新治污项目专项资金，加快重金属污染治理，改善环江矿区生态环境。建立并划定大环江、小环江河流重点保护河段，采用自动监控系统对各河段进行监控，严格实施季节性休渔制度，严厉打击电、炸、毒鱼行为，保护河流生态系统。

第三，突出解决好石漠化治理和世界遗产地保护问题。县域在严格划定生态红线和用途管制的同时，加强重点生态功能区和自然保护区管护，加快形成以喀斯特世界遗产和木论、九万山国家级自然保护区为主骨架的生态安全格局。重点做好木论、九万山两个国家级自然保护区的生态保护工作，确保全县核心生态品牌区始终能够保持良性的生态循环状态。突出对生态脆弱区、石漠化区、自然保护区、水源林、水源地、重点景区等的生态保护力度，严格控制开发强度。对难以人工造林的陡坡地，实施退耕还林还草和封山育林，利用生态自然力恢复石漠化生态功能。对可造林的坡地，全面实施造林绿化、大小环江河水生态建设、水源地保护、生态重建等重点工程，扩大森林覆盖面积，增强涵养水源、控制水土流失和石漠化，维护生物多样性。加强县域饮用水源地保护区建设也需要高度关注和确保县域水源生态安全，对乡镇水源地和人口 500 人以上自然屯的水源地划定保护范围。

第四，积极建立健全生态环境检测预警机制。加强环境监测站标准化建设和监测网络建设，在自然保护区、生态脆弱区、灾害多发区、水源林区、环江河段、产业园区、县城区等重要区域设立环境监测点，加强水质监测、PM2.5 监测、工业污染源以及重要生态功能区检测，及时制作和发布环境预警信息并接受全社会监督。建立环境、林业、水利、质监等多部门联动的预警应急机制，按期监测大、小环江河水环境及县城区饮用水水源区水质量，制定生态环境保护应急预案，积极应对各类环境损害突发事件。进一步加强各类监管监察执法队伍建设，提高执法人员专业素质和执法队伍技术装备水平，强化基层站点监管能力，加强日常执法、重点执法和跟踪执法，强化相关部门与司法机关的联合执法，不断提高生态环境预警能力和处置能力。

第五，尽快建立各级政府主要领导的环保目标责任实绩考核制度，有针对性地细化不同层级干部应完成任务的考核指标体系，将自然资源消耗、环境损害、生态效益、科技创新等生态文明指标纳入不同层级主管领导干部政绩考核范围，对生态文明建设作出突出贡献的领导干部给予奖励，对造成重大自然损害、严重环境污染给予处罚，而造成损失严重时，应追究相关主管领导干部的责任。与此同时，还应根据环江建设主要目标，健全生态文明监控体系和定量评价标准，强化全县各级生态文明建设工作的督促检查。对于保护区、景区、社区等实施目标有差异的生态保护标准、细则，保护各类地区的生态环境不断改善和安全。

总之，环江毛南族自治县要完成根据广西壮族自治区人民政府颁发的《生态广西建设规划纲要》制定的生态建设任务目标，依然面临严峻的挑战。关键在于要加强投入，在保护、建设、治理等各环节强化生态建设总目标的明确性，特别要将长远目标与眼前目标充分协调起来。最为重要的是形成良好的治理机制，在发挥政府主导作用的同时，积极动员社会公众的广泛参与，从而形成良好的社会共识和社会环境，使生态建设得到全社会的积极支持，从而实现“生态环江”的各项建设目标。

# 附录 1

## 毛南族全国政协委员访谈录

（2016 年 6 月 15 日）

作为毛南族的全国政协委员，也是广西壮族自治区资深出版人，覃文静女士关心家乡的发展和繁荣，关心各民族团结进步的伟大事业。《21 世纪初环江毛南族自治县经济社会发展综合调查》课题组一到广西就受到她的热情关注，并积极参与到课题组的调研之中，与课题组风雨同行，深入到毛南山乡和苗寨，由此，也给了本课题组一个很好的机会，访谈这位毛南族委员，倾听这位受过高等教育的毛南族知识分子谈谈对家乡发展的思考和认识。

一

周竞红：

覃老师好！能否谈谈你的成长背景以及你担任全国政协委员的经历？

覃文静：

我的成长经历比较波折。主要是父亲 1963 年从部队转业回到家乡环江县支援地方经济建设以后，在“文化大革命”运动中受到冲击，被打成“黑五类”分子。因此，我的童年几乎是跟父母在颠沛流离中度过的。我们四姐弟记忆中的小学教育就是别人可以扛着毛主席像去上学，我们就不能，因为我们是“黑五类”子女。后来，大概是 1972 年吧，父亲好像是被“解放”了，得到了工作的机会，于是，我们全家六口人又到了另一个公社去（那时就叫人民公社）。因此，我的五年小学（五年制）教育分别是在两个公社的小学完成的。也因此，现在县里的许多乡名、村名我都很熟悉，比如波川、龙岩、驯乐、上朝、上南、雅脉等乡镇（那时叫公社）；又比如景阳、希远、里腊、标山等村名。因为那时父亲经常要下乡，经常从他嘴里听到这些公社名、村名。这些都成了我成年后记忆中乡村、乡愁的烙印，成了我使命感中牵挂的地标。

1977年我从县直中学毕业，下乡插队到了离县城有6千米多的一个村。一年后的1978年考上了大学。其实，我考上大学是很被动的——那时，我们那一拨知青都不敢考，都想等招工给招出来。但是，父亲跟我说，你不考出来，我是没有办法给你找出路的。母亲也积极给我张罗高考的事情。就这样，我就下死命地复习——就怕考不上，白丢了两个月的工分（复习用了两个月）。就这样，命运还算好，考上了。

后来，参加了工作，前后换了3个工作岗位，但都离不开文化和教育，也一直惦记着老家孩子们的教育及人畜饮水问题。因此，其间也充分利用自己工作的便利条件，给老家小学捐赠图书及帮助老家乡亲解决饮水困难问题。

可能也是在工作中编辑了一些有一定影响力的图书吧，因此，全国政协第九届委员会需增补一名从事文化或是教育工作的毛南族委员，这样，我就有幸增补为民族界的毛南族委员，并一直任职至今。

当选为全国政协委员以后，参政议政、履职建言成为我做好本职工作以外最重要的"工作"。这期间，我也充分利用自己工作的优势，为家乡的基础设施建设及孩子们的教育、阅读及学校多媒体建设做一些力所能及的工作。

当委员这么多年来，结合自己的工作及联系界别群众的特点，比较多地关注民族贫困地区的"三农"问题及民族贫困地区的教育问题，并就此做了一些提案。也参加了一些全国政协重点提案的调研、考察活动。2015年，还参加了政协第十二届全国委员会第三十次双周协商座谈会，并做了《抓住新机遇，打好特色牌，助推西部地区媒体融合实现"弯道超车"》的发言。该发言得到了俞正声主席及与会其他领导人的高度重视，俞正声主席并就发言谈到的问题当场作出指示。

不敢说我们的提案、建议解决了多大的问题，但我们的很多合理化建议都会被政府采纳到他们的工作中，并推动他们去施政。

## 二

周竞红：

您虽然离开毛南山乡工作在南宁，但是从几天来的接触看，您十分关注和关心毛南山乡的发展。您认为改革开放以来毛南山乡突出的变化表现在哪些方面?

覃文静：

改革开放以来毛南山乡的确发生了一些突出的变化，这些变化表现在很多方面，但是自从党中央不断推出解决“三农”问题政策以后，变化更为突出，各级地方政府很好地落实了党中央关于解决“三农”问题的政策，环江“三农”问题解决的比较好，对此我印象深刻，特别是免农业税、义务教育期间学杂费用的减免等政策，使得乡亲们的生活和精神面貌有了比较大的改善，满足感得到提升。记得“三农”政策未实施前我家乡的农村问题比较多，甚至出现了一些农民思想情绪不稳定的问题。也是在那个时候，我意识到“三农”问题是如何深刻影响着我家乡人的生活及精神面貌的，也认识到“三农”问题事关国家、社会根基稳不稳的问题。现在这个问题解决的比较好了。这几年，“新农合”和社会养老保险体系的构建，解决了乡亲们生活的后顾之忧。此外，这几天的调查，也使我们看到产业扶持给了人们改善生计的强大支持。

有各项社会保障作为保底，加之自己劳作和生产，可以增加收入，生活有了双重保障，人们生活的满意度有较大幅度提高。这种变化是我亲身感受的最突出的变化。

近年来，中央推进农村教育发展政策得到普遍落实，农村孩子的精神面貌有了可喜的变化，尤其是这几年抓了学前教育，教育体系更加完善。中央和地方政府在农村教育这一块做出了努力，取得了成果，我的乡亲们感到满意。当然，还有很多困难需要克服和解决。

前两年，家乡硬化路通户，大大提高了人们的出行便利，这个工程巨大。乡村基础设施建设明显改善也是家乡变化突出的标志。总之，通水、通电、通路的基础性公共事业使家乡在新世纪发生了巨大变化，这种变化是人人都能感受到的变化。当然，如果说有什么薄弱环节的话，那就是推动家乡持续发展的产业基础还过于薄弱，目前正在大兴的养茧业受到土地等资源的局限，可能还一时无法通过进一步扩大生产而快速致富。但在当前，不论是脱贫还是要实现奔小康目标，都还需要外部支持，也需要因地制宜。

## 三

周竞红：

在您看来约束环江毛南族自治县发展最关键的因素有哪些？

覃文静：

就一般或普遍性因素而言，约束一个地区经济发展的最关键因素是人才，而环江毛南族自治县在这方面更加突出。事实上，从企业经营的角度来看，产品不难做，关键是营销。如果将一个县比做一个公司，那么县委书记和县长就相当于董事长和总经理，他们的眼光、魄力、能力、责任心和所带班子的经营能力起着关键性的作用。在很多地区的发展中，这个道理都已经被无数次验证了的，那就是能人经济发挥效应，能人推动发展，有人才就可以变劣势为优势。人才问题也不仅仅是一个县的发展所面临的问题，在很多地方都有这样的问题，地方的发展，急需点石成金的人才，也就是各领域的专业的能人、懂市场和市场规律、懂市场运作的人才。这几天的调研使我们看到，环江有那么优质的旅游资源，但是却未能得到高效、优质的开发。如果有相应的人才，我相信这些优质的旅游资源会很快产生经济和社会效益，推动环江县的整体发展。人才的资源约束受到双重因素的影响，一方面是工商业经济不发达，吸纳外部人才能力弱；另一方面，人才储备机制缺乏，地方院校学科建设未能适应地方发展的需要，培养适于本地发展需要的人才。就环江毛南族自治县而言，世界自然遗产申报成功后，迎来一次重大发展战略转型机遇期，我们看到，由于本地没有相应的人才储备，旅游发展所需要的市场管理、营销等人才的短缺已迫在眉睫。转型没有相应的人才储备便很难顺利、高效、优质完成。

我曾考察过，民族地区党政干部基本是本省（自治区）民族院校、本大区民族院校、中央民族院校毕业的学生。这三校从课程设置到学生培养模式，仍然很传统，基本上是中文、政治、数学、管理类等，建校以来前几十年培养的人才多集中于这几个学科领域，这类毕业生大多受到特定知识结构的约束，无法适应市场经济迅猛发展的需要。就我了解的民族地区的新闻出版业更是如此。

就我们社来说，我们社仅仅是一家地方性出版社，而且还是广西这样一个文化、教育发展相对滞后的一家地方性出版社。但我们社不论是策划编辑还是案头编辑，也不论是出版还是营销、发行队伍，都基本实现了五湖四海人才集聚的结构优化格局。吸纳人才不限于地方，形成的多元知识结构队伍也是支撑我们社壮大发展的重要因素。正是基于人才的支撑，我们社的出版经营“双效”突出，不但发行量步步攀升，而且还同步得过很多国家大奖，今年还获得英国儿童出版大奖。

## 四

周竞红：

环江自治县曾实施“生态立县、工业富县、文化活县、和谐稳县”的发展战略，现调整为“生态立县、旅游兴县、工业富县、文化强县”，您如何评价？

覃文静：

将生态建设视为本县第一目标不仅符合国家总体发展目标要求，其实也有利于本县民生建设和人民生活水平的提升。没有良好的生态环境，县域发展就难以持续。靠山吃山、靠水吃水，深入挖掘本区域自然资源优势，从可持续发展的角度潜心做好本地旅游业。因此，旅游与工业发展战略位置的互相调整，有深远的影响意义，需要特别注意的是在工业富县过程中要解决好工业发展与生态间的冲突，在工业项目规划和执行中至少应有两个以上的方案予以解决。不论是“文化活县”还是“文化强县”对环江持续发展都非常重要，一方面要大力发展现代文化，另一方面也要深入挖掘民族优秀传统文化并传承下去，做好做强文化事业，支撑全县的持续发展。

## 五

周竞红：

在您以往的关注重点中似乎教育占有很重要的位置，您认为环江毛南族自治县未来教育发展重点在哪里？

覃文静：

环江的教育要依据本地发展优势，在职校技校方面增加人才培养培训，如桑茧技术人才、旅游服务人才、产业发展人才、文化创意人才等。我们目前产业扶贫所涉及的各业都应有针对性的人才培养、培训规划、计划。通过人才培养、培训，助力本县农林产业脱离初级产品加工、经营模式。

## 六

周竞红：

随着环江毛南族自治县世界自然遗产申报成功，环江向全国甚至世界大市场开放程度的提升，您认为环江还需要在哪些方面开展更具战略性和前瞻性的工作？

覃文静：

我认为最重要的还是应该着眼于珍惜和保护生态环境，在开放和发展中一定要守住底线，协调好人、地，人、山，人、水的关系。如果各方面条件没有准备好就不要进行破坏性开发，一定要沉下心来做好基础性的建设工作。切忌走其他地方搞旅游开发走过的弯路，使旅游业的发展真正建立在保护性开发的基础之上。从这几天的调研来看，我们环江县的领导班子在这方面还是有共识的——各方面虽然有着强烈的发展冲劲，但都还是能很理性地看待上苍赋予我们的优质旅游资源，没有急于盲目开发，而是将开发建立在更科学、更合理、更具未来可持续发展的规划建设之上（而这样的规划，是需要一定的时间的）。这是一种很负责任的、很具有现代管理意识的执政观。值得充分肯定和拥护。

# 附录 2

# 环江毛南族自治县打赢“十三五”脱贫攻坚战行动方案

为全面落实中央、自治区以及河池市开发扶贫工作战略部署，根据《中共中央　国务院关于打赢脱贫攻坚战的决定》《中共广西壮族自治区委员会关于贯彻落实中央扶贫开发工作重大决策部署坚决打赢“十三五”脱贫攻坚战的决定》和《中共河池市委员会　河池市人民政府关于贯彻落实中央和自治区扶贫开发工作重大决策部署坚决打赢“十三五”脱贫攻坚战的实施意见》以及贫困县、贫困村、贫困户的验收标准等文件精神，结合环江实际，特制自治县打赢“十三五”脱贫攻坚战行动方案。

## 一、总体要求

### （一）指导思想

全面贯彻落实党的十八大和党的十八届三中、四中、五中全会精神，以邓小平理论、“三个代表”重要思想、科学发展观为指导，深入贯彻习近平总书记系列重要讲话精神，紧紧围绕“四个全面”战略布局，贯彻落实创新、协调、绿色、开放、共享的发展理念，坚持精准扶贫、精准脱贫基本方略，构建扶贫生态移民搬迁、整乡（村）推进脱贫、产业开发扶贫、旅游开发扶贫和基础设施建设五位一体工作格局，以 60 个贫困村为主战场，以 6.66 万农村贫困人口为主攻对象，实施脱贫攻坚“七个一批”行动，坚决打赢脱贫攻坚战。

### （二）基本原则。

1. 坚持政府主导，社会参与。各级党委、政府加大工作力度，严格执行脱贫攻坚“一把手”负责制，推动行业部门履行扶贫开发职责，强化社会协同协作，构建专项扶贫、行业扶贫、社会扶贫互为补充的大扶贫格局。

2. 坚持精准扶贫，精准脱贫。按照“规划到村、帮扶到户、责任到人”的工作思路，落实扶贫对象、项目安排、资金使用、措施到户、因村派人、脱贫成效“六个精准”的要求，做到扶真贫、真扶贫、真脱贫，使脱贫更加有效、更可持续。

3. 坚持创新发展，完善机制。认真总结开发扶贫工作经验，积极探索脱贫攻坚新思路、新举措，建立脱贫攻坚责任落实、考核激励、挂钩帮扶等机制，提高扶贫工作成效。

4. 坚持自力更生，艰苦奋斗。坚持开发式扶贫，注重扶贫先扶智。坚持群众主体，用好国家和自治区扶持政策，激发贫困地区和贫困人口自我脱贫的内生动力，增强自我发展能力，破除“等、靠、要”思想。

5. 坚持突出重点，分类指导。把贫困人口相对集中的区域作为脱贫攻坚的重点，加大帮扶力度。对有劳动力的贫困农户实行因户施策，通过扶持发展生产、转移就业等途径，实现增收脱贫。对没有劳动力的贫困农户，通过政策性保障兜底脱贫。

6. 坚持连片推进，帮扶到户。以推动经济薄弱区域加快发展和低收入农户增收脱贫为目标，制定实施脱贫攻坚规划和年度计划，强化整乡整村推进，做到帮扶任务、项目、措施进村入户。

（三）主要目标任务。

贫困村农民人均可支配收入增幅均高于全区平均水平，基本公共服务主要领域指标接近全区平均水平。

1. 贫困村脱贫任务。全县精准识别出来的“十三五”60个贫困村，力争2016年有17个贫困村实现脱贫摘帽、2017年有20个贫困村实现脱贫摘帽、2018年有23个贫困村实现脱贫摘帽。

2. 贫困人口脱贫任务。全县精准识别出来的2015年底农村贫困人口6.66万人，力争全县2016年减贫18838人、2017年减贫17671人、2018年减贫17202人、2019年全县减贫12895人，贫困村贫困发生率低于4%。

3. 贫困县实现“一低四通五有”脱帽目标。“一低”：2018年努力实现全县农村贫困发生率低于4%；“四通”：所有行政村通硬化路、农户家庭通电、农户家庭通广播电视信号、行政村通网络宽带；“五有”：全县有2—5个特色优势产业、贫困村有公共服务实施、农户有饮用水、农户有新农合医疗保障、符合条件的农户有低保；按市委、市政府要求，2018年实现贫困县脱贫摘帽。

4. 贫困村实现“四有四通三解决”脱帽目标。努力实现年度脱帽的贫困村“四有”：有合作组织、有特色富民产业、有公共服务设施（场所）、有好的领导班子；“四通”：具备条件的20户以上自然屯实现通电、通路、通广播电视、通宽带网；“三解决”：解决饮水问题、解决贫困户无房或危房问题、基本解决贫困户新型农村合作医疗参保问题。

5. 贫困户实现“八有一超”脱贫目标：努力实现年度脱贫的贫困户有稳固住房、有饮用水、有电用、有路通自然屯、有义务教育保障、有医疗保障、有电视看、有收入来源或最低生活保障，指家庭人均纯收入超过国家扶贫标准。

## 二　精准识别贫困对象

（一）开展精准识别“回头看”。采用“一进二看三算四比五议”方法，按照“两入户、两评议、两公示、两审核、一公告”程序，自下而上对贫困村所有农户、非贫困村在册贫困户和新申请贫困户进行精准识别，对识别出来的贫困村、贫困户，逐村逐户建档立卡登记、录入数据库，并对基本情况和发展需求信息进行精准分类，确保精准识别到村到户到人。

（二）因村因户因人施策。突出问题导向，创新扶贫开发路径，找准致贫原因、脱贫需求，实行差异化、精细化、“滴灌式”帮扶，做到一村一策、一屯一计、一户一方，确保项目、资金、力量精准帮扶到位。

（三）建立大数据动态管理平台。建立数据集中、服务下延、互联互通、信息共享的扶贫大数据管理平台。加强扶贫信息队伍建设，各乡（镇）、村配备信息员，定期进行全面核查和信息更新，实行有进有出的动态管理。建立脱贫村、脱贫户退出识别机制，明确标准、程序和后续扶持政策，每年精准识别脱贫村、脱贫户，防止发生“被脱帽”“被脱贫”现象。

（四）充分运用精准识别成果。依据扶贫大数据平台信息，实行精准识别结果与精准帮扶挂钩，贫困村（屯）、贫困户建档立卡与扶持政策相衔接，扶贫措施与脱贫需求相对应，对贫困村（屯）、贫困户进行分类，制定帮扶措施，为精准认定、精准扶持、精准管理、精准考核、精准脱贫提供强有力的信息技术支撑。

## 三　实施“七个一批”脱贫行动

（一）实施“产业发展脱贫一批”行动。对有发展条件和劳动能力的贫困人口，通过实施产业发展与扶贫开发“8310”工程，扶持年度脱贫的贫困户发展核桃、蔗糖、桑蚕、林业、特色水果、中草药、香猪、菜牛等特色产业或因地制宜选择短、平、快脱贫产业项目，千方百计增加贫困群众经营收入；突出培育发展特色优势产业，每个乡镇重点培育1—3个对贫困村贫困户覆盖面广的特色产业。积极培育种养大户、家庭农场、农民合作社等新型农业经营主体，每个特色产业引进培育1—2个龙头企业，特色产业覆盖到的贫困村组建1—2个农民合作社，引导贫困户积极参与，确保贫困户都有合作社或龙头企业带动。对吸纳贫困户参与经营、带动增收效果好的龙头企业、种养大户、农民合作社，在预算安排、资金补助、贷款贴息、良种良法、品牌建设、基础设施建设等方面给予支持。大力发展乡村旅游，实施旅游富民工程，引导社会资金投入乡村旅游开发扶贫，加强民族村寨建设和保护，支持发展民族民俗文化、农家乐、生态农业等特色乡村旅游业态，打造一批旅游开发扶贫示范点，通过旅游扶贫带动一批贫困人口脱贫。大力发展农产品、林产品、民族工艺品等加工产业，推行“公司+基地+合作社+农户”等经营模式，引导贫困农户以土（林）地承包经营权等多种方式入股参与现代农业生产，参与企业分红，实现村村有增收产业、户户有发展项目，带动全县农村贫困人口脱贫致富。

（自治县扶贫开发领导小组产业开发专责小组和乡镇战地指挥部组织实施）

（二）实施“转移就业脱贫一批”行动。加大对农村贫困人口的就业帮扶力度，通过就地转移就业或外出务工实现稳定脱贫。建立完善职业培训、就业创业服务、劳动维权“三位一体”的工作机制。鼓励和引导农村贫困劳动力有序向非农产业和城镇转移，促进就地就近就业、返乡创业。整合培训资源，开展订单、订岗、定向、菜单式培训，推进培训、鉴定、输转一体化。争取政策支持，免费对贫困劳动力开展精准培训，对务工青年开展就业技能培训，对在岗务工人员开展岗位技能提升培训，对具备一定创业条件的人员开展创业培训，加强对创业和技能带头人的示范培训。通过不同形式转移就业，拓宽贫困户增收渠道。

（自治县扶贫开发领导小组公共服务专责小组和乡镇战地指挥部组织实施）

（三）实施“搬迁移民脱贫一批”行动。坚持把移民搬迁安置与经济社会发展同步谋划、与特色城镇同步建设、与整合政策资源同步深化、与民生保障提升同步推进，创造移民搬迁与新型城镇化、现代产业深度融合发展新模式。坚持以集中安置为主和分散安置为辅的方式，做好安置点建设规划设计和政策扶持工作，在县城、园区（旅游区）和乡镇建设移民集中安置新城、新区、新村，重点对“一方水土养不活一方人”的贫困地区实施易地搬迁发展。加强扶贫移民后续产业发展、就业帮扶。落实搬迁户建房优惠贷款政策，对搬迁户实行差异化补助，提高对特困户建房补助标准；对移民搬迁后转为城镇居民的，纳入城镇就业保障体系，与当地城镇居民享有同等的教育、医疗卫生、社会保险、社会救助、社会福利和慈善等社会保障政策；对移民搬迁后仍保留农村户籍的，制定完善后续扶持政策，移民在原住地享受的最低生活保障、医疗救助、新农合补助、养老保险等政策保持不变。扩大政府采购公益服务岗位范围，拓宽就业渠道，确保每户至少有一人就业，消除移民搬迁家庭“零就业”现象。确保移民群众搬得出、稳得住、可发展、能致富。

（自治县扶贫开发领导小组移民搬迁专责小组和乡镇战地指挥部组织实施）

（四）实施“生态补偿脱贫一批”行动。对生存条件差但生态系统重要、需要保护修复的贫困区域，结合生态环境保护和治理，积极探索一条生态脱贫新路子。一是林业产业扶持。扶持贫困农户松、杉等优质高产林建设。二是木本油料林产业扶持。扶持贫困农户核桃、油茶等优质高产木本粮油产业发展，引导和扶持贫困户核桃林下间种农作物。三是引导和扶持贫困户实施新一轮退耕还林、珠江防护林、石漠化综合治理、造林补贴、森林抚育补贴、油茶造林和低产林改造、坡耕地综合治理等重点生态工程项目建设，提高贫困人口参与度和受益水平。四是引导贫困农户申报和实施林果、林菌、林药、林菜、林禽、林畜、林蜂等林下经济复合经营项目。五是鼓励贫困农户参加森林保险，从而减轻贫困农户因森林灾害受到的损失。六是引导扶持贫困农户实施农村能源项目建设。七是搞好贫困区域公益林管护工作，优先安排有劳动能力的部分贫困人口就地转为护林员等生态保护人员。八是积极申报文雅自然保护区升格为自治区或国家森林公园，促进森林旅游业发展，使周边贫困农户投入服务业。

（自治县扶贫开发领导小组产业开发专责小组和乡镇战地指挥部组织实施）

（五）实施“教育扶智脱贫一批”行动。全面落实教育扶贫优惠政策，对建档立卡贫困户入学子女落实教育补助政策；开展贫困家庭子女、未升学初高中毕业生、农民工免费接受职业技能培训，帮助贫困群众提高基本文化素质、身体素质和劳动者技术技能、就业能力，坚决阻止贫困现象代际相传。深入实施扶贫“雨露计划”工程，免除贫困家庭高中生学杂费，实现12年免费教育。实施“全面改薄”工程，全面改善贫困区域义务教育学校基本办学条件和基本生活条件。抓好广东对口帮扶职业教育协作工作；开展对贫困群众实用技术培训，确保农村贫困家庭户均掌握1门以上致富技能；充分利用职业培训中心、职业中学、职业介绍所等对农村贫困劳动力分类开展技能培训，有效提高农村劳动力就业技能，通过教育培训扶持等方式，为贫困人口增加就业本领，创造就业机会，从而实现脱贫。

（自治县扶贫开发领导小组公共服务专责小组和乡镇战地指挥部组织实施）

（六）实施“医疗救助脱贫一批”行动。对因病致贫、因病返贫的贫困人口，通过帮助解决医疗费用、发展生产和外出务工实现脱贫。实施健康扶贫工程，新型农村合作医疗和大病保险政策向贫困村贫困人口倾斜，对贫困人口参保的个人缴费部分给予适当补贴。加强贫困地区传染病、地方病、慢性病防治工作，全面实施贫困村贫困人口儿童营养改善、孕前优生健康免费检查等重大公共卫生项目，保障贫困人口享有基本医疗卫生服务。加大医疗救助、临时救助、慈善救助等帮扶力度，把贫困人口全部纳入重特大疾病救助范围，使贫困人口大病医治得到有效保障，减轻贫困人口负担。通过社会医疗救助保障，为贫困人口减轻脱贫压力。

（自治县扶贫开发领导小组公共服务专责小组和乡镇战地指挥部组织实施）

（七）实施“社保兜底脱贫一批”行动。对无法依靠产业扶持和就业帮助脱贫的家庭实行政策性保障兜底。完善农村最低生活保障制度，实行农村最低生活保障制度与扶贫开发政策有机衔接，将所有符合条件的贫困家庭纳入农村低保范围，做到应保尽保。加快养老设施建设，对农村无劳动能力、无生活来源、无赡养人抚（扶）养人的特困人员逐步实行集中供养，提高供养水平。构建政府部门救助资源、社会组织救助项目与特困户救助需求相衔接的帮扶信息平台，鼓励和支持社会组织、企事业单位和爱心人士开展慈善救助，做好社会关爱服务工作，完善政策性保障体系，为弱势贫困群众实现同步脱贫。

（自治县扶贫开发领导小组公共服务专责小组和乡镇战地指挥部组织实施）

## 四　选准方式方法

（一）强化全面推进核桃产业。坚定不移发展核桃产业，持续抓好“万千百十”（县万亩，乡千亩，村百亩，户十株）核桃种植示范基地建设。加大核桃种植管护力度，发展核桃专业合作社，建成较大规模核桃种植加工示范基地。大力扶持贫困户发展核桃林下套种、间种经济作物，努力拓宽贫困户的收入渠道。

（自治县扶贫开发领导小组产业开发专责小组、自治县核桃办和乡镇战地指挥部组织实施）

（二）拓展“整乡推进”试点。继续抓好2014年实施的下南乡开发扶贫“整乡推进”试点工作。从2016年开始，每两年从10个乡镇中选出1个乡（镇）实施“整乡推进”试点，围绕产业覆盖、基础提升、新风新貌、强能增技、民生保障、生态维系、基层组织完善七大工程，每年每个试点乡（镇）整合投入资金5000万元以上，确保试点乡（镇）农民人均纯收入增长幅度高于全区平均水平，实现整乡脱贫。

（自治县整乡推进专责小组和乡镇战地指挥部组织实施）

（三）深化“整村推进”工作。以60个贫困村为脱贫攻坚重点区域，整合项目资金，确保年度脱帽的贫困村每村投入资金达300万元以上，各乡镇要制定年度脱帽村脱贫计划方案。使贫困村基础设施、特色产业、社会事业、生态建设得到全面发展，农民人均纯收入增幅高于全区平均水平，实现“四有四通三解决”脱贫目标。

（自治县扶贫开发领导小组基础设施专责小组和乡镇战地指挥部组织实施）

（四）探索资产收益扶贫。深化农村产权制度改革，加快土地承包经营权确权登记颁证试点工作步伐。以合作社为经营主体，整合农村发展资源，引导做好土地承包经营权、林权流转，大力推进农户土地股份合作，搞好农户土地承包经营权和农民住房财产权抵押贷款等模式，多渠道促进贫困户增收。扎实推进农村产权交易平台建设，增加群众财产性收入。建立健全资产收益扶贫机制和收益分配机制，实行贫困户收益保底、按股分红。

（自治县扶贫开发领导小组产业开发专责小组和乡镇战地指挥部组织实施）

（五）健全社会关爱服务体系。建立和完善农村留守儿童、妇女、老人和残疾人信息管理数据库。建立乡（镇）村党员、干部、教师“一对一”联系帮扶“三留守”人员制度。积极倡导邻里互助，组建关爱农村家庭互助队伍，引导和鼓励社会力量参与特殊群体关爱服务工作。做好儿童福利保障、社会保护和留守老人、妇女的维权工作，加大对农村幸福院、儿童家园、妇女之家等服务设施的投入力度和运营保障，确保“三留守”人员生活有依靠、有尊严、有保障。建立健全困难残疾人生活补贴和重度残疾人护理补贴制度，对贫困户中影响劳动的残疾人员和慢性病患者，适度资助个人参保资金。

（自治县扶贫开发领导小组公共服务专责小组和乡镇战地指挥部组织实施）

（六）依托广东对口帮扶机制。抓好广东对口帮扶工作，实施好 2015 年度广东帮扶水源镇三才村内文屯项目建设，改进基础设施建设，促进产业发展，逐步提高贫困群众的收入，编制好 2016 年及以后各年度广东对口帮扶贫困村新貌新风项目建设计划。

（自治县扶贫开发领导小组基础设施专责小组和乡镇战地指挥部组织实施）

## 五　加强基础设施建设（年度项目建设计划指挥部另行文下达）

（一）加快交通基础设施建设。提高农村公路建设补助标准，加强村屯道路建设，对居住相对集中、基础条件较好的村屯道路进行硬化，提高村屯道路硬化率，2016 年实现所有建制村通硬化路。加快打通乡镇与村，村与村之间的断头路、瓶颈路，到 2020 年 60 个贫困村 20 户以上自然屯实现屯屯通路。建立健全城乡客运管理体制，提高农村客运通达率。围绕扶贫产业开发，建设产业基地道路。加快乡村道路基础设施全面改造，建立完善道路建管养运机制。

（二）加快水利基础设施建设。实施农村饮水巩固提升工程，提高自来水普及率，全面解决贫困人口饮水安全问题。完善中小水利管理机制，支持“五小水利”、大中型灌区续建配套与节水改造、小型农田水利建设。抓好病险水库除险加固工程和灌溉排水泵站更新改造，重点支持防洪抗旱减灾工程建设。实施中小河流治理、小流域水土保持综合治理工程。实施高效节水灌溉工程，完善水利基础设施。

（三）加快电力基础设施建设。推进农村电网改造工程，加大农网改造资金投入，提高全县农村电网装备技术水平，解决贫困村屯、贫困户生产生活用电问题。更新改造贫困村屯供电网络和老旧设施，解决贫困户生产生活新增用电问题。加强农电管理，全面提升农网供电能力和供电质量。到2018年，全面解决全县无电人口用电问题。

（四）加快信息基础设施建设。推动光缆入村入屯入户，2016年行政村宽带信息网络覆盖率达80%，基本解决义务教育学校宽带接入问题；2017年基本实现行政村宽带信息网络全覆盖；2018年基本实现自然屯宽带信息网络全覆盖。实施农村电商扶贫行动，加大“互联网+扶贫”力度，完善电信普遍服务补偿机制，加强网络电商基础设施、服务网点和物流配送体系建设，培育发展一批物流集散地，完善农产品冷链物流等基础设施建设；大幅提升农村宽带家庭普及率，抓好“电子商务进农村”试点工作，以点带面，大力推进互联网与开发扶贫深度融合，以信息化助推开发扶贫。到2020年，基本实现县有电子商务公共服务中心或电子商务集聚区，乡（镇）有电子商务工作站，行政村有电子商务服务点，贫困户能够通过电子商务销售自产产品、购买生产生活资料。

（五）加快农村危房改造和“美丽环江”乡村建设。积极争取农村危房改造资金，整合农村危房改造、生态移民、避灾移民等相关扶持政策资金，提高贫困户补助标准，加大对农村危房改造的支持力度，2018年基本完成农村危旧房改造任务。深入开展“美丽环江”乡村建设工作，分阶段实施生态乡村、宜居乡村、幸福乡村建设，突出抓好贫困村环境综合整治，建设贫困村垃圾、污水处理处置设施及大中型沼气工程，大力推进改水、改厕、改灶、改圈工程，加大生态基础设施建设力度，实现农村生活条件明显改善，生态环境明显改观。

## 六　强化组织保障

（一）强化责任落实。建立健全脱贫攻坚领导责任制，县委、县人民政府对脱贫攻坚负总责，乡（镇）级党委政府承担主体责任。各乡（镇）要参照县级成立脱贫攻坚领导小组和脱贫攻坚指挥部，抽调乡镇直机关单位相关人员集中办公，凝心聚力制定好本乡镇“十三五”脱贫攻坚行动方案和年度贫困村脱贫实施方案，进一步明确脱贫攻坚责任，推动工作落实。坚持把脱贫攻坚当作头等大事来抓，乡镇党委、政府和各村两委主要领导、第一书记签订脱贫责任书，立下军令状，层层压实责任、传导压力，形成县、乡、村三级书记抓扶贫、全党动员促攻坚的局面。建立年度脱贫攻坚报告问责制度，对未完成年度减贫任务的乡镇，要对党政主要负责同志进行约谈，加强问责力度。实行“1086”贫困户帮扶机制（处级干部帮扶10户，科级干部帮扶8户，其他干部职工帮扶6户），每个乡镇都有县领导联系，每个村都有部门挂钩，每个贫困户都有干部职工结对帮扶，做到不脱贫不脱钩。

（自治县扶贫开发领导小组组织保障专责小组和乡镇战地指挥部组织落实）

（二）打造扶贫队伍。坚持选派优秀年轻党员干部担任“整村推进”贫困村党组织第一书记，实行定点扶贫工作队员进驻全县所有行政村，做到扶贫工作队全覆盖。县乡各级各部门要配齐配强驻村人员力量，明确部门承担脱贫攻坚职责，提供必要工作和经费保障，确保工作落实到位。加强各级扶贫干部思想作风建设，加大培训力度，提升能力水平。要切实关心和爱护基层扶贫干部，为他们搭舞台创条件，让他们有干头有盼头。

（自治县扶贫开发领导小组组织保障专责小组和乡镇战地指挥部组织落实）

（三）整合扶贫资源。将财政专项扶贫资金纳入本级财政预算并逐年增加。自治县按当年地方财政收入增量的20%以上增列专项扶贫预算；当年清理回收存量资金中，可统筹使用资金的50%以上用于脱贫攻坚；行业部门每年安排的涉农项目资金，原则上50%以上投向贫困村。县本级财政安排一定财政专项扶贫资金用于2016年脱贫攻坚工作。用好用足用活金融扶贫政策，用好自治区下达我县200万元货币风险补偿奖补资金，力争撬动银行10倍以上资金投入贫困村。广泛动员全社会力量参与脱贫攻坚，发挥各民主党派、工商联、群团组织、社会组织和企业的作用，加强东西扶贫协作、中央和区直单位定点帮扶的协调，开展“千企助百村”活动，引导非公有制企业对贫困村进行产业扶持和基础设施建设帮扶。健全扶贫协作机制、定点扶贫机制和社会力量参与机制。加大金融扶贫力度，鼓励和引导各类金融机构加大对脱贫攻坚的金融支持。推进贫困村互助资金试点工作，支持扶贫龙头企业、合作经济组织发展扶贫产业。

（自治县扶贫开发领导小组资金政策专责小组和乡镇战地指挥部组织落实）

（四）科学考核评价。将脱贫攻坚工作纳入县直各部门和各乡镇绩效考评范围，大幅度提高减贫指标的考核权重。加强督促检查，建立开发扶贫工作逐级督查制度，完善定期或不定期督查指导工作制度。建立完善和实行贫困村脱贫摘帽激励机制，倡导脱贫光荣，鼓励提前脱贫。贫困村按期脱贫摘帽的，市财政奖励10万元；贫困村脱贫摘帽后，继续保持扶持政策不变，同步纳入扶贫规划，同步安排扶贫项目资金，同步进行扶贫项目建设，同步驻村定点扶持。

根据《广西壮族自治区贫困县党政领导班子和领导干部经济社会发展实绩考核办法（试行）》，县委对各级领导干部完成脱贫攻坚目标任务情况作出如下奖惩考虑，即从干部选拔任用、评先评优、责任追究等方面提出“十四条”奖惩办法：（1）提前实现脱贫目标或者连续三年考核结果为一等的乡镇，党政班子主要领导优先推荐重用，分管领导优先提拔重用。（2）连续两年考核结果为一等且排名靠前的乡镇，党政班子主要领导择优推荐重用，分管领导择优提拔重用。（3）提前实现脱贫目标的乡镇党政正职，要优先推荐，列为重点考察对象，优先提拔重用。（4）提前实现脱贫目标或者考核结果为一等的乡镇，在全县通报表扬；党政班子及其主要领导、分管领导在评先评优时优先考虑。（5）考核结果为不合格的乡镇，党政班子主要领导、分管领导当年年度考核不能评为优秀等次。（6）年度内有返贫人数超过3%（因发生不可抗拒的重大灾害返贫的除外）或者连续两年考核结果为三等的乡镇，取消单位及个人当年各类评优评先资格，党政班子主要领导、分管领导第二年年度考核不能评为优秀等次。（7）当年没有完成年度脱贫任务的，取消单位及个人当年各类评优评先资格，党政班子主要领导、分管领导个人当年年度考核视完成情况，评为基本称职或者不称职等次。（8）县直定点帮扶部门所联系村当年没有完成脱贫任务或年度内有返贫人数超过3%（因发生不可抗拒的重大灾害返贫的除外）的，单位及主要领导、分管领导和驻村第一书记、指导员当年年度考核不能评为优秀，单位绩效考评降一等次。（9）考核结果为三等的乡镇，由县委主要领导约谈党政主要领导。（10）考核结果为不合格的乡镇，对党政主要领导、分管领导进行诫勉谈话。（11）连续两年考核结果为不合格的乡镇，党政班子主要领导、分管领导必须进行调整，其他领导干部一年内不得提拔重用。（12）连续三年考核结果为三等以下（含三等）的乡镇，对党政班子主要领导、分管领导必须进行调整，其他领导干部一年内不得提拔重用。（13）年度内有返贫人数超过3%（因发生不可抗拒的重大灾害返贫的除外），按照《推进领导干部能上能下若干规定》，对乡镇党政主要领导、分管领导给予调离岗位、改任非领导职务等组织处理。（14）当年没有完成年度脱贫任务的，按照《推进领导干部能上能下若干规定》，对乡镇党政主要领导、分管领导给予就地免职、降职处理。

（自治县扶贫开发领导小组督查考评专责小组和乡镇战地指挥部组织落实）

环江毛南族自治县脱贫攻坚指挥部办公室　2016年3月4日印发

（网络传输）

# 附录 3

# 环江毛南族自治县精准扶贫行动 2016—2018 年产业开发工作实施方案

为贯彻落实自治区党委《关于贯彻落实中央扶贫开发工作重大决策部署坚决打赢“十三五”脱贫攻坚战的决定》和 20 个配套实施方案精神，以及贯彻落实好河池市和我县脱贫攻坚帮扶会议精神要求，大力培育我县特色种养产业，千方百计增加全县贫困农民收入，特制定本方案。

## 一　指导思想

按照宜种则种，宜养则养，宜林则林，宜工则工，宜旅则旅和一、二、三产业融合发展的原则，通过实施产业发展与扶贫开发“8310”工程，大力发展林业、蔗糖、桑茧、香猪、菜牛、核桃、水果、中草药等特色优势种养业，推进休闲农业与乡村旅游、农村现代服务业等富民产业发展，不断深化农村改革，加快转变农业发展方式，强化农业科技支撑，有序推进现代农业建设，增加农业投入，逐步提高贫困农民脱贫致富能力，确保如期实现贫困农民人均纯收入增长等阶段性目标。

## 二　目标任务

2016—2018 年，全县 12 个乡镇分别发展 1—3 个特色优势产业并覆盖 60%以上的贫困户；全县 60 个贫困村基本形成“一村一品”的产业发展格局，每个贫困村发展 1 个以上特色鲜明、附加值高、脱贫致富效果好的主导产业，特色产业覆盖的贫困村要建立 1—2 个农民合作社。2016 年到 2018 年，全县贫困村农民人均可支配收入增幅均高于全区水平，贫困农户年人均纯收入达 3000 元以上。

2016年实现脱贫摘帽17个村、脱贫户数5204户、脱贫人口18838人；2017年实现脱贫摘帽20个村、脱贫户数4862户、脱贫人口17671人；2018年，全县60个贫困村全部实现摘帽，18437户66606人全部实现脱贫。

## 三　主要措施

### （一）制定特色种养业发展规划

针对我县特色种养产业发展现状和发展潜力，结合全县各产业发展“十三五”规划，产业开发专责小组要指导各乡镇制定脱贫攻坚特色种养业发展规划。各乡镇要根据精准扶贫工作要求，对照脱贫到片到村到户名单，按照因地制宜、突出特色、注重规模、提高标准的原则，选择重点培育1—3个对贫困村贫困户覆盖面广的特色种养产业，制定本乡镇脱贫攻坚特色种养业规划（4月底前报送攻坚指挥部）；按年度安排好脱贫目标任务，制定本乡镇脱贫攻坚特色种养业精准到村到户的年度实施方案（3月底前报送指挥部）。同时，每个乡镇要结合产业特点和区域优势，发展乡镇级独具区域特色的现代农业（林业）核心示范区，根据产业发展需要，抓好种苗繁育基地建设，确保品种纯正、质量优良、数量足额的种苗供应。[牵头单位：农业局；责任单位：乡（镇）人民政府及县直相关单位]

### （二）大力发展特色种养产业

各乡镇要充分利用本乡镇优良的生态环境和特色种质资源，结合当地种植习惯和农民意愿，因地制宜实施以“品种品质品牌”为核心的现代特色农业产业“10+3”提升行动，培育壮大优势特色种养业。

1. 大力发展特色种植业。以品种改良、品质改进、品牌创建的“三品”提升为核心，以标准化生产为抓手，重点发展粮食、糖料蔗、桑蚕、特色水果、蔬菜、食用菌、中草药等经济效益好、见效快，在贫困地区有一定基础的产业。糖料蔗重点抓好“双高”糖料蔗基地建设，提高单位面积的经济效益；粮油作物重点发展具有地方特色的香粳（糯）米、有机米和油菜等。[牵头单位：农业局；责任单位：水果局、糖业局、科技局、乡（镇）人民政府]

2. 大力发展特色林产业。各乡镇要做好特色经济林产业、林下经济产业、花卉产业、生态能源产业及生态旅游产业规划，搞好基地建设，推进产业发展。以品种改良、品质改进、品牌创建的“三品”提升为核心，以标准化生产为抓手，重点发展核桃、油茶、经济林和林下经济等经济效益好、见效快、有一定基础的产业。抓好“万千百十”（县万亩，乡千亩，村百亩，户十株）核桃种植示范基地建设，推动核桃产业规模化、集约化、标准化、品牌化发展。同时，采取以短养长的办法，大力发展林果、林草、林菌、林药、林禽、林畜、林菜、林蜂等林下经济产业。［牵头单位：林业局；责任单位：乡（镇）人民政府及县直相关单位］

3. 大力发展特色养殖业。一是扶持引导北部乡镇东兴、明伦、龙岩、驯乐等乡镇重点养殖香猪、香鸭及稻田养鱼，2016 年计划建立香鸭保种场 1 个，保种点 5 个，保种场计划建在明伦镇，保种点分布于明伦、驯乐、龙岩、长美四个乡镇。二是南部在巩固种草（秸秆）养牛的基础上，引导大才、思恩、洛阳、大安、川山、水源等乡镇发展林下养鸡（土鸡）、土兔、山羊、蜜蜂等短、快、灵养殖项目。三是在明伦镇、驯乐乡扶持建设 2 个稻田养鱼示范基地（明伦镇 60 亩、驯乐 40 亩）。［牵头单位：水产畜牧兽医局；责任单位：乡（镇）人民政府及县直相关单位］

### （三）大力发展农产品加工业

积极争取上级以奖代补、先建后补等项目资金，引进培育壮大一批特色农产品加工企业，带动全县香猪、菜牛、蔬菜、水果、食用菌、林产品、特色粮食、中草药等产品开发。推进各乡镇桑蚕、核桃等产品的全产业链开发，延伸产业链，提高附加值，着力发展农产品分等分级、预冷、保鲜、贮藏等采后处理设施，降低农产品损耗，提高商品率和入市品级，增加产品效益。鼓励和引导贫困户参与农民合作组织，确保贫困户都有合作社或龙头企业带动，通过吸纳贫困户参与，将分散弱小的贫困户纳入种养和农产品加工产业，建立起利益共享、风险共担的利益联结机制，促进贫困户在参与中增收，在增收中提升自我发展能力。［牵头单位：工信局；责任单位：乡（镇）人民政府及县直相关单位］

### （四）积极发展农村现代服务业

1. 加快现代物流体系建设。加快贫困村城乡商业服务网点、商业配送中心、农产品交易市场、农产品冷链等商贸流通服务体系建设，在资金扶持上给予重点倾斜。积极发展电子商务、农超对接、直供直销、联销经营等现代流通方式。加快培育和发展现代物流龙头企业，夯实物流业发展基础，构建专业化、信息化、国际化、网络化的现代物流服务体系。

2. 拓宽农产品销售渠道。大力推广农产品“线上线下”交易平台，继续做好农产品供求信息发布、农产品网上展销和网上农产品节工作，积极组织本地农产品到网上展销，发展网上交易与配送，实现宽带网络、物流运输对各乡镇的全覆盖，扩大特色农产品的网上销售。

3. 完善农村社会化服务体系建设。大力培育“有文化、懂技术、会经营”的新型职业农民队伍。加强农业基层农技推广、农产品质量安全等农业公共服务机构建设。完善提升乡镇农业技术推广机构管理体制及能力建设。大力发展代耕代种、农资配送、植保机防队伍等农业服务业，提升农业装备水平，大力发展农产品经纪人队伍，充分发挥经纪人在搞活农村市场、促进农产品销售等方面的作用。

4. 打造休闲农业精品路线。积极依托特色种养产业，连片推进贫困村旅游开发扶贫和乡村旅游业，着力创建“生态、绿色、健康”休闲农业品牌，逐步扩大“环江琼园度假山庄”“环江老野山庄”等休闲农业旅游景区（点）的知名度，打造一批休闲农业与乡村旅游示范点，发展一批星级乡村旅游区和星级农家乐，带动贫困村休闲农业产业链及产品开发。[牵头单位：商务局]

（五）创新农村产业经营模式改革

1. 大力推进适度规模经营。推进农村土地制度改革，力争到2017年底，全县农村土地承包经营权确权登记颁证工作基本完成，引导贫困户依法自愿有偿流转土地经营权，推进农业适度规模经营。

2. 大力培育新型农业经营主体。加快培育一批能与特色农产品生产基地有效对接的专业大户、家庭农场、农民合作社、农业龙头企业等新型农业经营主体，每个乡镇重点培育1—2个对贫困村贫困户覆盖面广的特色产业，每个特色产业引进培育1—2个龙头企业，特色产业覆盖的贫困村要建立1—2个农民合作社，并适当降低条件将带动能力较强的合作社优先评定为示范社，同时在项目和资金安排上给予重点支持。积极推广“公司+基地（合作社）+家庭农场（农户）”产业化经营模式，通过直接帮扶、委托帮扶和股份合作等模式，鼓励龙头企业、农民合作社、家庭农场等新型经营主体与贫困农户建立紧密利益联结机制，形成利益共同体，使贫困户参与各类新型农业合作组织实现全覆盖。[牵头单位：农经局；责任单位：乡（镇）人民政府及县直相关单位]

（六）强化财政金融支持

自治县人民政府要统筹安排财政资金支持特色种养业发展，要适当放宽各类项目建设等条件，优先安排扶持贫困村和贫困户，支持贫困村改善基础条件，发展特色种养业，实现脱贫致富。

深化农村金融改革，金融扶贫创新，完善面向“三农”和中小微企业的融资担保体系。大力实施扶贫小额信贷工程，使有劳动能力、贷款意愿和具备一定还款能力的贫困户都能够得到5万元以下、3年以内免抵押、免担保的小额信用贷款，按基准利率由财政全额贴息补助。鼓励金融机构开发农村金融产品，服务到村到户。加大普惠金融力度，整合各类金融资源，创新完善服务方式，统筹推进金融扶贫。积极开展政策性农业保险，扩大农业保险范围，加大农业保险补贴力度，积极发展商业性农业保险，增强贫困地区防灾抗灾能力。[牵头单位：财政局；责任单位：金融部门、各乡（镇）人民政府]

（七）加快科技推广应用

强化科技扶贫力度，提高科学技术对脱贫的贡献率，每年从县、乡镇选派一批科技人员担任贫困村科技特派员，指导贫困村开展科技扶贫工作。鼓励科技人员带技术和项目进村入户，以技术入股等形式领办或创办特色种养业项目。

按照“实用、实际、实效”的原则，围绕实现“一个农业主导产业一支农技服务队，一个贫困村一名以上农技人员，一户一名以上科技明白人”为目标，根据贫困村特色产业发展需要，加大新品种、新技术、新成果的引进、集成、试验、示范、推广力度，每个乡镇建成1—2个农业科技示范基地，为当地特色种养业发展提供有效益、能复制、可推广的生产模式和管理经验。加强科技培训，以贫困村种养大户、家庭农场主、农民合作社骨干为重点培训对象，培育新型职业农民和科技示范户。充分利用电视、网络等媒体，广泛开展技术培训、技术服务活动，组织技术人员到各贫困村屯授课，解决贫困户遇到的农业生产经营等技术难题，以技术服务促增产。[牵头单位：农业局；责任单位：乡（镇）人民政府及县直相关单位]

## 四 资金筹措、补助对象、范围及标准

资金筹措：整合上级和县本级产业扶持资金以及整合各部门产业项目

发展资金，加大对扶贫产业的投入力度，进一步带动农民脱贫致富。

补助对象：本县2015年底农村在册贫困户，优先考虑当年度预脱贫贫困户和预摘帽贫困村；

补助范围：补助范围为农、林、牧、渔、副、工等产业；

补助标准：每户可实施1—2个产业项目，补助物资总额控制在5000元以下。

## 五　项目实施管理

坚持“以奖代补、先建后补和以物资补助为主、现金为辅”的原则，所有物资或现金补助，须经帮扶干部和驻村第一书记或工作队长核实，并经村（社区）委和乡镇审核等相关手续方予办理。申请参股补助的，还要提交《入股协议》等相关佐证材料。

各乡（镇）人民政府和产业项目资金责任单位要严格按照财政专项资金管理办法的有关要求，切实加强项目管理，严格资金投向，认真做好项目资金的公告公示，确保专款专用以及项目资金安排的公开、公正、公平。对于物资采购的要严格按照政府采购的有关规定执行。

## 六　补助发放程序

先由各乡（镇）根据产业项目需求汇总，然后报送到自治县脱贫攻坚指挥部。对于种植业项目：以物资形式由产业专责小组责任单位负责采购，然后由乡镇统一组织发放（物资发放户册表）；对于养殖业项目：则采用以奖代补或者先建后补的形式先预付50%的扶持款，余下的50%资金要等到产生效益并经过验收合格后再付清（产业帮扶项目审批表）。

## 七　资金拨付和项目验收

各乡（镇）人民政府和产业项目资金责任单位为项目资金监管单位，项目实施要求在当年的年底前完成。所有申请项目资金，须先由产业专责小组责任单位向自治县脱贫攻坚指挥部请示报告，审批通过后再向自治县资金专责小组请求拨付，对于以奖代补或者先建后补的项目须经相关单位进行验收合格后由财政部门直接转账到贫困农户一卡通银行账户上。

## 八　组织保障

（一）加强组织领导。各责任单位把产业发展工作列入重要日程，制定工作方案，安排专人负责，倒排工期，算好明细账。单位主要领导要认真履行落实考核任务指标第一责任人职责，精心统筹安排，加大力度，采取有效措施，坚决完成指标任务。

（二）强化落实责任。各责任单位要进一步把考核指标任务分解到人，责任落实到人，主要领导亲自抓，分管领导具体抓、工作人员具体做，形成一层抓一层，层层有落实的工作格局。

（三）加强沟通协调。各责任单位要积极配合，加强沟通，注重协调，统一口径。如在工作中遇到问题和困难无法解决的，要在组内讨论解决，仍无法解决的，要及时向县分管领导报告，重大事项由自治县脱贫攻坚指挥部研究解决。

（四）建立定期报告制度。各责任单位按时间定期每月 13 日前向专责小组报送工作落实情况，以便专责小组及时向自治县脱贫攻坚指挥部汇报工作进展情况。

（五）严格奖惩制度。一是将产业扶贫工程纳入县、乡（镇）经济社会发展战略及发展规划，列为年度工作目标责任重要内容，县委县政府每年组织进行绩效考核，把产业扶贫工作成效作为各级领导干部政绩考核、选拔任用和奖惩的重要依据。二是制订差异化扶贫和竞争性扶贫管理机制，对扶贫工作开展较好的乡（村），给予优先扶持或加大扶贫资金力度支持；对扶贫进度慢的乡（村），给予通报批评等。

（六）检查验收。各责任单位要制定相应的脱贫攻坚特色种养业培育管理制度和考核细则，加强对扶贫攻坚特色种养业工作的考核、监督、检查、验收。对产业培育目标任务、工作措施、项目实施、资金管理等落实情况要定期进行检查，做到年初有安排、年中有检查督促、年底有总结验收。对年度目标任务、工作措施落实好的单位给予表扬，对任务完成不好的单位进行问责。

环江毛南族自治县脱贫攻坚指挥部办公室 2016 年 3 月 23 日印发（网络传输）

# 主要参考文献

## 一　资料及志书


广西省民族事务委员会：《环江毛难人情况调查》，1953年12月。

环江毛南族自治县地方志编纂委员会编：《环江毛南族自治县志》，广西人民出版社2002年版。

毛南族志编纂委员会编著：《毛南族志》，广西人民出版社2016年版。

蒙国荣、谭贻生、过伟：《毛南族风俗志》，中央民族学院出版社1988年版。

中国少数民族社会历史调查资料丛刊修订编辑委员会：《广西仫佬族毛南族社会历史调查》，民族出版社2009年版。

政协环江毛南族自治县委员会文史资料工作委员会编：《环江文史资料》第5辑，1998年。


## 二　专著及论文集


《环江毛南族自治县概况》编写组：《环江毛南族自治县概况》，民族出版社2008年版。

环江毛南族自治县社会科学界联合会编：《世遗时代的环江发展优秀文集》，广西人民出版社2016年版。

[苏] 霍姆林斯基：《帕夫雷什中学》，赵玮等译，教育科学出版社1983年版。

连玉明、武建忠编：《2008年中国年谱民生治政》，中国时代经济出版社2009年版。

《毛南族简史》编写组、《毛南族简史》修订本编写组：《毛南族简史》，民族出版社 2008 年版。

《毛泽东选集》第 1 卷，人民出版社 1991 年版。

孟凡云：《广西毛南族社会史》，民族出版社 2013 年版。

韦茂才主编：《桂西资源开发新思路》，广西人民出版社 2012 年版。

中国人民政治协商会议广西壮族自治区委员会编：《毛南族百年实录》，广西人民出版社 2013 年版。

## 三 期刊论文

戴全厚、严友进：《西南喀斯特石漠化与水土流失研究进展》，《水土保持学报》2018 年第 2 期。

广西壮族自治区工信委轻纺工业处：《广西宜州、环江荣膺"中国优质茧丝生产基地"称号》，《广西蚕业》2016 年第 2 期。

环江毛南族自治县蚕业站：《环江县抓住契机扩种桑树，力争茧丝生产再上一个新台阶》，《广西蚕业》1993 年第 1 期。

江日青：《广西环江卢焘将军名人资源旅游开发初探》，《河池学院学报》2016 年第 3 期。

廖树群：《广西环江喀斯特科普旅游资源保护性开发研究》，《合作经济与科技》2017 年第 6 期。

罗翔：《环江："中国菜牛之乡"扎实推进菜牛产业发展》，《农家之友》2016 年第 3 期。

莫壮黎：《发挥林业优势，促进环江经济发展》，《计划与市场探索》1997 年第 11 期。

欧秀敢、韦目阔：《环江县桑蚕产业存在的问题及发展对策》，《现代农业科技》2011 年第 17 期。

庞汉：《加快广西扶贫生态移民对策研究》，《学术论坛》2014 年第 6 期。

王世杰：《喀斯特石漠化：中国西南最严重的生态地质环境问题》，《矿物岩石地球化学通报》2003 年第 2 期。

谢铭：《环江古道及其周边旅游资源开发》，《河池学院学报》2006 年第 1 期。

熊康宁、李晋、龙明忠：《典型喀斯特石漠化治理区水土流失特征与关键问题》,《地理学报》2012 年第 7 期。

许联芳、杨春华、孔祥丽、罗俊:《西南喀斯特移民区土地整理模式及安全对策——以桂西北环江毛南族自治县为例》,《地域研究与开发》2005 年第 1 期。

杨章旗、韦超然:《山区县域林业可持续发展研究——以广西环江县为例》,《林业经济问题》2008 年第 3 期。

叶静:《广西石漠化地区贫困现状及扶贫模式研究综述》,《广西经济管理干部学院学报》2016 年第 4 期。

袁道先:《我国西南岩溶石山的环境地质问题》,《世界科技研究与发展》1997 年第 5 期。

## 四 报纸、网络资料及其他

曹普:《调查研究是党的重要传家宝》,《学习时报》2012 年 2 月 13 日。

陈光科、黄渝欣:《环江景阳村野山猪肉 1 斤卖 40 多元》,《河池日报》2014 年 2 月 28 日。

《广西 2015 年精准识别贫困户分数线划定 最新贫困人口数据确定》,央视网视频,http://tv.cntv.cn/video/C14074/ 981c6494718e3de08382b61d0a 4e5c44.

《国家统计局发布 2015 年农民工监测调查报告》,中国新闻网,http://www.chinanews.com/gn,2016 年 4 月 28 日。

国家林业局:《中国石漠化公报》,《中国绿色时报》2012 年 6 月 18 日第 3 版。

国家统计局官网:《环江县经济与社会发展统计公报各年》。

河池环江工业园区管理委员会办公室:《河池·环江工业园区第二季度经济运行分析报告》,广西环江毛南族自治县政府网,http://www.hjzf.gov.cn/LzIwMTctMDctMTcvMTE5NzI0,2017 年 7 月 7 日。

胡锦涛:《坚定不移沿着中国特色社会主义道路前进 为全面建成小康社会而奋斗——在中国共产党第十八次全国代表大会上的报告》(2012 年 11 月 8 日),中国网·中国时政,http://news.china.com.cn/politics/2012-11/20/content_ 27165856.htm,2012 年 11 月 20 日。

《环江毛南族自治县 2007—2010 年国民经济统计资料》(内部资料)。

《环江毛南族自治县农林产业成经济发展新引擎》，人民网·广西频道，http：//gx. people. com. cn/n/2015/0203/c364811 - 23778248. html，2015年2月3日。

《环江民族人口及民族分布情况》，环江毛南族自治县人民政府网，http：//www. hjzf. gov. cn/zjhj/qhrk/20190228-1202981. shtml，2019年2月28日。

环江毛南族自治县统计局：《环江毛南族自治县各年度国民经济和社会发展统计公报》。

黄英等：《社会管理创新的“环江样板”》，《法治快报》2010年11月24日。

乐波灵、虞崇江、冯奔：《跨越发展的广西茧桑产业》，《农民日报》2018年11月13日第5版。

李运涛、韦静：《优化发展环境　打造投资洼地　河池·环江工业园区商机勃发》，人民网·广西频道，http：//gx. people. com. cn/n2/2017/1108/c229260-30901564. html，2017年11月8日。

庞革平、刘佳：《广西5年年均减贫120多万人》，《人民日报》2018年1月18日第11版。

覃荣文：《环江工业园区初显“一区四园”格局》，人民网，http：//gx. people. com. cn/n/2015/0119/c364811-23607429. html，2015年1月19日。

覃荣文：《环江首个生物发电项目动工兴建》，《河池日报》2017年7月22日。

王勇：《河池·环江工业园十年精彩蝶变》，人民网·广西频道，http：//gx. people. com. cn/n/2015/1222/c179430-27371004-5. html，2015年12月22日。

韦焕良、卢伟益：《一个党员一颗星，一个支部一盏灯》，《广西日报》2009年2月3日第12版。

韦元科、张志军：《2014年广西精准扶贫成效显著》，广西新闻网，http：//news. gxnews. com. cn/staticpages/20150313/newgx55030791 - 12391744. shtml.

杨志雄、覃日泉、崖宝基：《广西环江产业转型发展成效明显》，人民网·广西频道，http：//gx. people. com. cn/n/2014/0806/c229260 - 21903259. html，2014年8月6日。

# 后　记

本书是“21世纪中国少数民族地区经济社会发展综合调查项目”子课题“环江毛南族自治县经济社会发展综合调查”的最终成果。

本书得以完成，是在中国社会科学院民族学与人类学研究所领导、综合调查项目办公室人员的关心指导下，在调研地有关领导、干部及访谈对象的帮助支持下，通过课题组全体成员共同努力的结果。特别指出的是，环江毛南族自治县社会科学联合会主席覃日泉先生、副主席崖宝基先生及环江毛南族自治县下南乡人民政府干部谭建明先生始终关心本课题的实施与进展，在实地调研及书稿撰写方面提供了很大的帮助。本课题由中国社会科学院大学特聘教授、中国社会科学院民族学与人类学研究所研究员方素梅主持，课题组成员来自不同机构和学校，工作任务繁重，但大家以良好的学术素养和高度的社会责任感，完成了调研工作并撰写出研究成果。中央民族大学徐永志教授、广西接力出版社覃文静编审、广西民族研究所农士杰先生不计名利，在百忙中参与了课题组的集体调研工作。对于来自上述各个方面的关心、支持和帮助，我们在此表示诚挚的谢意！

本书资料主要由调研地党政机关及企事业单位、国家统计局环江毛南族自治县农村调查队等相关部门和机构提供，包括各类工作总结、报告、汇报、统计等，以及地方志、民族志、部门志、年鉴和干部手册，部分来自课题组的实地考察和个案访谈，同时参阅和吸收了许多学者的相关研究成果。具体撰写分工如下（按章节顺序排列）：方素梅撰写导言、第四章、第八章，周竞红撰写第一章、第九章，关冰、颜文娟、杨社平撰写第二章，谢丽霜、谢楚楚撰写第三章，李晶撰写第五章，黄润柏撰写第六章（李妍、罗仁惊瑜参与了部分内容的调查和撰写），李晨升撰写第七章。

全书由方素梅统稿。

由于客观因素的影响，特别是主编工作任务繁重，无法抽出足够的时间对所有资料进行科学的研究与分析，因此留下了不少的遗憾。对于书中的缺点和错误，欢迎读者批评指正！

著　者

2020 年 12 月 31 日